重载铁路隧道内无砟轨道结构研究

罗章波　张晓东　路美丽　著

北京工业大学出版社

图书在版编目（CIP）数据

重载铁路隧道内无砟轨道结构研究 / 罗章波，张晓东，路美丽著 . — 北京：北京工业大学出版社，2022.10

ISBN 978-7-5639-8493-0

Ⅰ．①重… Ⅱ．①罗… ②张… ③路…Ⅲ．①重载铁路－隧道施工－无砟轨道－研究 Ⅳ．①U459.1

中国版本图书馆 CIP 数据核字（2022）第 184663 号

重载铁路隧道内无砟轨道结构研究
ZHONGZAI TIELU SUIDAO NEI WUZHA GUIDAO JIEGOU YANJIU

著　　者： 罗章波　张晓东　路美丽

责任编辑： 仉智财

封面设计： 知更壹点

出版发行： 北京工业大学出版社

（北京市朝阳区平乐园 100 号　邮编：100124）

010-67391722（传真）　bgdcbs@sina.com

经销单位： 全国各地新华书店

承印单位： 北京银宝丰印刷设计有限公司

开　　本： 710 毫米 ×1000 毫米　1/16

印　　张： 14.25

字　　数： 285 千字

版　　次： 2022 年 10 月第 1 版

印　　次： 2022 年 10 月第 1 次印刷

标准书号： ISBN 978-7-5639-8493-0

定　　价： 72.00 元

作者简介

第一作者：罗章波

罗章波，男，1969年10月生，北京人，1993年7月毕业于西南交通大学地下工程与隧道工程专业，大学本科学历，中铁第五勘察设计院集团有限公司副总工程师，正高级工程师。

一直从事城市轨道交通、隧道与地下工程的设计、科研和技术管理工作。先后参加或主持了金台铁路、杭绍台铁路、准朔铁路、衡茶吉铁路、广深港客专、广珠城际、中兰铁路、桐泾路水下大直径盾构隧道以及北京地铁、广州地铁、武汉地铁的区间设计和技术审查。主持了中国铁路总公司课题"以初期支护为主要承载结构的复合式衬砌技术研究"（2012 G007-D）、中国铁建股份有限公司课题"重载铁路隧道内无砟轨道结构型式及相关技术研究"（2013-C63），参与了科技部"城市地下大空间安全施工关键技术研究"（2018 YFC 0808700）等科研课题。作为主编或主要人员参与编制了《城市地下综合管廊技术规程》（Q/CRCC 32601—2021）、《有轨电车工程设计规范》（中国城市轨道交通协会，2019005-T-07）、《北京市交通委员会路政局公路工程设计指导意见（2015版）》、《隧道预切槽设备》（GB/T 39858—2021）等多项规范、规程。

获中国铁道学会、中国铁建股份有限公司和中国交通运输协会科技进步一等奖各1项，江苏省交通运输学会科学技术奖特等奖1项，华夏建设科学技术奖二等奖等4项，全国优秀工程咨询成果奖一等奖1项。中国铁建、北京市优秀设计一二等奖5项。获1项全国新纪录。国家优质工程奖及国家优质工程金奖各1项。

2012年，获"中国铁建科技创新先进个人"称号。

2019年，获中国交通运输协会"优秀项目总工程师"奖。

2020年，获第十五届"茅以升铁道科学技术奖"。

2022年，获第十一届中国技术市场协会金桥奖先进个人奖。

获发明专利9项，实用新型专利27项，发表学术论文14篇。

第二作者：张晓东

张晓东，男，1973年1月生，陕西岐山人，2003年毕业于石家庄铁道学院道路与铁道工程专业，研究生学历。现任石家庄铁道大学道路与铁道工程系主任，副教授。从事轨道结构设计理论与方法，轨道状态检测、评估与控制理论与技术的教学与科研工作。

近年来主研省部级科研项目7项，主持横向科研项目30余项；获国家工程设计优秀软件铜奖1项，铁道部工程勘察设计优秀计算机软件二等奖1项，河北省科学技术进步奖二等奖1项，河北省科学技术进步奖三等奖2项，中国铁道建筑总公司科学技术奖二等奖2项，中国铁道学会科学技术奖三等奖1项。

第三作者：路美丽

路美丽，女，1976年3月生，山西运城人，毕业于北京交通大学桥梁与隧道工程专业，博士研究生学历。现任中铁第五勘察设计院集团有限公司城轨院隧道所总工程师，高级工程师。从事隧道与地下工程的勘察设计、科研和相关的技术管理工作。

近年来主持和参与了巴准、安九、锦赤、准池、金台、汉巴南、温玉、杭绍台、金建等铁路隧道勘察设计和技术审核工作。主持和参与了各级科研项目5项。参与编制国家标准1项。获实用新型专利2项。发表学术论文12篇；获北京市优秀工程设计二等奖1项，北京市优秀工程咨询成果一等奖1项，中国铁道建筑总公司优秀工程设计一等奖、二等奖和三等奖各1项，国家铁路局优秀工程设计三等奖1项。

序 言

重载铁路已成为当今世界铁路货运发展的方向和潮流，在长大隧道内或隧道群地段采用具有高平顺性、高稳定性和少维修等优点的无砟轨道已成为趋势。近年来，随着无砟轨道结构在我国高速铁路上的成功应用，以及重载铁路的大力发展，重载铁路隧道内铺设无砟轨道的可行性和必要性这一课题，越来越受到铁路部门和铁路科研人员的重视。

国内外对弹性支承块式无砟轨道结构动力学的研究主要涉及轨道参数变化对动力性能的影响、减振降噪性能以及轨道刚度合理取值等。该书在分析重载运输的运营特征及其对轨道结构技术要求的基础上，通过对国内外重载铁路隧道内轨道结构型式及其应用实践的广泛调研，分析了各种无砟轨道结构型式的优缺点，进而提出了适合重载铁路隧道的无砟轨道结构研究方案，给出了重载铁路隧道内弹性支承块式无砟轨道总体结构方案。

该书通过数值模拟和试验研究，对现有弹性支承块式无砟轨道结构进行了改进和优化，提出了斜坡型弹性支承块式无砟轨道结构。研究了斜坡型弹性支承块式无砟轨道几何形状、尺寸、部件刚度及其合理匹配，以及道床板纵向结构分块及其限位措施。从固有动力特性、落轴冲击动力响应以及行车动力响应三个方面分析了斜坡型弹性支承块式无砟轨道的动力性能。解决了传统弹性支承块式无砟轨道动态轨距扩大量大、道床板纵向结构布置设计依据不足等问题，是对重载铁路隧道内无砟轨道结构方案的有益探索。

作者既有轨道结构理论研究的学者，也有设计经验丰富和进行实践转化方面的专家，他们开展了不少研究工作，在轨道结构领域中已取得令人鼓舞的成果。

该书内容系统丰富、取材紧贴实际，反映了当前重载铁路轨道结构研究的新特点与新进展。我相信该书定会受到铁路等相关领域建设和设计、施工部门以及相关专家学者的欢迎，并希望在今后的实践中继续充实，日臻完善。

北京交通大学土木建筑工程学院院长，教授

高亮

前　言

发展重载运输是铁路扩能提效的有效途径之一，其对解决长距离、大宗量货物运输问题效果显著。重载铁路已成为当今世界铁路货运发展的方向和潮流。增大轴重作为重载铁路提高牵引质量、增大运量、降低运行成本的最有效措施得到各国的普遍采纳，但轴重增大会造成轨道结构承受的列车动荷载显著增大，给轨道和轨下基础带来了严峻的考验。国内外重载运输经验表明，轴重增大后，轨道变形和轨道部件的伤损显著增多，有些病害已严重影响到线路的正常运营，甚至危及行车安全，线路维修和养护工作量、维修成本也随之大大增加。隧道内由于作业空间有限、采光条件较差，轨道养护维修作业难度大，这一问题更加突出。

我国现有重载铁路大多采用有砟轨道结构。随着线路通过总重及运量的增加，有砟轨道由于易脏污、变形快且变形不均匀，轨道结构病害发生和发展速度成倍加快，特别是在长大隧道内，线下基础刚度大，道砟粉化严重，从而引起道床板结、道床变形等线路病害，导致维修工作量急剧增加，严重影响铁路正常运营。因此，在长大隧道内或隧道群地段采用具有高平顺性、高稳定性和少维修等优点的无砟轨道已成为趋势。相对于有砟轨道，隧道内铺设无砟轨道初期投资有所增长，但可以大幅度减少养护维修费用，减少列车限速、中断行车等对运营的干扰，改善工人的劳动条件，具有显著的社会效益与经济效益。我国早从 20 世纪 30 年代开始就尝试在隧道内铺设多种无砟轨道，总体来看使用效果较好，能够减少养护维修工作量，但这些无砟轨道结构型式各异，性能和应用效果也存在差异。因此，结合国内外各种无砟轨道的结构特点和应用情况，研究适合我国重载铁路运营特点和隧道内铺设环境条件的无砟轨道结构型式，对于我国重载铁路发展具有重要意义。

本书在分析重载运输的运营特征及其对轨道结构的技术要求的基础上，通过对国内外重载铁路隧道内轨道结构型式及其应用实践进行广泛调研，分析了各种无砟轨道结构的优缺点，进而提出了适合重载铁路隧道内的无砟轨道结构的设计方案，给出了重载铁路隧道内弹性支承块式无砟轨道总体结构设计方案。通过数

1

值模拟和试验研究，对现有弹性支承块式无砟轨道结构进行改进优化，提出了斜坡型弹性支承块式无砟轨道结构。研究了斜坡型弹性支承块式无砟轨道的几何形状、尺寸、部件刚度及其合理匹配，以及道床板纵向结构分块及其限位措施。从固有动力特性、落轴冲击动力响应以及行车动力响应三个方面分析了斜坡型弹性支承块式无砟轨道的动力性能。研究表明，采用斜坡型弹性支承块式无砟轨道结构解决了传统弹性支承块式无砟轨道动态轨距扩大量大、道床板纵向结构布置设计依据不足、支承块系统施工复杂等问题，其是适合于重载铁路隧道内使用的一种无砟轨道结构。

本书由中铁第五勘察设计院集团有限公司罗章波、路美丽，石家庄铁道大学张晓东共同撰写完成。中铁第五勘察设计院集团有限公司丁祥、杨岳勤、王运涛、郭亚娟、刘兰利、陈卓、何明华，石家庄铁道大学马超、赵东、王淑迎、苑志强、杨旭参与了部分研究工作。在撰写本书过程中，笔者参考了大量国内外学者的研究成果，在此向他们表示诚挚的感谢。

限于作者水平，书中难免会有不足之处，恳请广大读者批评指正。

作者
2022 年 5 月

目　录

第一章　绪论 ……………………………………………………………… 1

　第一节　研究的目的和意义 ……………………………………………… 1

　第二节　研究现状 ………………………………………………………… 2

　第三节　技术路线 ………………………………………………………… 5

　第四节　取得的主要技术成果 …………………………………………… 6

第二章　重载铁路隧道内无砟轨道结构选型研究 …………………… 7

　第一节　重载运输对轨道结构的技术要求 ……………………………… 7

　第二节　无砟轨道结构类型、特点 …………………………………… 10

　第三节　重载铁路隧道内无砟轨道选型 ……………………………… 37

第三章　重载铁路隧道内弹性支承块式无砟轨道总体结构方案研究与设计 … 45

　第一节　概述 …………………………………………………………… 45

　第二节　结构设计 ……………………………………………………… 45

　第三节　结构总体布置 ………………………………………………… 56

第四章　弹性支承块几何尺寸及埋深研究 ………………………… 60

　第一节　计算模型与参数 ……………………………………………… 60

　第二节　弹性支承块式无砟轨道的变形分析及其评判标准 ………… 64

　第三节　30 t 轴重运营条件下弹性支承块几何尺寸及埋深研究 …… 66

　第四节　25 t 轴重运营条件下弹性支承块几何尺寸及埋深研究 …… 82

　第五节　结论 …………………………………………………………… 89

第五章　轨道部件刚度匹配研究 ···································· 90

第一节　概述 ··· 90

第二节　块下刚度研究 ·· 90

第三节　块下垫板和弹性套靴刚度的合理取值 ···················· 95

第四节　结论 ··· 97

第六章　弹性套靴和轨下垫板一体化设计研究 ···················· 98

第一节　现行分体式结构 ··· 98

第二节　弹性套靴和轨下垫板一体化设计方案 ··················· 101

第三节　一体化弹性套靴与分体式弹性套靴对比 ················· 103

第四节　一体化弹性套靴系统的主要优点 ······················· 106

第七章　道床板纵向结构分块及其限位措施研究 ················· 108

第一节　概述 ·· 108

第二节　道床板纵向结构类型的理论分析 ······················· 110

第三节　单元道床板合理长度研究 ······························· 112

第四节　单元道床板限位措施研究 ······························· 123

第八章　斜坡型弹性支承块式无砟轨道动力性能研究 ············· 133

第一节　斜坡型弹性支承块式无砟轨道固有动力特性研究 ········ 133

第二节　冲击荷载作用下斜坡型弹性支承块式无砟轨道动力性能研究 ··· 153

第三节　行车荷载作用下斜坡型弹性支承块式无砟轨道动力性能研究 ··· 180

第四节　结论 ·· 216

参考文献 ·· 217

第一章 绪论

第一节 研究的目的和意义

发展重载运输技术是铁路扩能提效的有效途径之一，其对解决长距离、大宗量货物运输问题效果显著。1986 年国际重载运输协会正式成立以来，重载运输技术在越来越多的国家得到应用，美国、加拿大、澳大利亚、南非、巴西、芬兰、瑞典、德国、俄罗斯等都在积极推进重载运输发展。重载铁路已成为当今世界铁路货运发展的方向和潮流。大秦铁路和朔黄铁路是我国典型的重载铁路线路，主要开行 23 t 和 25 t 轴重、$1 \times 10^8 \sim 2 \times 10^8$ t 的重载列车，年运量分别为 4×10^8 t 和 2×10^8 t，2010 年两线运量约占我国煤炭运量的 1/3，大秦铁路 2014 年年运量最大为 4.5×10^8 t。2014 年建成通车的山西中南部铁路通道是我国重载铁路运输技术发展的又一里程碑，其设计轴重为 30 t，最大年输送量为 2×10^8 t，线路总长度为 1 269.836 km。

提高轴重作为重载列车提高牵引质量、增大运量、降低运行成本的最有效措施得到各国的普遍认同。但轴重的增大造成轨道结构承受的列车动荷载显著增大，给轨道和轨下基础带来了严峻的考验。国内外重载运输调研表明，轴重提高后，轨道变形和轨道部件的伤损显著增大和增多，有些病害已严重影响到线路的正常运营，甚至危及行车安全。线路维修和养护工作量、成本也随之大大增加。在隧道内进行养护和维修工作更加困难，长大隧道内这一问题更加突出。

我国现有重载铁路大多采用有砟轨道结构。在实际运营过程中，随着线路总重及运量的增加，有砟轨道变形更快，且变形不均匀，轨道结构病害发生和发展速度成倍加快。特别是在长大隧道内，线下基础刚度大，道砟粉化严重，从而引起道床板结、道床失去弹性等线路病害，导致维修工作量急剧增多，严重影响运输的经济效益。因此，在作业空间有限的隧道内采用具有高平顺性、高稳定性和少维修等优点的无砟轨道成为趋势。中国铁路总公司在 2013 年 8 月 20 日发布的

1

《铁路工程设计措施优化指导意见》中提出，超过 1 km 的隧道和隧道群地段宜采用无砟轨道结构。相对于采用有砟轨道，隧道内铺设无砟轨道初期投资有所增大，但可以大幅度减少养护、维修费用，也可以减少列车限速、中断行车等对运营的干扰，改善工人的劳动条件，具有显著的社会效益与经济效益。

开展结构参数的优化设计研究，以达到减少重载列车运行引起的隧道基底结构和轨道结构的承载变形、振动开裂、结构破坏和基底翻浆冒泥等病害，延长结构的使用寿命，提高铁路运营效益的目的，对重载铁路隧道内无砟轨道结构设计具有重要借鉴意义。

第二节　研究现状

近年来，随着无砟轨道结构在我国高速铁路上的成功应用，以及重载铁路的快速发展，重载铁路隧道内铺设无砟轨道的可行性和必要性这一课题越来越受到铁路部门和铁路科研人员的重视。

但由于国内外关于在现代重载铁路隧道内铺设无砟轨道的研究和实践刚刚起步，针对重载铁路隧道内无砟轨道结构和隧道结构设计与优化问题的相关研究成果十分有限。关于重载铁路有砟轨道、重载铁路隧道，以及高速无砟轨道的研究和实践近年来取得了重大进展，可为本书的研究提供借鉴和参考。

中国铁道科学研究院在充分调研国内外重载及客货混运线路无砟轨道结构的基础上，结合山西中南部铁路通道的特点，对隧道无砟轨道结构型式进行了详细的研究比选分析，提出了重载弹性支承块式、双块式、长枕埋入式三种无砟轨道结构型式，完成了尺寸设计和配筋设计，研发了适用于重载弹性支承块式无砟轨道的弹条Ⅶ型扣件，以及适用于现浇枕式（双块式或长枕埋入式）无砟轨道的WJ-12 型扣件，并进行了全面系统设计、试制和试验，提出了"弹性支承块式无砟轨道用混凝土支承块暂行技术条件"等无砟轨道相关技术条件。

西南交通大学赵春发、娄会彬等对重载车辆作用下无砟轨道结构力学进行了分析，通过建立多种无砟轨道结构的静力学分析模型，确定了静力分析的载荷和静力学评价方法，针对不同轴重重载列车载荷，分析了轨道结构各部件的结构力学响应，对不同类型的轨道结构进行了评价；运用车辆 - 轨道耦合动力学理论，建立了重载车辆 - 无砟轨道动力学分析模型，编制了耦合动力学分析的垂向数值仿真程序，分析了轨道结构参数对轨道和车辆系统动力学响应的影响，初步从结构动力学的角度分析了在重载铁路上铺设无砟轨道的可行性；将重载车辆－无砟轨道耦合动力学计算得到的轮轨力作为输入动载荷，采用建立的板式无砟轨道动力分析有限元模型，计算和分析了不同工况条件下轨道结构的受力和动力学响应。

中国铁道科学研究院杜香刚等建立了弹性支承块式、双块式和长枕埋入式无砟轨道多节点实体模型，从静动力特性、疲劳性能、轨距保持能力、荷载的纵向分配、结构振动与冲击衰减特性等方面进行了对比试验研究。

西南交通大学蔡成标等应用有限元软件 ANSYS 建立了重载铁路隧道内双块式无砟轨道和弹性支承块式无砟轨道实体单元模型，分析了两种轨道结构尺寸及参数对轨道结构受力的影响；针对路基上重载有砟轨道与隧道内重载无砟轨道的过渡问题，建立了基于修正 Timoshenko 梁的车辆－轨道耦合动力学模型，分析了 30 t 轴重货车通过有砟轨道与隧道内无砟轨道连接处的动力响应，提出了相应的轨道刚度过渡方案。

北京交通大学高亮等建立了重载铁路无砟轨道静、动力学计算模型，从静、动力学的角度，分别针对 CRTS Ⅰ型板式无砟轨道、CRTS Ⅰ型双块式无砟轨道、弹性支承块式无砟轨道、弹性长枕式无砟轨道四种轨道结构型式，进行了较为系统的静、动力学分析。他们对弹性长枕式无砟轨道中扣件的刚度和橡胶套靴的弹性模量等设计参数的合理取值进行了探讨。

北京交通大学高亮、常卫华等研究了 30 t 轴重重载铁路轨道的结构力学特性，建立了钢轨－轨枕－道砟－路基的三维动力分析模型，针对 30 t 轴重的重载轨道的结构，研究了货车轴重、钢轨类型、道床弹性模量、轨下垫板刚度等对轨道结构的静力响应，最后对计算结果进行了对比分析，得出各种设计参数的变化规律；针对 30 t 轴重的重载轨道的结构，研究了一些关键参数对重载轨道结构动力响应的影响，在此基础上，对轨道结构参数选取提出建议。

北京交通大学王秀英、龚增进、刘维宁等对 30 t 轴重条件下隧道技术标准进行了研究。他们从重载条件下隧道存在的主要问题出发，通过研究重载条件下隧道仰拱及基底围岩动力响应，提出制定重载条件下隧道技术标准需要考虑的问题。

同济大学袁勇、田薇对车辆动载作用下的轨道结构和隧道结构进行了动力学分析。他们根据轨道不平顺功率谱拟合出轨道不平顺时域内的曲线，建立了车辆－钢轨耦合模型，得到时域内的地铁振动荷载；在分析现有无砟轨道结构型式和动力学模型的基础上，以板式轨道为重点研究对象，用数值模拟方法研究轨道结构在地铁车辆荷载作用下的动力响应，对地铁区间隧道进行动力测试，得到了轨道板振动的加速度数据，并且根据测试所得数据拟合出车辆荷载，建立了车辆－隧道耦合模型，分析了隧道截面上各典型点的位移响应规律。

关于高速铁路无砟轨道设计，结合我国近年来高速铁路建设实践，许多学者展开了广泛深入的研究，取得了丰富的研究成果。

范佳、林之珉等学者从车辆－轨道相互作用整体系统的角度出发研究了类似弹性支承块式轨道结构的高速减震型无砟轨道不同刚度（轨下刚度与块下刚度）组合时的动力响应，选择了动力响应最佳时的刚度组合，并通过试验验证了其合理性与安全性。

张珍珍等学者通过车辆－无砟轨道垂向动力模型，研究了结构参数的变化对弹性支承块式无砟轨道结构的动力特性的影响，确定了参数的合理取值范围，但只考虑了垂向的车辆与轨道的接触关系，相关的结构简化为平面模型。

陈鹏等学者通过车辆－弹性支承块式无砟轨道空间模型，研究了块下橡胶垫板刚度、阻尼及轨道随机不平顺等参数变化对弹性支承块式无砟轨道动力指标（轮轨力、脱轨系数、轮重减载率）的影响。

郭高杰、向俊等学者利用轨段单元模拟了弹性支承块式无砟轨道结构，通过车－轨系统垂向矩阵方程，研究了套靴刚度与阻尼对系统的垂向影响，得出刚度对轨道影响较大而对车体的影响较小的结论。

朱剑月、练松良等学者通过落轴冲击仿真试验与现场试验两种方法研究了轨道结构在冲击作用下的动力性能，并对轨下刚度和块下刚度的合理匹配提出了建议。

陈小平、王平等学者运用模态分析法分析与研究了不同刚度组合对轨道减震性能的影响，从共振的角度得出较高的扣件刚度应与较低的块下刚度相匹配。

范志材等学者通过建立桥上弹性支承块式无砟轨道模型，利用模态分析原理来分析与研究块下刚度与轨下刚度变化模型频率的变化规律。

赵东等学者从静力学的角度出发分析了支承块几何尺寸对轨道结构力学（轨道几何形位保持、轨道结构动力响应及受力状态等指标）的影响，确定了支承块短侧面坡度、长度、宽度、埋深的合理取值范围；运用落轴冲击试验有限元模型研究了套靴刚度与块下垫板刚度的取值问题，确定了两者的合理取值。

杨旭等学者在前人研究的基础上，利用车辆－轨道耦合模型计算了不同速度的高速列车以及不同轴重的重载货车在运行过程中轨道动力响应指标的变化情况，提出了重载铁路弹性支承块式无砟轨道的轴重限值以及高速铁路弹性支承块式无砟轨道的速度限值。

综上所述，研究人员对弹性支承块式无砟轨道的结构动力学的研究主要为轨道参数变化对动力性能的影响、轨道刚度的合理取值等。对于新型斜坡型弹性支承块式无砟轨道，在已有的静力分析、现场试验等理论研究的基础上，人们可借鉴研究弹性支承块式无砟轨道动力特性的方法对其动力性能进行研究。

第三节　技术路线

重载铁路无砟轨道线路隧道结构优化技术路线图如图1-1所示。

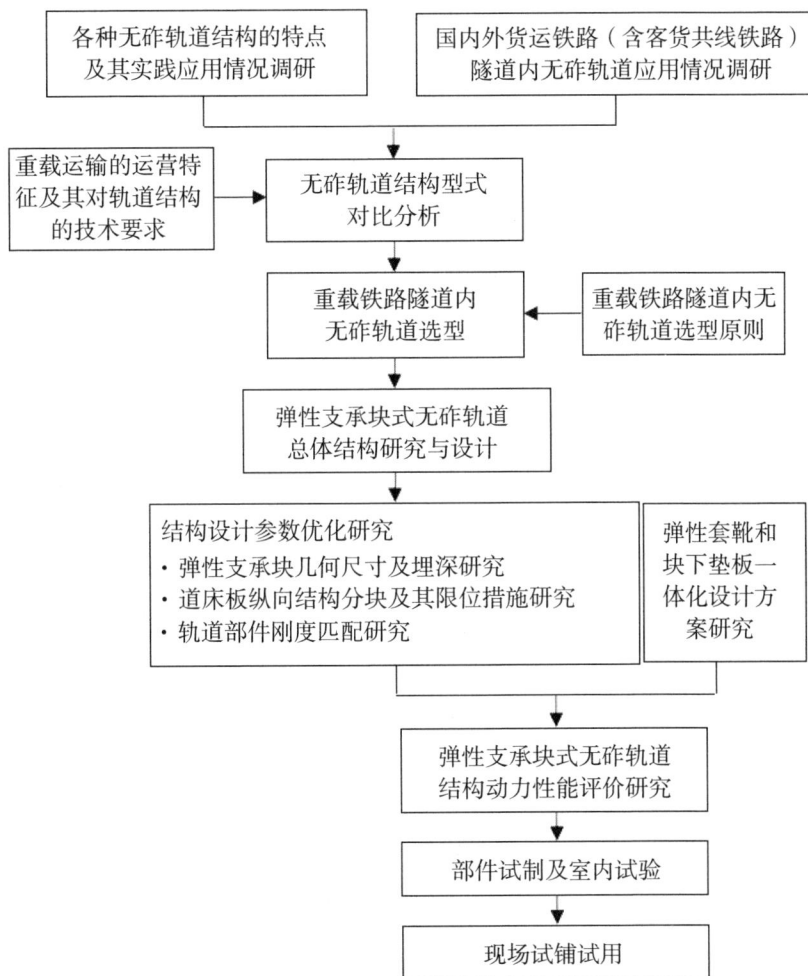

图 1-1　重载铁路无砟轨道线路隧道结构优化技术路线图

第四节　取得的主要技术成果

经过研究分析取得了如下主要技术成果：

①在深入调研分析既有无砟轨道结构型式、特点及实践应用情况的基础上，结合重载运输的运营特征及其对轨道结构的技术要求，完成了重载铁路隧道内无砟轨道的选型研究，提出了适合重载运营技术条件的隧道内无砟轨道结构型式。

②探明了弹性支承块的几何尺寸及埋入深度等设计参数与轨道结构变形、受力状态之间的关系，提出不同轴重条件下满足弹性支承块稳定性要求的支承块几何尺寸及埋深的合理取值范围，提出了重载铁路隧道内弹性支承块式无砟轨道单元道床板的合理板长，对单元道床板整体限位以及局部变形控制措施方案进行了优化设计。

③基于模拟落轴冲击试验进行了轨道部件刚度匹配研究，提出了优化设计后的弹性支承块式无砟轨道结构部件刚度的合理匹配方法。

④提出一种弹性套靴和块下垫板的一体化设计方案，通过对产品材料及结构的调整，可实现弹性套靴和块下垫板的一体化生成、施工，简化了施工工艺，降低了产品成本，加强了产品的可靠性。

⑤对隧道内弹性支承块式无砟轨道结构的动力特性进行了分析与评价，得知表面优化设计后的弹性支承块式无砟轨道系统各项参数匹配较合理，能够满足货车运行相关规范要求，轨道结构动力性能良好。

⑥在高速铁路建造技术国家工程实验室/重载铁路工程结构教育部重点实验室进行室内试验，验证了优化设计后的弹性支承块式无砟轨道的轨道几何形位保持能力和力学性能良好。

⑦在上述研究基础上提出了优化设计后的重载铁路隧道内弹性支承块式无砟轨道设计参考图。

⑧结合衡茶吉铁路鹅岭隧道，进行了重载铁路无砟轨道线路隧道结构优化研究。

第二章 重载铁路隧道内无砟轨道结构选型研究

第一节 重载运输对轨道结构的技术要求

铁路轨道是直接承受列车作用力的结构。重载铁路由于运量大、轴重大、牵引质量大、密度高等特点，轨道结构所受的作用力大、作用重复次数多，因此重载铁路的轨道结构及其部件的损坏比普通线路的快。重载铁路对轨道提出了更高的要求。尤其是隧道内线路，其特殊的工作环境对轨道结构的要求更高。

一、采用重型轨道结构

重载铁路采用重型轨道结构的主要目的是减少轨道变形和减小轨道各部件所承受的应力，以便为重载列车提供平顺的运行轨道和安全可靠的支承结构。

当重载列车运行时，轨道会出现弹性垂直变形和塑性下沉。弹性垂直变形将使轨道不平顺，影响列车的平稳运行。若轨道塑性下沉过快，轨道的几何形位将加速恶化，线路的维修工作量增加。因此，合理的轨道结构既要具备抵抗轨道产生较大弹性垂直变形的能力，也要能够减慢轨道的塑性下沉，以适应重载运输的需求。理论分析和运营实践证明，采用重型轨道结构可以显著减少轨道的弹性变形和减慢轨道的塑性下沉。

采用重型轨道结构还可以明显减小各轨道部件应力，适应重载铁路列车荷载大、轨道各部件受力增加、相应的应力加大的情况。

目前大秦铁路和朔黄铁路重车线均采用 75 kg/m 钢轨、空车线采用 60 kg/m 钢轨，铺设Ⅱ型或Ⅲ型混凝土轨枕，一级道砟，初期铺设有缝线路在运营中换铺为无缝线路。京沪、京广、京哈等繁忙干线一般采用 60 kg/m 钢轨，铺设Ⅱ型或Ⅲ型混凝土轨枕，一级道砟，并采用无缝线路技术。

二、采用强韧的轨道部件

列车对于轨道结构的作用力主要有机车车辆重量通过轮对传递的轮重竖向力、机车车辆在运行过程中对轨道结构产生的横向力、机车车辆在运行过程中对轨道结构产生的纵向力。

与普通铁路相比，重载铁路由于轴重和牵引质量增加，轨道结构承受的轮重竖向力、横向水平力和纵向作用力都会显著增加，采用编组超重列车、超长列车和组合列车的运输形式，加重了钢轨负担。国能朔黄铁路发展公司在朔黄铁路原平管内对轨道受力进行了测试，结果见表 2-1。

表 2-1　万吨列车与普通列车的轨道受力对比

车列组合	轮轨水平力 /kN		轮对横向力 /kN		钢轨横向位移 /mm		动态轨距扩大量 /mm	钢轨纵向位移 /mm	轨枕横向位移 /mm
	外轨	内轨	指向外围	指向内侧	外轨	内轨			
C_{70} 单列	46.42	51.33	34.34	30.45	1.07	2.51	3.43	0.39	0.17
C_{80} 单列	36.71	37.87	36.30	27.36	0.97	2.02	2.59	—	0.21
C_{70} 万吨	66.26	56.42	38.39	37.77	2.07	2.69	4.56	0.53	0.24
C_{80} 万吨	63.31	52.61	49.62	41.81	1.92	3.02	4.56	0.46	0.21

可以看出：

①万吨列车作用于轨道的动力比普通列车的有大幅度增加，对轨道的破坏更加显著。

②万吨列车引起的轮轨水平力和轮对横向力均比普通列车引起的大。内轨轮轨水平力较普通列车的增大了 10% ～ 39%，外轨轮轨水平力较普通列车的增大了 43% ～ 72%。轮对横向力也较普通列车的增大了 12% ～ 50%。

③万吨列车通过测点所引起的钢轨横向位移都较普通列车的大，这与万吨列车引起较大的轮轨水平力是一致的。内轨横向位移较普通列车内轨横向位移增大了 7% ～ 49%；外轨横向位移较普通列车的增大了 90%。可见，万吨列车钢轨倾

翻的可能性增大了，尤其是在大坡道小半径曲线地段，列车运行安全性受到的影响较大。

④万吨列车对两股钢轨和轨道的横向作用剧烈，对钢轨、扣件、道床等的破坏作用更加明显，严重影响了轨道横向稳定性和轨道部件的寿命。

另外，在重载列车运输条件下，轨道的工况条件和破坏特征均较传统的轨道发生了明显的变化，过去只是主要考虑机车车轮的最大荷载对轨道所造成的影响，而忽视了车辆对轨道的影响。在重载列车运输条件下，根据列车－轨道动力学的试验研究可知，货车车辆对轨道的影响同机车相比不仅不可忽视，而且起着更为重要的作用。线路年通过总重大（作用次数多）是轨道过早丧失其承载能力的重要因素。

三、整体稳定性要好

大轴重、超长组合列车对轨道结构的作用力增大、作用次数增多，轨道结构失稳的可能性增大，因此轨道自身保持稳定的能力需要提高。据有关统计，25 t 轴重比 21 t 轴重作用下轨道残余变形增加 80%，行车速度 80 km/h 比 60 km/h 轨道残余变形增加 86%，通过总重 8×10^7 t 时比 6×10^7 t 时轨道残余变形增加 67%。

四、对隧道特有的环境适应能力要强

洞内空气潮湿、通风性差，因此隧道内轨道结构的耐久性应能适应隧道特有的工作环境。列车在隧道内运行，尤其是在进出隧道时，由于空气动力学效应，列车摇摆加剧，加之气流作用，煤渣会散落，轨道受到污染，因此隧道内的轨道应有较好的抗污染能力。

有些隧道基础的地质状况不稳定，可能存在基础变形问题，无砟轨道应用在隧道中时，需考虑对基础变形的适应性。为减小隧道断面面积，隧道中通常需要减薄甚至取消混凝土基础以降低轨道结构高度。由于水对轨道结构的影响很大，所以隧道内的轨道必须设置完善的排水系统。

五、要维修工作量小，施工、维修方便

由于重载铁路具有轴重大、运量大的特点，运营中轨道会承受较大的荷载，因此轨道结构及其部件的损坏比普通线路的要快，线路变形增加。而隧道内无法进行大机养护作业，特别是长大隧道内，作业环境恶劣，仅靠人工养护难以满足基本养护需求，形成了轨道状态的恶化与养护工作不到位的恶性循环，对正常运

输组织造成不利影响。因此，隧道内的轨道结构应具有"少维修"甚至"免维修"的特点。同时，由于隧道内光照、通风条件差，作业空间受到限制，施工、维修作业环境恶劣，因此隧道内应采用施工、维修方便的轨道结构。

第二节　无砟轨道结构类型、特点

一、无砟轨道的结构类型

无砟轨道采用钢筋混凝土（或沥青混凝土）道床取代碎石道床，是一种高稳定性、高平顺性、少维修的轨道结构。无砟轨道经数十年发展，已形成多种结构类型。不同结构类型的无砟轨道在功能实现上有所区别，主要表现为：是否保留轨枕；若有轨枕，根据轨枕与道床的关系可以分为埋入式、支承式或嵌入式；若无轨枕，道床板按施工方法分为预制的、现浇的，或连续式的、单元式的。据此，可将各国开发的诸多种无砟轨道结构归纳为两大类共五种结构型式，如图2-1所示。

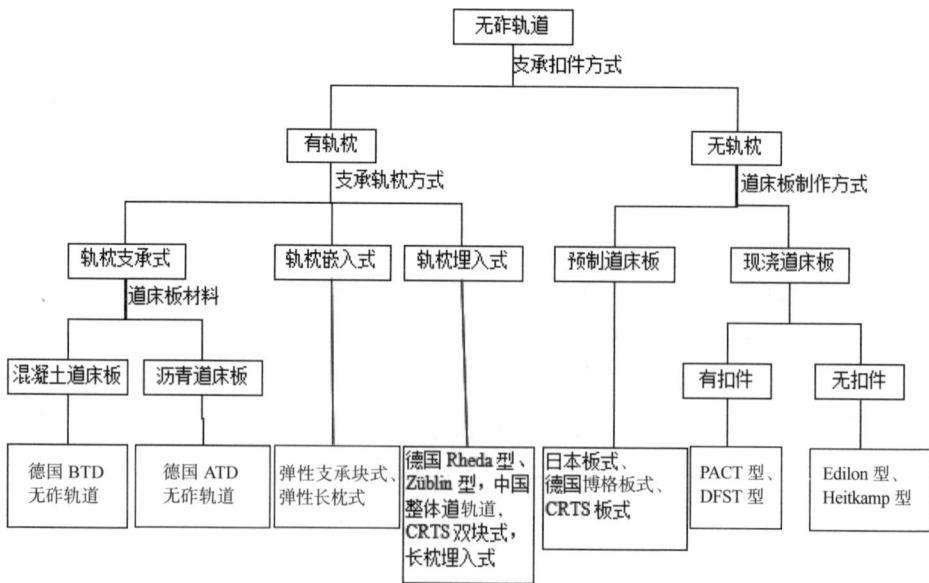

图 2-1　无砟轨道分类

二、轨枕支承式无砟轨道

轨枕支承式无砟轨道是将预制好的轨枕（包括轨枕块）直接"放置"在混凝土或沥青道床板上的一种结构型式。轨枕支承式无砟轨道是一种结构最接近有砟轨道的无砟轨道。

常见的轨枕支承式无砟轨道有轨枕支承在沥青道床板上的 ATD 型和轨枕支承在混凝土道床板上的 BTD 型等。

轨枕支承式无砟轨道的特点：混凝土枕为获得精确的轨底坡和轨距提供了保证；在垂直方向，轨枕仅放在道床板上，轨枕和道床板为弱联结，轨枕容易更换；在横向和纵向，则通过销钉或锚块提供纵、横向阻力，稳定性满足要求；施工可采用传统的公路路面或铁路施工设备，工序少，机械化程度高，周期短；既适用于道岔也适用于区间线路；对于混凝土道床板，存在开裂问题；对于沥青道床板，长期蠕变是主要问题之一，而且变形的非均匀性是轨道几何状态恶化的主要原因。

三、轨枕嵌入式无砟轨道

轨枕嵌入式无砟轨道有弹性支承块式无砟轨道和弹性长枕式无砟轨道两种主要结构类型。

（一）弹性支承块式无砟轨道

1.轨道结构

弹性支承块式无砟轨道是在双块式轨枕（或两个独立支承块）的下部及周围设橡胶或其他弹性复合材料套靴，轨枕块底部与套靴间设橡胶弹性垫层，当支承块的高低、水平和轨距调整完毕后，在轨枕周围及套靴下就地灌注混凝土而成型的一种无砟轨道结构型式。

弹性支承块式无砟轨道由弹性支承块（混凝土支承块、块下弹性垫层和橡胶套靴）、混凝土道床板、混凝土底座等组成（如图 2-2 所示）。

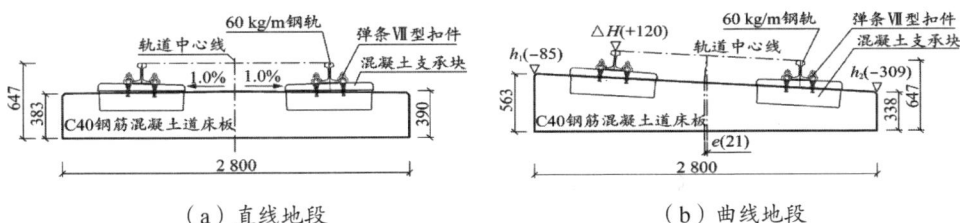

（a）直线地段

（b）曲线地段

图 2-2 弹性支承块式无砟轨道结构（山西中南部铁路通道）（单位：mm）

2. 轨道特点

①轨道结构的垂向弹性由轨下弹性垫板和块下弹性垫板提供，最大限度模拟了弹性点支承传统碎石道床的结构承载特性。轨道纵向节点支承刚度趋于均匀一致，通过双层弹性垫板的不同组合可获得优于有砟轨道的刚度，有利于减小重载运输条件下的轮轨相互作用力，改善轨道结构的受力环境，减震降噪效果也非常好。

②支承块外设橡胶套靴提供了轨道的纵、横向弹性，使这种无砟轨道在水平方向的承载、动力传递和振动能量吸收方面更接近坚实均匀基础上的碎石道床轨道，可以弥补无砟轨道侧向刚度过大的不足，有利于减少钢轨的侧磨。

③双层弹性垫板的隔离使轨道各部件的荷载传递频率得以降低，部件的损伤程度大大降低，几何形位可在长时间内得以保持，最大限度地减少了养护维修工作量。

④结构简单，施工相对容易。支承块为钢筋混凝土结构，可在工厂高精度预制，在现场只需将钢轨、扣件、带橡胶套靴的支承块加以组装，经各向准确定位后，就地灌注道床混凝土即可成型。但弹性支承块的现场混凝土施工量大，进度较慢。

⑤可维修性比刚性整体道床大大提高。如果支承块、块下垫板或橡胶套靴出现损伤，在损伤点的左右一段距离内松开扣件，抬高钢轨即可取出损伤的部件。

⑥套靴部分的防水措施差。在露天条件下使用时，雨水流入套靴内只能靠轮载的挤压排除，这对轨道的正常使用和橡胶的耐久性等的影响尚有待考证。列车经过时挤出的污水也会造成道床污染，故一般将其限制在隧道内使用。

⑦可靠性较低。由于结构各部分寿命具有不协调性，所以其可靠性也不是很好。

⑧由于采用橡胶套靴和块下橡胶垫板，所以其初期投资比有砟轨道的大。但是在运营费用方面，根据有关单位的运营统计和国内前期应用的估计，其总运营费用较有砟轨道的可节省约50%。

（二）弹性长枕式无砟轨道

由于弹性短枕式无砟轨道在高速行车条件下的应用受到限制，因此人们进一步研发了弹性长枕式无砟轨道，如图2-3所示。

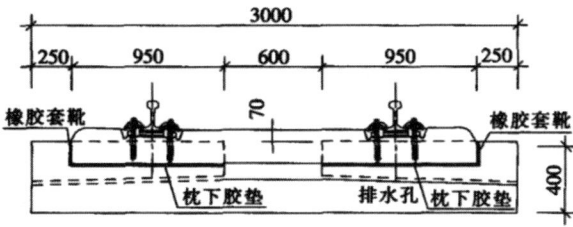

（a）结构（单位：mm）　　　　　（b）外观

图 2-3 弹性长枕式无砟轨道

　　弹性长枕式无砟轨道采用预制的预应力混凝土长枕，轨距保持能力增强了。长枕被由橡胶套靴与微孔橡胶垫板组成的弹性层包裹起来嵌入道床板上预留的凹槽中。道床板设置中央排水沟，长枕中部地面无支承。

　　相较于弹性支承块结构，包裹支承块的套靴被包裹预应力轨枕的两端开启式橡胶套靴替代，这样可以排除进入套靴内的雨水，有利于轨道的施工和后期维护；弹性长枕的枕底支承刚度可根据高速行车条件进行设置，不存在刚度太低时钢轨外倾的危险；克服了轨枕块自重不足抵抗扣件上拔力的缺点。

四、轨枕埋入式无砟轨道

　　Rheda 型无砟轨道（包括 Rheda 2000 型）、Züblin 型无砟轨道以及我国的整体道床轨道、长枕埋入式无砟轨道、CRTS Ⅰ 型双块式无砟轨道、CRTS Ⅱ 型双块式无砟轨道都是比较常见的轨枕埋入式无砟轨道。

（一）Rheda 型无砟轨道

1.Rheda 型无砟轨道的结构

　　Rheda 型无砟轨道最初为整体长枕埋入式轨道结构，其结构型式为在水泥处理基座上修建连续的钢筋混凝土板，其上为配备高弹性扣件的预应力混凝土枕，预应力混凝土枕被埋入二期浇筑的混凝土内，如图 2-4 所示。

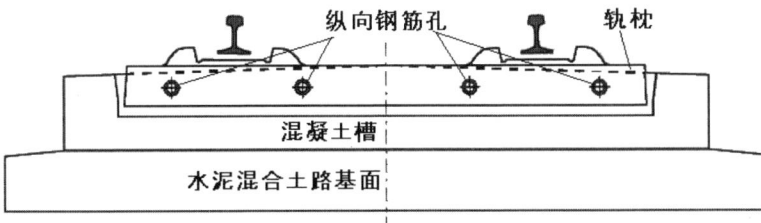

图 2-4 普通 Rheda 型无砟轨道

2.Rheda 型无砟轨道的特点

Rheda 型无砟轨道的主要优点：①预制件生产相对简单（板式轨道的模具需要精细加工或者车床加工）；②预制件小、运输方便；③道床板为现浇混凝土灌注，未设特殊垫层，施工相对简单。

Rheda 型无砟轨道的主要缺点：①新老混凝土结合面的开裂控制难；②轨道结构宽度较板式轨道的宽；③自重大；④可维修性差。

改进后的 Rheda 2000 型无砟轨道的特点：

①与 Rheda 普通型轨道相比，其轨顶到水硬性混凝土上表面的距离减小为473 mm，轨道板各层的厚度累计减小了177 mm；在轨距不变的前提下，轨枕全长由 2.6 m 减小为 2.3 m；所用混凝土的量大大减少。

②埋入长轨优化为短枕，后期浇筑混凝土与轨枕之间的缝隙减少。

③对土质路基、桥梁、高架桥、隧道、道岔区段以及减震要求区段，可以采用统一结构类型，技术要求、标准相对单一，施工质量容易控制，更适应于高速铁路。

④取消槽形板，这样轨道混凝土承载层灌注混凝土的捣固作业质量易于保证。

⑤两轨枕块之间用钢筋桁梁连接，轨距保持稳定。

（二）Züblin 型无砟轨道

Züblin 型无砟轨道是一种轨枕埋入式无砟轨道，在科隆－莱茵／美茵高速铁路上成功铺设了 21 km。

Züblin 型无砟轨道的结构与 Rheda 型无砟轨道的基本相同，都是在水硬性混凝土承载层上铺设双块埋入式无砟轨道（见图 2-5），但采用的施工工艺不同。Züblin 型无砟轨道是先灌注轨道板混凝土，然后将双块埋入式轨枕安装就位，采用振动法将轨枕嵌入压实的混凝土中，直至预计的位置。其研发初衷是寻求一种高度机械化的施工方法，以解决 Rheda 型无砟轨道传统的手工施工带来的进度慢、成本高的问题。

Züblin 型无砟轨道的主要优点：①新老混凝土的结合面连接紧密，结构整体性强；②道床板混凝土的密实度较高；③施工机械化程度高、施工精度高。

Züblin 型无砟轨道的主要缺点：①施工质量靠设备保证，对设备的操作、保养、维护要求高；②施工的专业化程度高，成本高。

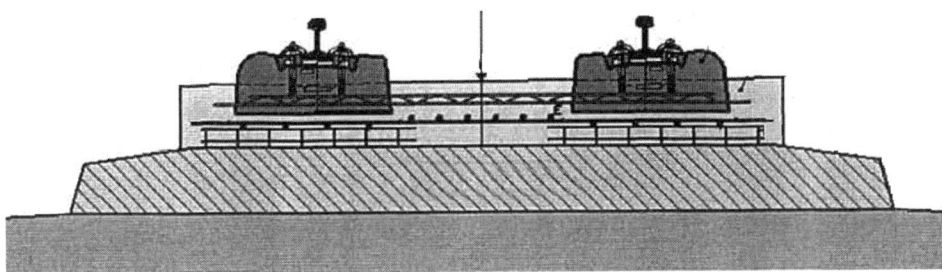

图 2-5　路基上 Züblin 型无砟轨道典型断面

（三）整体道床轨道

1. 整体道床轨道的结构

依据支承块的不同，整体道床可分为混凝土支承块式整体道床、短木枕式整体道床及无支承块式整体道床等结构类型。我国最早曾试铺设过多种型式的整体道床轨道，但正式推广应用的仅有混凝土支承块式整体道床。目前我国在隧道内铺设的混凝土支承块式整体道床主要由钢筋混凝土支承块（也称短枕）、钢筋混凝土道床、排水设施及隧道基底等部分组成，如图 2-6 所示。

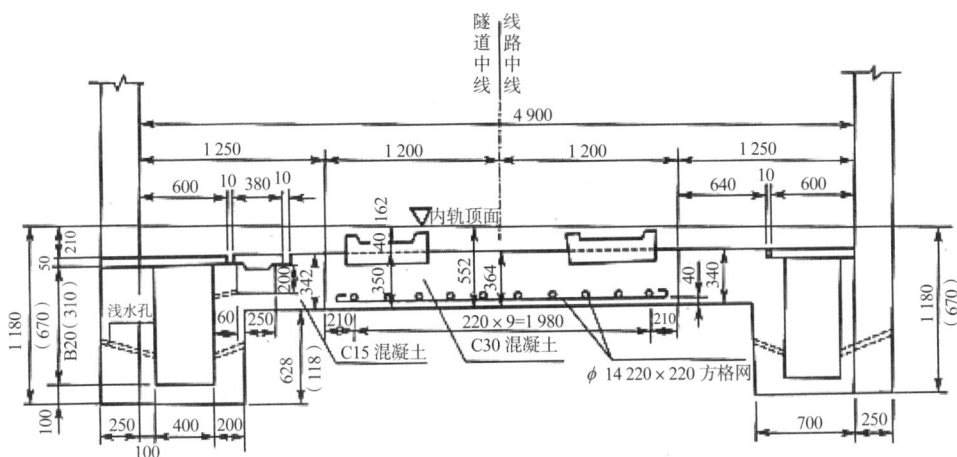

图 2-6　整体道床轨道结构（单位：mm）

2. 整体道床轨道的特点

①结构简单、整体性强、稳定性好、轨道几何形态易保持；轨道变形很小、

发展较慢，养护维修工作量较少，工作条件较好；对于运量大、行车速度和密度较高的线路，以及通风照明条件差的长大隧道，效果尤为显著。

②刚度大、弹性小，对钢轨扣件及弹性垫层的弹性要求高。

③铺设整体道床施工精度要求高。

④道床一旦产生病害整治较为困难。

（四）长枕埋入式无砟轨道

1. 长枕埋入式无砟轨道的结构

在沙河特大桥上，我国首次采用了预应力混凝土长枕埋入式无砟轨道。长枕埋入式无砟轨道主要由整体式穿孔混凝土枕和现场灌注的凹槽混凝土道床组成，包括钢轨及扣件、穿孔混凝土枕、混凝土道床板、隔离层（或橡胶层）、混凝土底座，如图2-7所示。

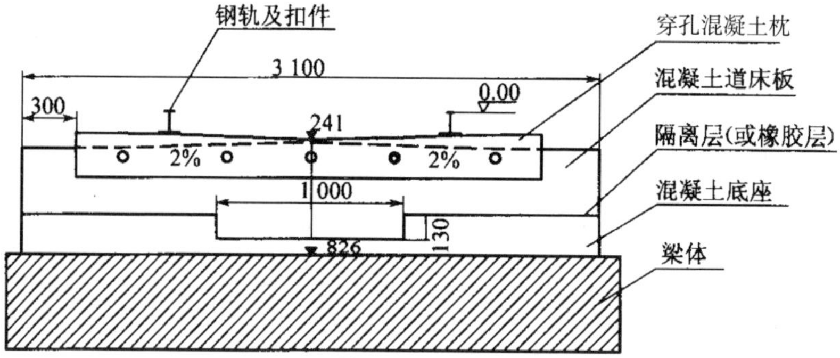

图 2-7　桥上长枕埋入式无砟轨道结构（单位：mm）

为了保证轨枕与道床板能够紧密连接，轨枕上设 5 个预留孔，道床板上层钢筋穿过预留孔，这样就可增强轨道的整体性。

混凝土道床板长 4 m，宽 3.1 m，厚 0.3 m。一个道床板单元可设置 7～8 根穿孔轨枕，轨枕间距为 600 mm。在穿孔轨枕之间的道床板顶面上设有 2%～3% 的人字排水坡。

混凝土底座长宽与道床板的相同，厚为 0.25 m。道床板与底座之间，设厚度为 1.2 m 的 TQF-Ⅰ型防水卷材作为防水隔离层；与桥头路基相邻的跨梁，其作为桥上无砟轨道与桥头路基上有砟轨道的过渡段，应在防水隔离层下设置 12 mm 厚的橡胶垫层。底座通过梁底预埋钢筋与梁体相连。

道床板上设突出方柱，置于底座两端1 000 mm×700 mm×130 mm的凹槽内，这可对道床板的纵横向位移加以限制，确保道床板的稳定性。底座凹槽的侧立面设置7 mm厚的普通橡胶缓冲垫层。

2.长枕埋入式无砟轨道的特点

其主要优点：

①结构内没有易受环境或温度影响的橡胶、乳化沥青等材料，结构整体性和耐用性较好，几何形位不易变动，维修工作量小。

②混凝土枕制造和现场灌注混凝土的技术和设备均是成熟、配套的，利于掌握，便于施工。采用我国较成熟的"钢轨支承架"法自上而下施工，能适应横曲线区段超高顺坡和竖曲线区段顺坡等的铺设要求，道床板分块长度与桥梁跨度的匹配较为灵活。

③预制件较小，制造、运输、吊装方便。

④经济性较好。

其存在的主要不足：

①长枕埋入式无砟轨道为现浇枕式整体道床结构，弹性主要由扣件系统提供，考虑重载运营条件，扣件弹性垫层的刚度不可能太低。轨道整体刚度较大，列车冲击荷载将会较大，这对轨道结构的整体性和耐久性会产生不利影响。

②道床板和底座均为就地灌注而成，故现场施工量较大，施工进度相对较慢。

③混凝土表面为人工抹面成形，外观平整度不如板式的。如在道床板下设弹性垫层，则施工较为复杂。

④新老混凝土结合面积较大，裂纹控制较困难。

⑤可维护性一般。

（五）CRTS Ⅰ型双块式无砟轨道

1.CRTS Ⅰ型双块式无砟轨道的结构

我国的CRTS Ⅰ型双块式无砟轨道技术引进于德国，源于Rheda 2000型无砟轨道。

CRTS Ⅰ型双块式无砟轨道是将工厂预制的双块式轨枕现场浇筑进均匀连续的钢筋混凝土道床板内而形成的一种无砟轨道结构，如图2-8所示。

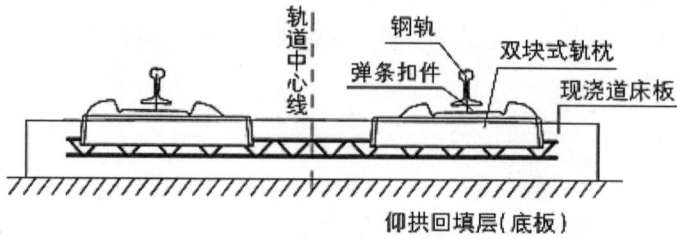

图 2-8　CRTS I 型双块式无砟轨道结构

路基地段 CRTS I 型双块式无砟轨道由支承层、双块式轨枕、道床板、扣件及钢轨组成，如图 2-9 所示。

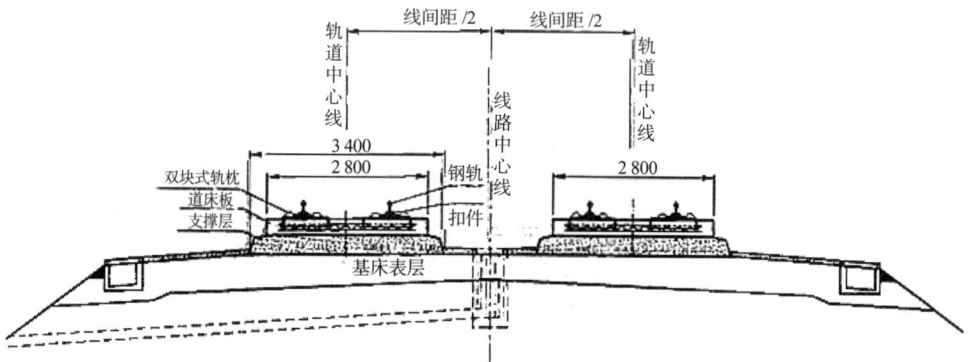

图 2-9　路基地段 CRTS I 型双块式无砟轨道结构（单位：mm）

支承层是设置于路基基床表层上，用于支承道床板的承载层。根据施工方法，支承层采用水硬性混合料或低塑性水泥混凝土，不需要配筋，结构简单，施工方便。沿线路纵向，每隔不大于 5 m 设一横向预裂缝，缝深为厚度的 1/3，道床板宽度范围内的支承层表面应进行拉毛处理。

双块式轨枕是由钢筋桁架连接两个混凝土支承块而形成的，是双块式无砟轨道的主要部件（见图 2-10）。双块式轨枕在工厂预制生产，这样便于质量控制，同时也简化了轨道板的施工。

图 2-10　CRTS Ⅰ型双块式无砟轨道的双块式轨枕

道床板为纵向连续的钢筋混凝土结构，在支承层上现场浇筑成型。宽度为 2.8 m，厚度为 0.26 m。道床板中交叉纵筋从轨枕钢筋桁架中穿出，与横向钢筋相连组成道床板钢筋网。因轨道电路的要求，钢筋联结使用特制非金属十字卡扣，以绝缘纵、横钢筋，消除钢筋网对轨道电路的影响。

桥梁地段 CRTS Ⅰ型双块式无砟轨道由底座、道床板、双块式轨枕、扣件、钢轨组成（见图 2-11）。

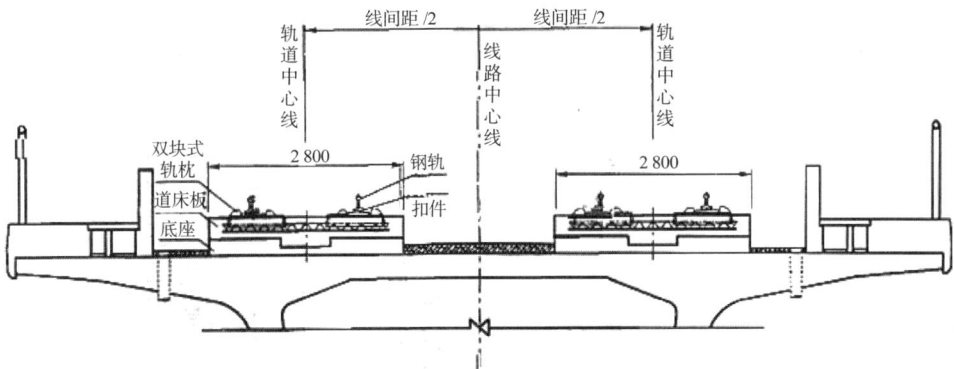

图 2-11　桥梁地段 CRTS Ⅰ型双块式无砟轨道结构（单位：mm）

隧道内 CRTS Ⅰ型双块式无砟轨道的道床板及其以上结构与路基地段、桥梁地段的相同。在有仰拱隧道内，道床板直接在隧道仰拱回填层上构筑。在无仰拱隧道内，道床板在隧道底板上构筑。道床板宽度范围内，仰拱回填层或隧道底板表面应进行拉毛处理（见图 2-12）。

19

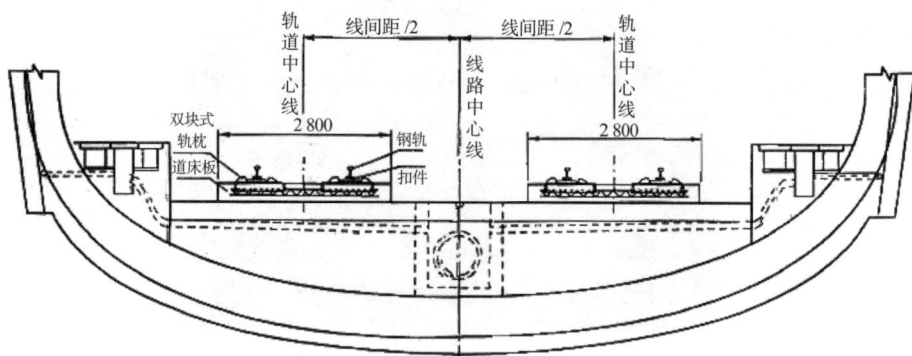

（a）有仰拱隧道

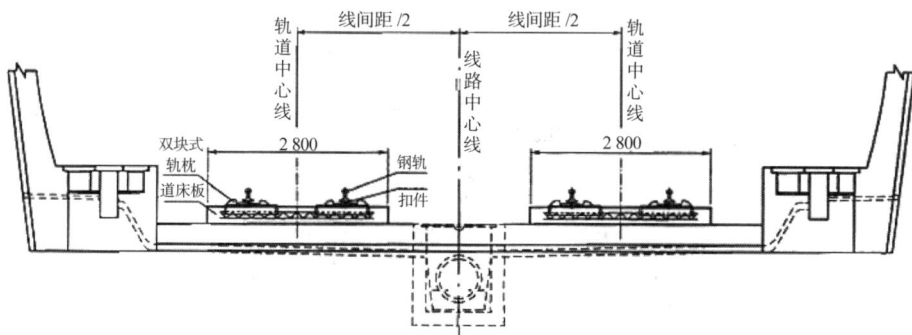

（b）无仰拱隧道

图 2-12　隧道内 CRTS Ⅰ 型双块式无砟轨道结构（单位：mm）

2.CRTS Ⅰ 型双块式无砟轨道的特点

CRTS Ⅰ 型双块式无砟轨道的主要优点：

①结构整体性较强。

②道床施工完成后轨道即调整就位，不必设置调整层，轨道结构的整体性得到了更好的保证。

③带桁架的预制混凝土轨枕在轨道板浇筑时便于调节，施工更加灵活方便，在直线和曲线段均可得到良好的应用。

④因为是现浇道床板底座，所以可增加多个工作面，利用就近梁场作为轨排拼装场，这样可节省用地，不受桥梁隧道和缩短施工工期等因素的影响，更加适合我国地形复杂、桥隧比重大的高速客运专线。

⑤道床板底座不需要工厂预制，从而节省了运输道床板的费用。在秦沈客运专线上每块轨道板运费 1 000 多元，每千米轨道板运输费用约 20 多万元。双块式无砟轨道不需此项运输费，从而降低了投入。

⑥预制轨枕生产工艺易于掌握，已具备成套生产设备。

⑦采用的双块式轨枕在浇筑道床板时较长枕能减少混凝土与轨枕间的裂缝，从而保证施工质量。

CRTS Ⅰ 型双块式无砟轨道的主要缺点：

①道床板现场浇筑混凝土时对基础要求高、用量巨大且容易开裂。

②道床板局部易发生病害且难以恢复，对结构影响大。

③道床板与轨枕新老混凝土之间的结合面易产生裂纹，裂纹控制较困难。

④施工质量受工具轨（工具轨法）或轨排框架（轨排框架法）、扣件等因素影响。隧道内只能使用轨排框架法施工。

（六）CRTS Ⅱ 型双块式无砟轨道

1.CRTS Ⅱ 型双块式无砟轨道的结构

CRTS Ⅱ 型双块式无砟轨道是以现场浇筑混凝土方式，将预制的双块式轨枕通过机械振动嵌入均匀连续的钢筋混凝土道床内的一种轨道结构，如图 2-13 所示。CRTS Ⅱ 型双块式无砟轨道技术引进于德国，源于 Züblin 型无砟轨道。

图 2-13　CRTS Ⅱ 型双块式无砟轨道

CRTS Ⅱ 型双块式无砟轨道的结构与 CRTS Ⅰ 型双块式无砟轨道的结构基本相同，两者的区别主要有两点。一是施工方法不同，CRTS Ⅱ 型双块式无砟轨道采用专用的施工成套设备，不需组装轨排，用固定架替代 CRTS Ⅰ 型双块式无砟轨道施工用的轨排支承架，将由固定架安放的轨排振动压入预先浇筑的混凝土中

（如图2-14所示）；二是为适应这种振动压入式施工方法，CRTS Ⅱ型双块式无砟轨道比CRTS Ⅰ型双块式无砟轨道少配置一层上层钢筋，同时混凝土配合比的水灰比较大。

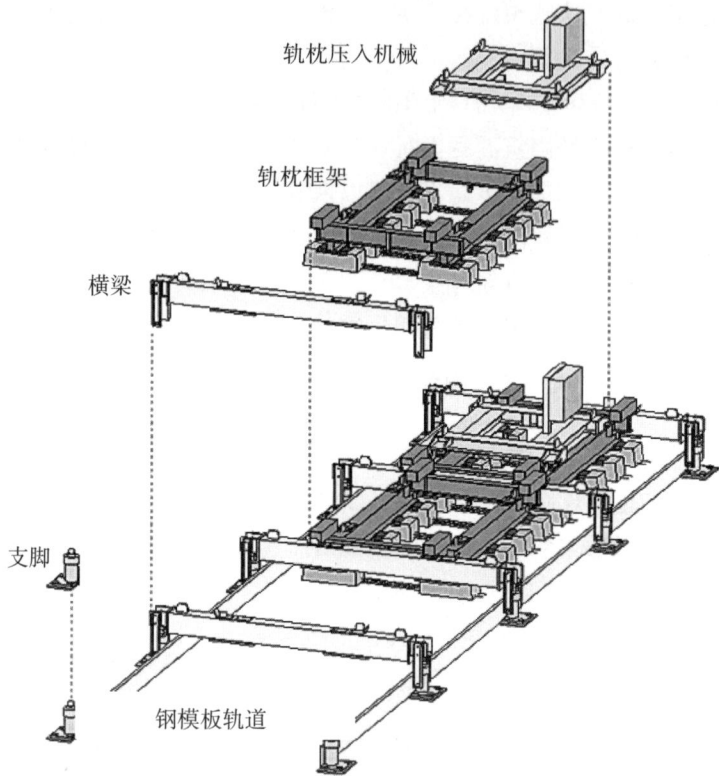

轨枕压入机械

轨枕框架

横梁

支脚

钢模板轨道

图2-14　CRTS Ⅱ型双块式无砟轨道施工

2.CRTS Ⅱ型双块式无砟轨道的特点

CRTS Ⅱ型双块式无砟轨道的主要优点：

①施工时机械化程度高，不需工具轨，轨枕施工采用专用机械，大大提高了施工效率，轨道几何尺寸定位准确，保证了施工质量。

②双块式轨枕振动压入道床板中，使道床板的混凝土得到了更好的振捣，提高了新旧混凝土相结合的程度，保证了结构的整体性。

③与板式轨道相比，其制作及铺设工艺简单，同时造价低。

④道床板较厚，隔离层可以减小桥梁变形对轨道结构的影响。

CRTS Ⅱ型双块式无砟轨道的缺点：

①无砟轨道结构易出现裂缝，后期养护维修工作量增加。同时其对严寒的适应性较差。

②现场混凝土浇筑量大，施工质量不易控制，施工工效低。

③路基、隧道地段轨道结构纵连，可修复性差。

④养护维修不便且工作量大。

⑤施工采用专用设备，对设备的要求较高，工程造价较高。

⑥铺设精度受轨枕框架等精度影响；

⑦要有专业人员进行施工操作，对施工人员的技术要求高。

⑧轨枕后压入道床，不能实现双层配筋。

五、预制道床板无砟轨道

日本板式和德国博格板式是板式的典型代表。我国在其基础上经技术优化形成了 CRTS Ⅰ型板式无砟轨道、CRTS Ⅱ型板式无砟轨道和 CRTS Ⅲ型板式无砟轨道。

（一）日本板式无砟轨道

1. 日本板式无砟轨道的结构

日本定型的板式无砟轨道包括普通 A 型板式无砟轨道、框架型板式无砟轨道，以及土质路基上的 RA 型板式无砟轨道和防振 G 型板式无砟轨道，它们构成了适用于不同使用范围的轨道系列。其轨道结构分别如图 2-15～图 2-18 所示。

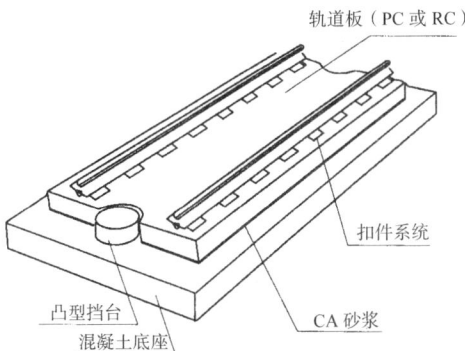

图 2-15　普通 A 型板式无砟轨道结构　　　图 2-16　框架型板式无砟轨道结构

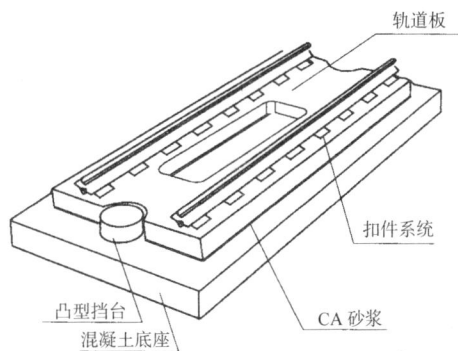

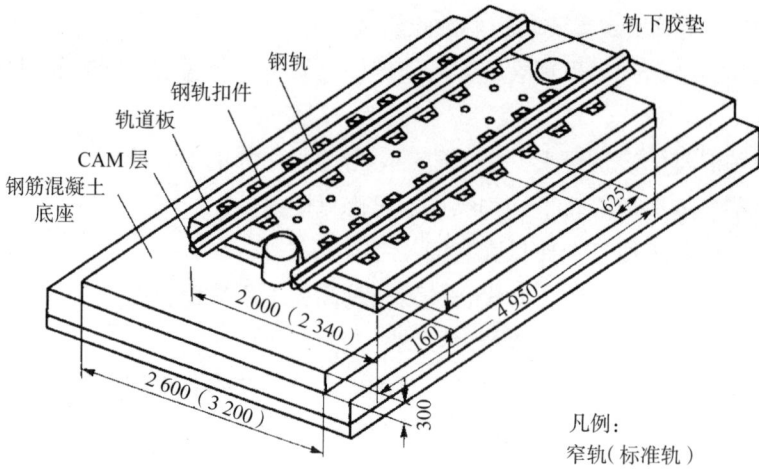

图 2-17　土质路基上的 RA 型板式无砟轨道结构（单位：mm）

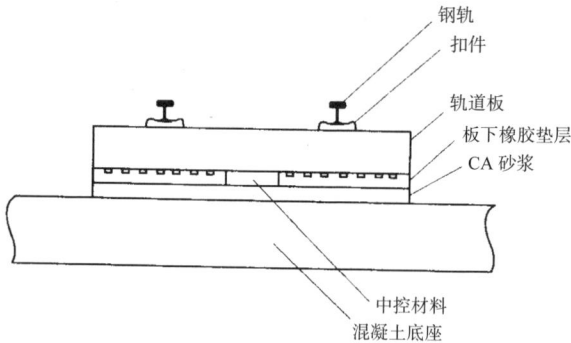

图 2-18　防振 G 型板式无砟轨道结构

轨道板把来自钢轨和扣件的轮载均匀地传给水泥沥青砂浆垫层，并且把轨道纵向荷载和横向荷载传递给混凝土凸型挡台。

在轨道板与混凝土底座之间填充的乳化沥青砂浆垫层（简称 CA 砂浆层）相当于有砟轨道的道砟层，不仅给轨道以适当的弹性，还可填充轨道板与混凝土底座之间的缝隙，起到施工调整的作用，使下部基础施工误差不致影响上部结构。为适应严寒地区的推广应用，人们研制了抗冻害的砂浆，提出了袋装 CA 砂浆施工方法。

凸型挡台与混凝土底座灌注成一个整体，其与轨道板之间用树脂材料填充，有助于固定轨道板的纵向和横向位置。同时凸型挡台又可作为板式轨道铺设时的基准点。

混凝土底座现场浇筑而成，是板式轨道的基础，较高精度的施工可获得厚度均匀的 CA 砂浆层，这样可保证轨道弹性均匀；曲线超高也需在底座上实现；路基上底座板的设计应能适应下部基础变形的情况。

在日本东北、上越等严寒地区新干线的建设中，为了适应轴重的增大的情况和避免冻害，增加了轨道板上层钢筋的保护层。

2. 日本板式无砟轨道的特点

（1）结构整体性能

日本板式无砟轨道具有无砟轨道所具有的线路稳定性高、刚度均匀性好等优点，且线路的维修工作量少。

从轨道结构每延米重量看，无砟轨道的小于有砟轨道的，而板式轨道结构高度低、道床宽度小、重量轻。在隧道内应用时可减小隧道的开挖断面。

与德国博格板式无砟轨道相比，日本板式无砟轨道在基础上设置了凸型挡台。凸型挡台与混凝土底座一起建造，依靠凸型挡台对轨道板进行定位，施工更为简便。日本板式无砟轨道用的轨道板，没有在工厂内机械磨削的工序，制造相对简单。

（2）制造和施工

板式无砟轨道结构中的轨道板是工厂预制的，其质量容易控制，现场混凝土施工量少，施工进度较快；道床外表美观；由于其采用"由下至上"的施工方法，施工过程中不需工具轨；在特殊减震及过渡段区域，在预制轨道板底粘贴弹性橡胶垫，易于实现下部基础对轨道的减震要求。但在桥上铺设时，受桥梁不同跨度的影响，需要不同长度的轨道板配合使用，这无形中增加了制造成本；在曲线地段铺设时，线路超高顺坡、曲线矢度的实现对扣件系统的要求较高；板式无砟轨道结构中 CA 砂浆层的施工质量直接影响轨道的耐久性；板式无砟轨道的制造、运输和施工的专业性较强，包括轨道板的制造、运输、吊装、铺设，CA 砂浆的现场搅拌、运输和灌注，轨道状态整理过程中的充填式垫板树脂灌注等。

（3）线路维修

由于板式无砟轨道存在 CA 砂浆层，因此其受自然环境因素的影响较大，在结构凸型挡台周围及轨道板底边缘的 CA 砂浆层存在破损现象，特别是在线路纵向力较大的伸缩调节器附近这种现象更为明显。因此日本除相应开发了修补用的树脂砂浆外，在设计方面，用强度高、弹性和耐久性好的合成树脂材料替代凸型挡台周围的 CA 砂浆。对于轨道板底的 CA 砂浆层，以灌注袋的形式取代初期的直接灌注模式，可以减小 CA 砂浆层的环境暴露面，从而显著提高了板式无砟轨道结构的耐久性，实现了板式无砟轨道结构少维修的设计目标。

（二）德国博格板式无砟轨道

1. 博格板式无砟轨道的结构

博格板式无砟轨道的前身是 1979 年铺设在德国卡尔斯费尔德 - 达豪路段的一种预制板式无砟轨道。人们采用先进的数控磨床来精加工预制轨道板的承轨槽，使其精度满足高速铁路对轨道几何尺寸的高要求。

博格板式无砟轨道类似于新干线板式无砟轨道，它们的差异是抵抗纵横向作用力的方式不同，前者采用板间螺杆联结或板下凹槽联结的方式，后者采用凸型挡台联结的方式。

博格板式无砟轨道是由纵向相互连接的预制轨道板组成的。在路基上，轨道板铺设在水硬性承载层上面或是铺设在沥青承载层上面。在桥梁上，轨道板铺设在底座板上面。如图 2-19 所示。

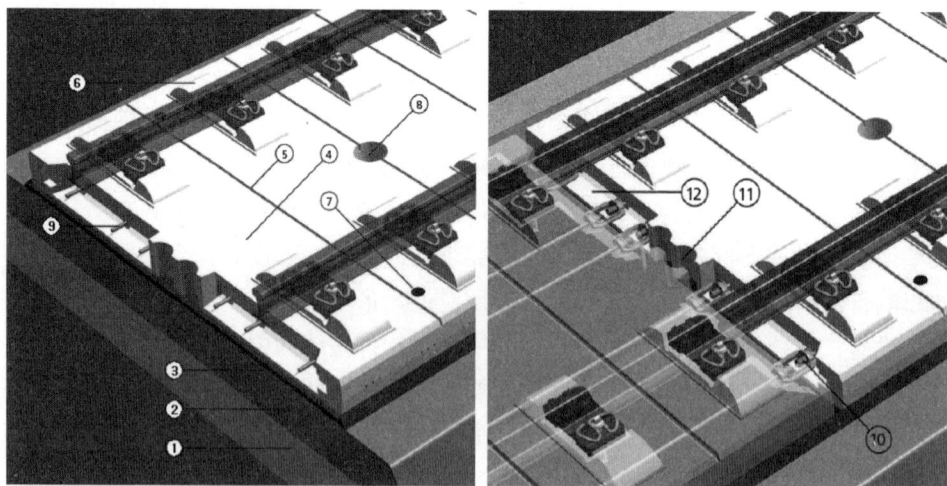

①—防冻保护层；②—沥青层；③—胶层；④—预应力板；⑤—横向预裂缝；⑥—轨座；⑦—轨面调整孔；⑧—注浆孔；⑨—纵向钢筋；⑩—连接器；⑪—卡入式窄缝；⑫—安装连接器的宽缝

图 2-19 博格板式无砟轨道

博格板式无砟轨道的轨道板为横向预应力轨道板，为控制轨道板裂纹不通过扣件锚固点，板上每个枕间设横向预裂缝，铺设完成后通过连接器将轨道板纵向连接，轨道板横向设预应力板，这样即使轨道板在假缝处完全开裂，也不会影响其承载性能，可靠性较高。水硬性承载层和轨道板间通过特制的水泥沥青砂浆填充，轨道整体性好，纵横向阻力大，无须设置凸型挡台等限位装置。

轨道板铺设完毕后，采用校准系统精调。精调之后，在水硬性承载层顶面和轨道板底面之间有一个 2～4 cm 的空间，该空间将采用特制的砂浆填满。

轨道板留有三个圆形注浆孔，通过这三个孔灌入水泥沥青砂浆。水泥沥青砂浆的良好流动性可以确保水硬性承载层和轨道板之间的空间完全被填满。

为了进行底层灌浆，轨道板的侧面必须密封，而且每次只进行一块板的底层灌浆。侧封采用一种特殊的水泥砂浆，轨道板中部和端部附近留有开口，进行底层灌浆时空气能够从开口排出，这些开口还有另外一个功能，就是能够用来检查板底空间是否完全灌满。

2. 博格板式无砟轨道的特点

与现场浇筑的混凝土轨道板相比，博格板式无砟轨道的轨道板具有工厂化生产、加工精度高、固化时间短、不需要现场制模和浇筑、必要时可进行轨道板高程调整等优势，但厂房和设备等一次性投入较高。

与日本板式无砟轨道相比，博格板式无砟轨道的主要特点在于其承轨部位依靠混凝土的机加工保证精度，在保证钢轨、扣件等加工精度的前提下，轨道板一旦施工完成即可保证轨道的精度，无须进行日本板式无砟轨道充填式垫板的二次调整过程；在工地安装时，不需对每个轨道支承点都进行调节，使工地测量工作大大减少。

博格板式无砟轨道的轨道板通过连接器连接，最大限度地减少了轨道板自由端的数目，对于改善填充砂浆和轨道板受力状况有很大好处，可采用弹性模量相对较高的水泥沥青砂浆作为填充层。轨道板具有可修复性，除可在每个钢轨支承点处（轨道扣件）调高余量外，还可调整预制轨道板本身的高度。

博格板式无砟轨道的缺点是轨道板需要在工厂进行机械加工，制造工艺复杂，成本相对较高。轨道板在线路上的位置固定，通用性较差。

（三）CRTS Ⅰ型板式无砟轨道

1.CRTS Ⅰ型板式无砟轨道的结构

我国的 CRTS Ⅰ型板式无砟轨道是在日本板式无砟轨道的基础上经技术优化后形成的，如图 2-20 所示。

图 2-20　CRTS Ⅰ型板式无砟轨道

CRTS Ⅰ型板式无砟轨道由钢轨、钢轨扣件、轨道板、CA 砂浆调整层、钢筋混凝土底座、凸型挡台及其周围填充树脂等组成。如图 2-21～图 2-22 所示。预制轨道板通过水泥沥青砂浆调整层，铺设在现场浇筑的钢筋混凝土底座上，由凸型挡台限位。

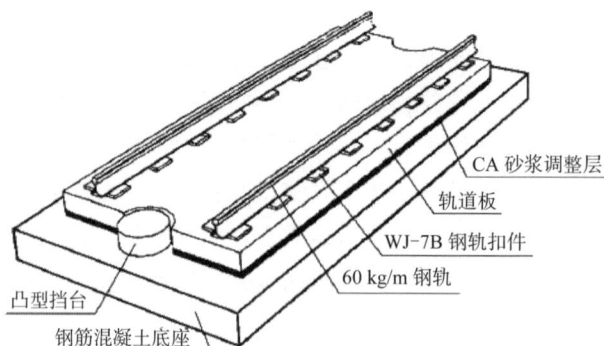

图 2-21　CRTS Ⅰ型板式无砟轨道系统结构

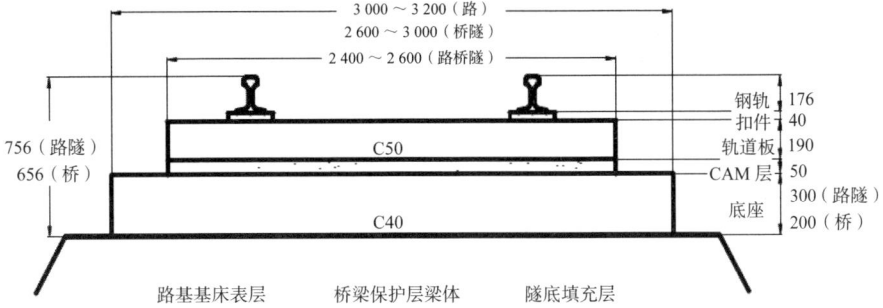

图 2-22　CRTS Ⅰ型板式无砟轨道横断面（单位：mm）

CRTS Ⅰ型板式无砟轨道分为平板式无砟轨道和框架式无砟轨道，见图 2-23～图 2-25。

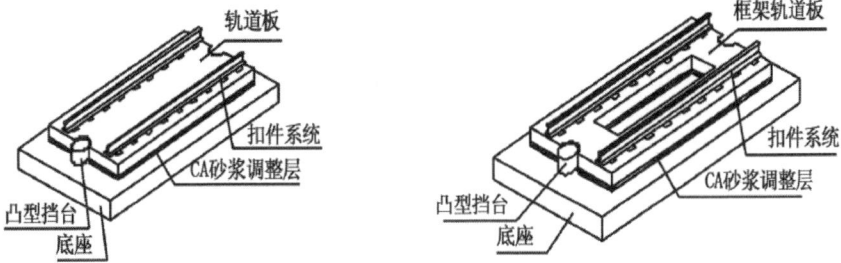

（a）平板式无砟轨道系统结构　　　　（b）框架式无砟轨道系统结构

图 2-23　平板式无砟轨道和框架式无砟轨道的系统结构

图 2-24　CRTS Ⅰ型平板式无砟轨道　　图 2-25　CRTS Ⅰ型框架式无砟轨道

隧道地段 CRTS Ⅰ型板式无砟轨道，有仰拱隧道内，底座在仰拱回填层上构筑，沿线路纵向，每隔一定长度，对应凸型挡台中心位置，设置横向伸缩缝。隧道沉降缝位置，底座对应设置伸缩缝。底座宽度范围内，仰拱回填层表面应进行拉毛或凿毛处理设计。无仰拱隧道内，底座与隧道钢筋混凝土底板合并设置，并连续铺设。距隧道口 100 m 范围内，仰拱回填层或钢筋混凝土底板预埋钢筋与底座连接。

2. CRTS Ⅰ型板式无砟轨道的特点

CRTS Ⅰ型板式无砟轨道的优点：

①采用比较坚实的混凝土基础，减小轨道板的设计强度。

②通过调整 CA 砂浆厚度来调整轨道板的定位，保证铺设的精度。

③结构层次分明的结构体系设计原理（水泥沥青砂浆可实现上下部结构分离）。

④板与板之间不纵向连接，不设横向挡块，维修或撤换方便，可修复性较好。

⑤凸型挡台有效传递横纵向力，轨道板的稳定性好。

⑥弹性好，减震降噪性能及抗震性能好，适用性强。

⑦桥上、隧道、路基上轨道结构型式基本相同，可进行轨道结构和线下工程的标准化设计。

⑧现场混凝土施工量少，水泥沥青砂浆采用袋式灌注方法，施工工效高。

⑨轨道板为工厂预制的，质量易于保证，可采用框架结构，经济性好。

⑩轨道结构高度低，道床宽度小。采用框架式无砟轨道可节省钢筋和混凝土料，降低桥梁的二期恒载，造价较低，但没有降低轨道板实际承受列车荷载的有效强度，不影响列车荷载的传递。在隧道内应用时可减小隧道的开挖断面。

CRTS Ⅰ型板式无砟轨道的缺点：

①铺设钢轨后，轨道精调工作量较大；

②水泥乳化沥青砂浆、凸型挡台填充树脂、充填式垫板的生产、施工专业性强。

（四）CRTS Ⅱ型板式无砟轨道

1. CRTS Ⅱ型板式无砟轨道的结构

CRTS Ⅱ型板式无砟轨道是我国在引进德国博格板式无砟轨道技术基础上，经"引进、消化、吸收、再创新"，形成的具有自主知识产权的无砟轨道系统。

CRTS Ⅱ型板式无砟轨道具有结构强度高、稳定性好、适用性强、耐久性好、现场施工方便等优点，因此，在我国高速铁路工程中得到普遍应用。

路基和隧道地段 CRTS Ⅱ型板式无砟轨道由水硬性材料支承层、灌浆孔、灌浆层、防冻层、扣件等组成，如图 2-26 所示。

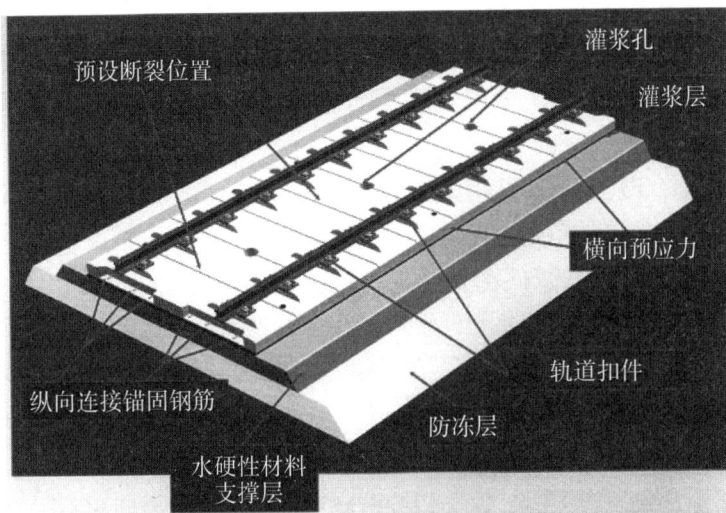

图 2-26　CRTS Ⅱ型板式无砟轨道的结构

桥梁地段 CRTS Ⅱ型板式无砟轨道由高强度挤塑板、滑动层、底座板、水泥乳化沥青砂浆填充层、轨道板、侧向挡块、台后锚固结构、弹性扣件系统、钢轨等组成。

2.CRTS Ⅱ型板式无砟轨道的特点

我国 CRTS Ⅱ型板式无砟轨道与德国博格板式无砟轨道系统相比，有以下特点：

①预制轨道板和底座板在长桥上是跨过梁缝的连续结构。轨道板结构及外形尺寸不受桥跨限制，与路基、隧道内的轨道板统一，轨道板本身的制造和安装简便。

②底座板在梁固定支座处与梁体固结，其他部位铺设"两布一膜"的滑动层，设计假定不计桥梁温度伸缩对无砟轨道的影响。

③梁端 3.1 m 范围内铺设 5 cm 厚硬质泡沫塑料板，从而减小梁端转角对无砟轨道结构的影响。

④底座板和轨道板两侧设置侧向挡块进行横向限位，侧向挡块通过在梁体钻孔植筋的方式与梁体连接。

⑤预制梁表面设分段排水坡，梁面喷涂防水层，取消保护层。

CRTS Ⅱ型板式无砟轨道的一个重要特点是轨道板采用纵向连接结构，其有以下优势：①与砂浆层一起对轨道板进行定位约束。②轨道板内部的纵向温度压力得到适当降低。③使轨道板纵向整体受力。④使轨道板的整体性大大加强，进而使轨道板的横纵方向整体受力。

此外，CRTS Ⅱ型板式无砟轨道的主要优点如下：

①采用层状结构设计，分工合理明确的轨道结构各部分具有更可靠的承力传力性能以及更好的耐久性。

②轨道板在工厂中制造并精细打磨，特别是承轨槽采用精密车床精细打磨，扣件及钢轨的定位更加精确，也最大限度地减少了现场施工铺设过程中的轨道板调整工作，提高了施工的效率。

③轨道板上设置了假缝，允许轨道板在假缝处断裂成真缝，轨道板断裂后以"串联宽轨枕"的形式存在。

CRTS Ⅱ型板式无砟轨道的主要缺点：

①轨道板加工打磨要求精度高，生产轨道板时技术要求高。

②桥梁上铺设轨道板时，由于桥梁跨度不同，铺设时要使用不同尺寸的轨道板，这就增加了轨道板的制作成本。

③轨道板全部纵向连接，更换维修难。

④轨道板的制造、运输、施工等的专业性很强。

（五）CRTS Ⅲ型板式无砟轨道

我国于2009年在成灌线（成都至都江堰城际客运专线）开展了具有完全自主知识产权的板式无砟轨道成套技术工程试验与技术创新工作，并取得了成功。

1.CRTS Ⅲ型板式无砟轨道的结构

CRTS Ⅲ型板式无砟轨道主要由60 kg/m钢轨、弹性有挡肩扣件、轨道板、自密实混凝土填充层、钢筋混凝土底座或支承层等部分组成。轨道板上设置有挡肩承轨台，配套采用WJ-8型扣件。当轨道板预制不采用打磨承轨台方案时，宜设置充填式垫板。轨道板下设置自密实混凝土填充层，其通过轨道板内的预埋门形筋连接，形成复合板结构。复合板纵横向限位通过自密实混凝土填充层及底座内设置的凸台凹槽咬合来实现。自密实混凝土填充层和底座之间设置隔离层，从而获得一定的修复性。

　　路基上轨道采用纵向连接结构。路基面上铺设一层水硬性支承层，支承层上架设轨道板。轨道板为预应力结构的，可保证不开裂，增强了轨道结构的耐久性。在轨道板和支承层间预留 100 mm 的间隙，用于填筑自密实混凝土，自密实混凝土通过板下预埋的两列门形钢筋与预制轨道板形成复合结构。路基采用纵向连接方案，板端需要预留连接系统，通过连接器将轨道板纵向连接，板间灌注树脂砂浆，这样在整体降温情况下，可避免轨道板开裂。为控制自密实混凝土的裂缝，在自密实混凝土填充层设置了细钢筋网，这样自密实混凝土填充层与预制轨道板紧密联结，形成一个厚度为 290 mm 的复合单元板结构（见图 2-27）。

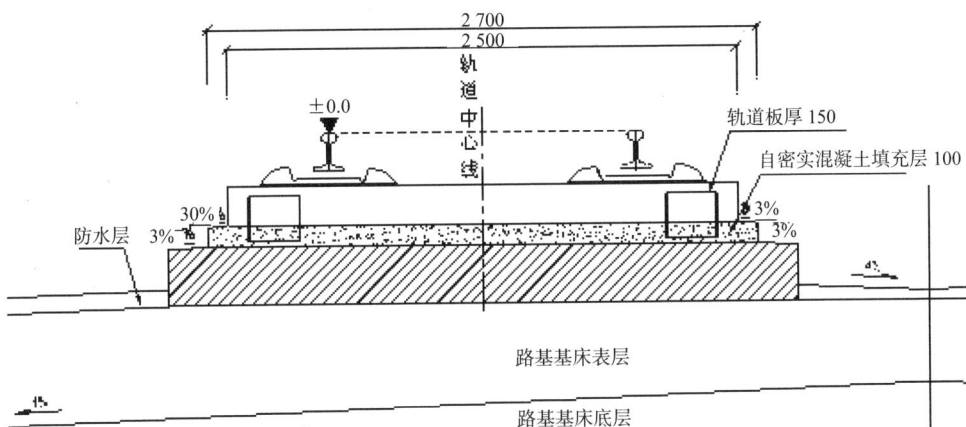

图 2-27　路基地段 CRTS Ⅲ 型板式无砟轨道的横断面（单位：mm）

　　桥梁地段借鉴双块式无砟轨道结构特点，桥上采用单元式轨道结构类型，为使轨道结构尽可能简单，桥上与路基采用相同外形和尺寸的轨道板。桥面上设置钢筋混凝土底座，底座通过梁面预埋钢筋与梁连接在一起，底座上设置两个限位凹槽，限制轨道的纵、横向位移。底座上铺设隔离层。底座上架设双向预应力轨道板，在隔离层和轨道板间用自密实混凝土填筑，为防止轨道板与自密实混凝土分离，在轨道板预制时预留和下部结构连接的门形钢筋。为控制自密实混凝土的裂缝，在自密实混凝土填充层设置了细钢筋网，这样自密实混凝土填充层与预制轨道板紧密联结，形成一个厚度为 290 mm 的复合单元板结构（见图 2-28）。

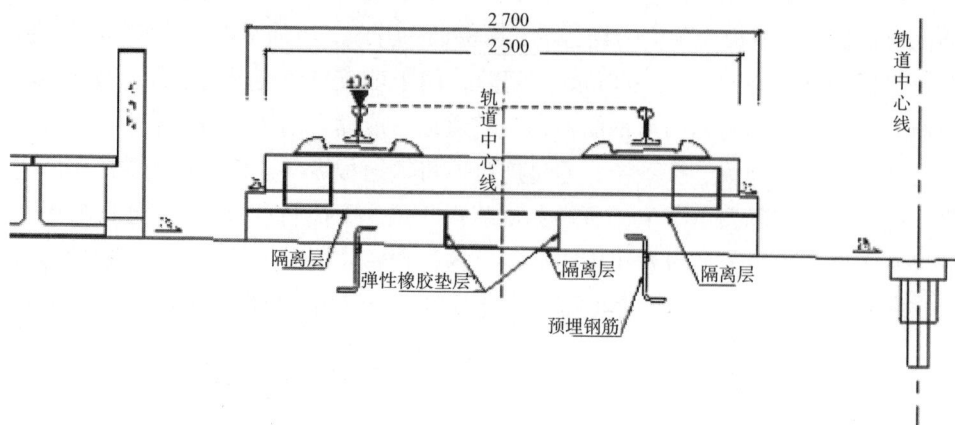

图 2-28　桥梁地段 CRTS Ⅲ 型板式无砟轨道的横断面（单位：mm）

隧道地段与桥梁地段相比，基础刚度相近，因此桥梁地段 CRTS Ⅲ 型板式无砟轨道结构类型同样适用于隧道地段，且轨道结构高度相似。轨道板可根据具体的工程概况选用单元板式或纵向连接板式；底座板宽 2.9 m，厚 200 mm，曲线地段底座板厚度根据实际情况确定。底座板对应每 3 ～ 4 块轨道板设置 20 mm 厚伸缩缝，缝内填充聚乙烯泡沫板，并用嵌缝材料密封（见图 2-29）。

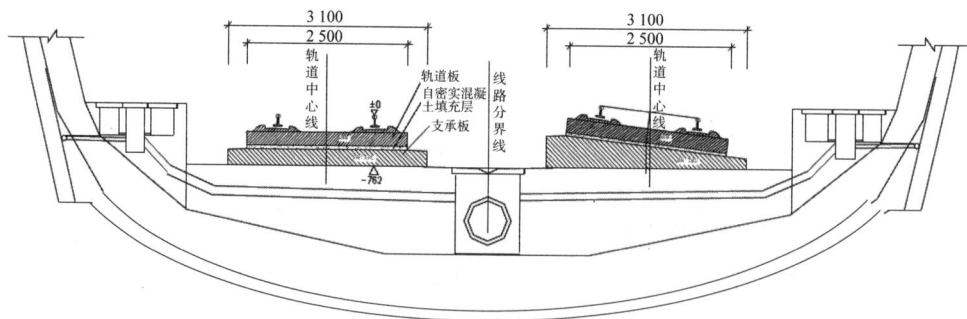

图 2-29　隧道地段 CRTS Ⅲ 型板式无砟轨道的横断面（单位：mm）

为了减小纵向连接后降温对轨道板的影响，需要采用连接器将轨道板纵向连接。同时在板间填筑力学性能优良的树脂砂浆使轨道板形成整体结构。由于树脂砂浆弹性模量较小，因此板缝处结构稳定性较弱，为了防止列车荷载作用下两板相错，在板端还设置了剪力板结构，用于传递板间剪力。

2.CRTS Ⅲ型板式无砟轨道的特点

CRTS Ⅲ型板式无砟轨道具有以下优点：

①采用"路基纵向连接，桥上单元"的设计思路。路基地段轨道板纵向连接，解决了轨道板纵向定位、传力等方面的问题，延续了连续式无砟轨道结构整体性好、线路平顺、刚度均匀的优点；桥梁地段采用单元式结构，延续了桥上双块式轨道受力简单、施工方便、可维修性好、投入少的优点，克服了 CRTS Ⅱ型板式无砟轨道桥上结构复杂的缺点。

②轨道板通过预埋钢筋与板下自密实混凝土填充层连接成复合结构，结构整体性好，可以控制板下开裂及轨道板的翘曲；自密实混凝土性能稳定、耐久性好。

③继承了 CRTS Ⅰ型板式无砟轨道传力明确、易维修的优点，克服了其整体性差、精调工作量大的不足，取消了凸型台，施工方便，造价降低。取消了 CA 砂浆填充层，简化了施工工艺，减少了对环境的污染，减少了工程投资成本。

④轨道板的配套扣件具备较好的施工性能和较高的轨距保持能力，外形美观。通过调整模型实现了曲线地段轨道板承轨槽空间调整，从而实现了轨道板承轨槽与平竖曲线二维匹配。

⑤轨道结构简单、通用性好，利用布板软件完成了全线轨道板布板和空间坐标计算，实现了轨道板的制造、施工、养护、维修、测量、定位的一体化。

⑥施工工艺简单、可操作性强、绿色、环保，提高了工效，实现了"机械化、工厂化、专业化、信息化"施工。

⑦复合板和底座板之间设置隔离层，并通过凸台凹槽结构限位，传力体系明确。

⑧其限位方式，改变了 CRTS Ⅰ型板式无砟轨道用凸型台、CRTS Ⅱ型板式无砟轨道用端刺的传统做法，而采用"板下 U 形筋＋自密实混凝土＋底座凹槽"的独特方式，可有效阻止轨道板的纵横竖向移动。

CRTS Ⅲ型板式无砟轨道的缺点：

①纵向连接式轨道板需配套增加单独的轨道板模具且板间连接处比较容易开裂。

②工程造价相对高。

六、现浇道床板无砟轨道

典型的无轨枕现浇道床板无砟轨道结构包括有扣件的 PACT 型、DFST 型和无扣件的 Edilon 型、Heitkamp 型。

PACT 型无砟轨道使用的是就地灌注的钢筋混凝土道床，钢轨直接与道床相连接，轨底与道床之间设连续带状橡胶垫板以给轨道提供必要的弹性，钢轨为连续支承的，如图 2-30 所示。

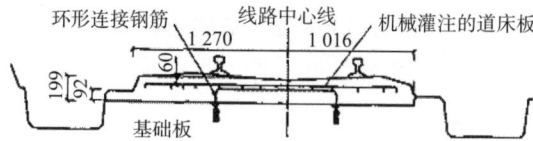

图 2-30　英国 PACT 型无砟轨道

PACT 型无砟轨道具有投资少、维修费用少、噪声小、稳定性强等特点，适宜在隧道内和高架桥上使用。但由于轨道板与基础板是刚性联结的，故要求基础板必须坚固、不变形，一旦混凝土道床损坏，修复困难。

DFST 型无砟轨道的道床板为整体浇筑的，扣件通过预埋件进行安装，如图 2-31 所示。

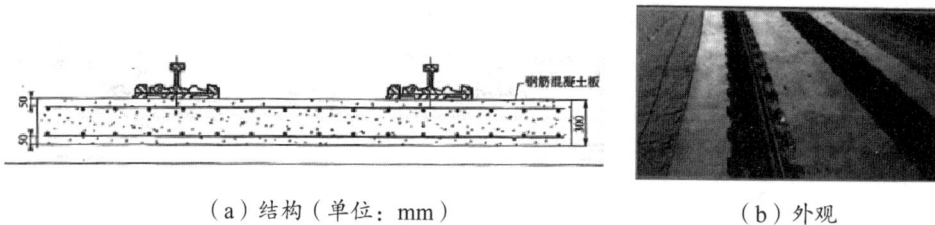

（a）结构（单位：mm）　　　　　　（b）外观

图 2-31　DFST 型无砟轨道

Edilon 型钢轨埋入式无砟轨道是将钢轨全部用弹性复合材料埋入混凝土槽中的一种无砟轨道，如图 2-32 所示。与 Edilon 型轨枕嵌入式无砟轨道相比，它们之间的差异是后者埋入的是轨枕，但它们所用的复合材料相同。

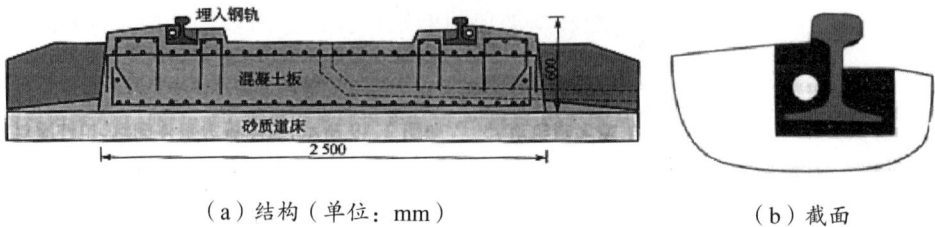

（a）结构（单位：mm）　　　　　　（b）截面

图 2-32　Edilon 型钢轨埋入式无砟轨道

Heitkamp型无砟轨道的设计原理与采用混凝土槽的雷达型无砟轨道的相同，只是其将充填的混凝土以道砟代替。其优点就是可以采用传统有砟轨道施工中的机械进行铺砟和捣固，并且适用于道岔区。

第三节　重载铁路隧道内无砟轨道选型

一、选型原则

结合重载铁路运营特征，考虑隧道内轨道工作环境，借鉴我国高速铁路无砟轨道的选型，本书提出重载铁路隧道内无砟轨道选型的七条原则。

（一）结构安全可靠

在列车动荷载作用下，无砟轨道结构应保持安全、可靠的几何状态，具有足够的承载强度储备。

国内外重载运输调研表明，轴重增加后，钢轨的磨耗和伤损极为明显，同时由于隧道工程具有一定的特殊性，受地质、设计、施工、运营管理和养护维修等因素的影响，隧道病害会越来越多，有些病害已严重影响到车辆的正常行驶，甚至危及行车安全。在现有的铁路隧道中多采用有砟轨道结构，运营中由于重载铁路具有重（开行重载单元列车）、大（大通道、大运量）、高（高质量、高效率）的特点，轨道结构必然会承受较大的荷载。这样重载铁路的轨道结构及其部件的损坏就比普通线路的快，线路变形也较大，线路维修和养护的工作量、成本增加。而且在隧道内进行养护和维修工作更加困难，在长大隧道内这一问题更加突出。

（二）良好的耐久性

在长期疲劳荷载作用下，结构及部件工程材料（混凝土、砂浆等）的耐久性要满足结构使用寿命的要求。

采用无砟轨道结构养护、维修费用可大幅度减少，列车限速、中断行车等对运营的干扰也将减少；另外，隧道内无砟轨道初期投入较有砟轨道的略多，要得到更高的社会效益与经济效益便要求线路具有更好的稳定性与耐久性。

结合轨道结构生命周期理念，设计中应考虑长期疲劳荷载，从而使无砟轨道结构满足使用寿命要求。影响无砟轨道耐久性的因素主要有结构型式、混凝土和各种特殊材料的品质、施工质量控制等。

（三）良好的力学性能

良好的轨道力学性能有利于减小重载运输条件下的轮轨相互作用力，减少轮轨磨耗，改善轨道结构的受力条件，确保线路的高平顺性和刚度均匀性，并有效地减震降噪。轨道整体刚度过大会导致重载列车冲击荷载增大，对轨道结构和车辆的整体性和耐久性也会产生不利影响。从抑制钢轨磨耗、高频振动等方面来考虑，一般要求无砟轨道具有与有砟轨道相近的弹性水平。

（四）良好的适应性

无砟轨道施工是一个系统工程，为了保证系统功能配套协调，轨道结构应对隧道工程和轨道电路等站后工程，以及地域的特殊气候条件等有良好的适应性，同时，应与线路运输条件相结合。

货运线路特别是煤运线路，散落的煤粉对隧道内轨道结构的污染严重，且清理难度较大，对轨道弹性产生不利影响，重载线路较普通的货运线路列车的震动更加剧烈，这就对轨道的抗污染性有更高的要求。

隧道内空气潮湿、通风性差，因此隧道内轨道结构的耐久性应能适应隧道特有的工作环境。有些隧道基础的地质状况不稳定或地下水发育，可能存在基础变形或水害问题，无砟轨道应对基础变形的适应性好，并要有完善的排水系统。

（五）良好的施工性能

隧道内空间狭小、施工条件恶劣，对大型机械化施工存在一定限制。

针对隧道条件，无砟轨道结构及其部件应力求简单，有配套的施工设备，便于组织和施工，制造和施工精度应易于控制，施工工效较高，同时无砟轨道应能较易实现与有砟轨道的过渡。

（六）较好的可修复性

国内外的经验表明，无砟轨道的下部结构一旦发生严重变形，整治非常困难。由于重载铁路具有轴重大、运量大的特点，运营中轨道结构会承受较大的荷载，因此轨道结构及其部件的损坏比普通线路的快。隧道内无法进行大机养护作业，特别是长大隧道内，作业环境恶劣，仅靠人工养护难以满足基本养护需求，因此在重载铁路隧道内由隧道工程变形超限等引起轨道结构部件损坏时，轨道应具有一定的调整量和可修复性。

（七）合理的经济性

在轨道结构安全可靠和耐久性好等前提下，应尽可能降低轨道建造成本和维护费用，以获得良好的经济效益。在轨道结构的全寿命周期内，"工程投资＋维护成本"最小者即为经济效益最佳轨道。另外，在结构选型时还应考虑轨道结构在我国的技术基础和实践应用经验。

二、无砟轨道结构选型分析

通过对国内外各种无砟轨道结构的特点及其应用实践情况的调查分析，结合重载运输的运营特征及其对隧道内轨道结构的技术要求，我们可以看出，适用于重载铁路隧道内的、有比选价值的轨道类型有弹性支承块式无砟轨道、弹性长枕式无砟轨道、长枕埋入式无砟轨道、双块式无砟轨道、单元板式无砟轨道等五种。

（一）结构整体技术性能对比分析

1.有枕与无枕的对比分析

有枕式无砟轨道继承和发展了有砟轨道成熟的"轨排"理念。人们利用灵活多样的调整与固定方案，创造出多种无砟轨道结构。预制与现浇相结合的方式和"单枕"灵活的调整能力，保证了其对曲线、岔区等特殊地段的广泛适用性。轨枕是承力、传力的基本单元。

无枕式无砟轨道消除了轨枕间的薄弱联结，加强了钢轨支点间的整体性，以板作为承力、传力主体。其中的预制板式轨道满足了快速、机械化和工业化的施作需要，但板的适应能力稍差，在曲线、道岔等特殊地段应用比较困难。

2.连续式的与单元式的轨道板、道床板的对比分析

连续式轨道板结构断缝（或接缝）较少，依靠其良好的结构整体性、连续性与均匀性解决了水平传力、限位和刚度连续等方面的问题，层间联结处理相对简单。但轨道板抗裂性能差，桥上连续道床板结构轨道系统受力复杂，设计、施工难度大。损毁的结构难以修复，局部的损毁对整体的影响较大。修复后的部分难以恢复到以前的状态，道床板必须一次成型，对结构的设计与施工要求很高。

单元板式结构以预制板分成许多相对独立的单元，解决了长条形混凝土的收缩开裂问题，耐久性高，但出现了有规律的接缝、温度梯度引起的翘曲等新问题。此类结构每个单元独立实现几乎所有的轨道功能，便于维修，个别单元维修和重建对整个无砟轨道的影响较小。

双块式连续道床板结构整体性好，但结构抗裂性差。双块式单元道床板结构抗裂性较好，但结构整体性差。

（3）全现浇结构与部分现浇、拼装式结构的对比分析

全现浇无砟轨道消除或减少了新旧混凝土结合面，不需要专门的预制工厂进行预制件生产，但需要一次成型，对施工要求高，施工技术难度大。

预制拼装或部分预制式无砟轨道，依靠工厂化生产有效地保证了关键部件的质量，有利于快速施工、保证精度和控制精度，新旧混凝土界面的处理是此类结构的重点和难点。

（二）结构力学性能对比分析

1. 铁道第三勘察设计院关于货车通过不同无砟轨道结构时的轮轨动力响应的研究成果

铁道第三勘察设计院结合山西中南部铁路通道隧道内无砟轨道结构选型，建立了重载货车与各种无砟轨道的动力相互作用模型，对比分析了 30 t 轴重货车通过不同无砟轨道结构时的轮轨动力响应。

研究表明：

①常用五种轨道结构的车体垂横向加速度、轮轨垂横向力、轮重减载率、脱轨系数等行车安全性和平稳性指标相差不大。

②常用五种轨道结构中由于弹性支承块式无砟轨道的左右支承块相互独立，其动态轨距变化最大。

③长枕埋入式无砟轨道、单元板式无砟轨道和双块式无砟轨道的道床板（底座）振动加速度较大，弹性长枕式无砟轨道和弹性支承块式无砟轨道的道床板振动加速度较小。

④长枕埋入式无砟轨道的隧道回填混凝土的动应力较小，单元板式无砟轨道的隧道回填混凝土的动应力较大，弹性长枕式无砟轨道、弹性支承块式无砟轨道和双块式无砟轨道的隧道回填混凝土的动应力相当。

⑤长枕埋入式无砟轨道和双块式无砟轨道的道床板振动加速度相当，但由于双块式无砟轨道的道床板厚度小于长枕埋入式无砟轨道的，因此其隧道回填混凝土的动应力较大。

⑥相比其他三种轨道结构，弹性长枕式无砟轨道和弹性支承块式无砟轨道可同时兼顾较好地减小道床板（底座）振动和隧道回填混凝土动应力。

山西中南部铁路通道重载综合试验测试表明，弹性支承块式无砟轨道和现浇枕式无砟轨道在垂向荷载为 100 kN 时，加载点处垂向荷载分配系数分别为 42.6% 和 55.8%，相邻扣件支点处垂向荷载分配系数分别为 22.3% 和 11.6%。弹性支承块式无砟轨道垂向荷载分配更合理，轨道结构和下部基础的受力更均匀。

2. 北京交通大学关于重载铁路隧道内无砟轨道静、动力学特性的研究成果

北京交通大学以 25～35 t 轴重车辆垂向荷载、车辆横向荷载，以及隧道洞口温度梯度为基本荷载工况，考察了 CRTS Ⅰ型板式无砟轨道、CRTS Ⅰ型双块式无砟轨道、弹性支承块式无砟轨道、弹性长枕式无砟轨道的静力学特性；以轴重 30 t、车速 100 km/h 为基本荷载工况，分析了上述几种无砟轨道的动力学特性。

静力分析结果表明：

①隧道洞口温度梯度荷载作用下，CRTS Ⅰ型板式无砟轨道存在诸多问题：钢轨、轨道板、底座的纵向位移过大；轨道板易于翘曲变形，从而带动钢轨变形并导致钢轨纵向应力增大；轨道板的胀缩而使轨道板对其下部的道床板产生拉压作用，导致道床板局部应力过大；凸型台会产生较大的剪切应力。故不推荐在重载铁路隧道中使用该种轨道。

② CRTS Ⅰ型双块式无砟轨道的轨道结构限位能力较好。但在 CRTS Ⅰ型双块式无砟轨道中，轨枕 - 道床结合面较为薄弱，轨枕 - 道床结合面抗剪强度不足以抵抗 25 t 以上轴重车辆所产生的荷载。在轨枕块侧面凿毛、在轨枕块四周植入外伸钢筋等可以在一定程度上提高轨枕 - 道床结合面的抗剪强度。故不推荐在重载铁路隧道中使用未经改进和处理的 CRTS Ⅰ型双块式无砟轨道。

③在弹性支承块式无砟轨道和弹性长枕式无砟轨道中，橡胶套靴的存在可以较好地保护轨枕（块），使其在隧道洞口温度梯度荷载作用下不至于产生过大的纵向应力。同时，由于套靴隔离了轨枕块和道床，弹性支承块式无砟轨道和弹性长枕式无砟轨道中不存在类似 CRTS Ⅰ型双块式无砟轨道的轨枕 - 道床结合面，这就避免了由轨枕 - 道床结合面薄弱而产生的一系列病害。但是，弹性支承块式无砟轨道和弹性长枕式无砟轨道对钢轨及轨枕块的垂横向限位的能力略显不足。

从静力分析的结果来看，不推荐在重载铁路隧道内使用 CRTS Ⅰ型板式无砟轨道和 CRTSI 型双块式无砟轨道。

动力分析结果表明：

① 30 t 轴重条件下，各种轨道结构型式条件下的车体加速度、轮轨力、脱轨系数、轮重减载率均未超出相关规范中的限值范围，车体运行平稳、安全性良好。

②对于不同的轨道结构型式，车辆运行的平稳性及安全性指标相差不大，其中弹性长枕式无砟轨道的脱轨系数和轮重减载率较小。

③CRTS Ⅰ型板式无砟轨道的钢轨振动加速度较小，CRTS Ⅰ型双块式无砟轨道的钢轨振动加速度较大。然而，在 CRTS Ⅰ型板式无砟轨道的基础上加装轨枕套靴的弹性支承块式无砟轨道和弹性长枕式无砟轨道则克服了 CRTS Ⅰ型双块式无砟轨道的这一缺点，套靴的存在能显著减小钢轨振动加速度。

④CRTS Ⅰ型双块式无砟轨道的钢轨垂、横向位移最小。弹性支承块式无砟轨道和弹性长枕式无砟轨道由于轨枕下垫层的存在，轨下支承刚度降低，因此其钢轨垂、横向位移略大于 CRTS Ⅰ型双块式无砟轨道的。

⑤弹性长枕式无砟轨道保持轨距的能力比较好，弹性支承块式无砟轨道的稍差。

⑥弹性长枕式无砟轨道的扣件反力较小，对保证重载区段扣件使用寿命较为有利。

⑦套靴的存在对轨枕也起到了显著的减震作用。其中，弹性长枕式无砟轨道的轨枕减震效果最好。其轨枕振动加速度比 CRTS Ⅰ型双块式无砟轨道的低12.3%。

⑧轨枕套靴在减小轨枕振动加速度的同时，不可避免地增大了轨枕的位移。其中弹性长枕式无砟轨道轨枕位移相对最大。

⑨不同轨道结构型式的道床振动加速度都比较小，CRTS Ⅰ型双块式无砟轨道的最大，弹性支承块式无砟轨道的次之，弹性长枕式无砟轨道的最小。这说明套靴对道床也能起到一定的减震作用。

⑩不同轨道结构型式的道床位移也比较小，在 0.014～0.016 mm。

⑪套靴在减震的同时，还能大幅降低轨枕及道床的应力，从而有效地保护轨枕及其附近的道床。

⑫车辆动载会使隧道衬砌结构产生 0.013 mm 左右的动位移、0.18 g 左右的振动加速度，以及 0.1 MPa 左右的附加动应力。不同轨道结构型式条件下的隧道结构动力指标相差不大。

（三）结构适应性对比分析

双块式无砟轨道的连续道床板结构的整体性好，在路基地段对基础沉降的适应性好，但在严寒地区温度应力较大，连续道床板结构温度应力大，道床容易产生裂缝，在冰雪冻害等恶劣气候条件下裂缝会加速发展，从而影响混凝土道床板的耐久性。该轨道结构需要现场大面积浇筑混凝土道床，施工质量受环境条件影响大。双块式无砟轨道单元道床板结构，道床板为分段结构，温度应力较小，裂缝较易控制，但结构整体性差，在路基地段对基础沉降的适应性差。

单元板式无砟轨道的轨道板是工厂预制的，受环境气候条件影响小，构件质量能够得到保证，在严寒地区采用双向预应力结构，抗裂能力较强，采用单元结构，轨道板温度应力小，便于维修更换。其在路基及桥梁上均有较好的适应性。但单元板式无砟轨道的 CA 砂浆的性能受环境气候条件影响较大，在严寒地区 CA 砂浆的适应性较为突出。

纵向连接板式无砟轨道的轨道板是工厂预制的，受环境气候条件影响小，构件质量能够得到保证，相对于单元板式无砟轨道，其轨道板纵向连接，结构整体性好，在路基地段对基础沉降适应性好。但在严寒地区采用非预应力结构，温度应力较大，轨道板抗裂性差，在桥梁上应用不便于更换维修，施工难度大。水泥沥青砂浆受环境温度影响也较大。

隧道内狭窄的空间对救援材料运送和施工作业等造成严重的制约，因此应选择能满足在有限的空间内完成轨道结构快速修复或再造、能方便地运输施工工具与材料等条件的轨道结构。整体式结构（整体道床、轨枕埋入式、双块式等）的整体性强，纵向连续性好，局部的损毁往往需要在相当长的范围内对轨道结构进行修复，不利于快速修复。单元式结构（单元板式）以一定的长度为轨道单元，单元间相互影响有限，是能满足上述条件的最佳选择。

（四）施工性对比分析

双块式无砟轨道轨枕生产相对容易，制造工艺较简单，双块式道床板现场浇筑，施工质量受气候条件影响大，混凝土工程量大，施工进度相对较慢。单元板式轨道板在工厂预制，现场为组装式施工，施工质量和过程容易控制，施工进度较快，但板式轨道板生产、制造、运输及安装需要专业设备，工序相对复杂。

纵向连接板式无砟轨道的施工特点基本与单元板式无砟轨道的相同，但其轨道板承轨台采用数控机床进行精密打磨，不仅需购置昂贵的机械设备，而且制造工效低、成本高，曲线上轨道板通用性能差，制造施工较复杂。轨道板采用 HRB 500 钢筋和特种水泥，造价昂贵。轨道板生产线建设投资较大，转场困难，运输费用较高。纵向连接板式无砟轨道桥上连续道床板结构轨道系统受力复杂、施工难度大。

（五）可维护性对比分析

双块式无砟轨道连续道床板现场浇筑，结构一旦损坏，很难修复。双块式无砟轨道的单元道床板结构相对于其连续道床板结构，可修复性略好。单元板式无砟轨道分块铺设，组装式施工，基础发生较大变形时可通过板下沥青砂浆层调整，可修复性较强。纵向连接板式无砟轨道的轨道板纵向连接，结构连续，可修复性较弱。

（六）经济性对比分析

无砟轨道的经济性不仅受原材料、施工及制造工艺、使用寿命、养护维修等因素影响，而且受建设规模、技术成熟度等因素影响。据有关测算，一般线路双块式无砟轨道每千米初期投资约 367 万元，单元板式无砟轨道每千米初期投资约 495 万元，纵向连接板式无砟轨道每千米初期投资在 540 万元以上。

双块式无砟轨道初期投资较低，结构损坏后维修难度大、维修费用较高，对运营干扰大；单元板式无砟轨道初期投资适中，但便于维修，结构损坏对运营影响小，综合效益较好；纵向连接板式无砟轨道初期投资较高，结构一旦损坏，维修困难。

第三章　重载铁路隧道内弹性支承块式无砟轨道总体结构方案研究与设计

第一节　概述

弹性支承块式无砟轨道是在两个独立支承块的下部及周围设橡胶或其他弹性复合材料套靴，轨枕块底部与套靴间设橡胶弹性垫层，当支承块的高低和轨距调整完毕后，在轨枕周围及套靴下就地灌注混凝土而成型的一种无砟轨道。

与有砟轨道和其他无砟轨道相比，弹性支承块式无砟轨道的支承块外设橡胶套靴，块下设弹性垫层，它们提供了轨道的竖向、纵向和横向弹性，使这种无砟轨道在承载特性、动力传递和振动能量吸收方面更接近坚实均匀基础上的碎石道床轨道，弥补了无砟轨道刚度过大的不足，有利于减小重载运输条件下的轮轨相互作用力，改善轨道结构的受力环境。支承块系统一旦发生问题，更换非常方便，其可维修性比刚性整体道床和其他无砟轨道的大大提高。同时，由于支承块之间相互独立，因此其曲线适应性较好。

第二节　结构设计

一、结构组成

弹性支承块式无砟轨道由钢轨、扣件、弹性支承块（混凝土支承块、块下弹性垫层和橡胶套靴）、道床板等组成。

（一）钢轨、扣件

1. 钢轨

轨道结构设计最重要内容之一是钢轨类型的设计和选取。钢轨的主要功能：

①引导机车车辆的车轮前进，提供连续、平顺的轮轨踏面；

②直接承受列车荷载，并将其传递到轨枕上；

③在电气化线路或自动闭塞区段，钢轨还兼作轨道电路。

为保证上述功能，钢轨要具有足够的强度、韧性和耐磨性，钢轨尺寸和铺设精度要满足相关要求。

钢轨类型的设计和选取是铁路轨道长期运营和发展的结果。作为直接承受列车荷载的部件，钢轨要保证自身能够承受上部传来的强大荷载作用，故钢轨材料需要选用刚度大的材料来满足抗弯要求。

钢轨的类型应根据列车荷载和线路状况，结合磨耗等要求，通过轨道振动、轮轨冲击，以及钢轨纵向力等方面的分析计算确定。轨道振动计算结果表明，钢轨越重，轨道各部分的动挠度和振动加速度就越小；从轮轨冲击计算结果来看，钢轨越重，冲击力越大；从钢轨纵向力分析来看，在列车荷载作用下，重型钢轨的动弯应力较小，有较多的强度储备来承受纵向力。

重载线路列车轴重较大，但运行速度相对较小，且弹性支承块式无砟轨道线路的平顺性和减震性较好，结合国内外其他重载线路设计经验和相关设计规范，钢轨宜采用 60 kg/m 的 U75V 新型钢轨。为减少焊接接头，提高线路平顺性，应采用定长 100 m 的钢轨。考虑小半径曲线地段轮轨磨耗较大，为延长钢轨使用寿命，应尽量使其寿命周期与其他地段的一致，半径小于 1 200 m 的曲线地段宜采用全长淬火轨。

2. 扣件

钢轨与混凝土承载主体结构之间通过扣件系统的各部件进一步分散列车荷载，以避免轨枕结构上表面局部被压溃。无砟轨道扣件是提供轨道结构竖向弹性的主要部件，能充分降低列车动荷载，起到减震的作用，从而保护下部结构，减缓结构变形和功能退化。

扣件刚度是影响动态轨距扩大的主要因素，动态轨距扩大量随扣件刚度的增大而减小。扣件刚度对轨道结构各部件位移和动应力的影响也很明显，随着扣件刚度的增大，钢轨弯矩、应力和位移减小，但支承块的位移增大，道床板弯矩增大。对轨道振动性能的分析表明，在冲击荷载的作用下，随着扣件刚度的增加，钢轨振动加速度变化不明显，但支承块的振动加速度明显增大。适当增大扣件刚度对钢轨受力和变形有利，但对轨下部件受力和变形会产生不良影响。因此，扣件刚度应设置在一个合理的范围内，不宜过大也不宜过小。

从刚度对轨道振动性能的影响来看，与高刚度扣件和低刚度块下胶垫相比，采用低刚度扣件和高刚度块下胶垫，能使支承块的振动加速度减小、支承块与橡胶套靴的磨损减小、支承块的稳定性增强、支承块与橡胶套靴的使用寿命延长，但是会使道床板的振动加速度增大。因此，扣件刚度与块下胶垫刚度的匹配应合理。具体扣件的刚度、阻尼应与弹性支承块块下胶垫的刚度、阻尼匹配，应能保证轨距的保持能力、减小轨道结构的相互动力作用、保证行车的平稳性、延长轨道使用寿命。

扣件还应具有足够的扣压力，以满足稳定性需求。扣压力不足，易导致钢轨产生过大的横向位移及偏转，进而导致轨距扩大，影响行车安全。为降低轮轨动应力，增强扣件耐久性，扣件应有足够的弹性或适当的刚度。为方便养护维修，扣件应具有一定的轨道几何形位（轨距、标高）调整能力。

考虑支承块的构造、受力，以及轨道的稳定性和减动性能、使用寿命等因素，可采用弹性不分开式无挡肩预埋铁座扣件。为延长扣件的使用寿命，降低养护维修成本，扣件弹条等应进行防锈和防腐处理，螺栓及螺母表面可进行镀锌钝化或多元共渗防腐处理。

（二）弹性支承块

弹性支承块是指由混凝土支承块、橡胶套靴和块下弹性垫层三个部件组成，嵌入道床板用来支承并定位钢轨的组装结构，如图 3-1 所示。

弹性支承块的主要功能：

①承受扣件传来的竖向及纵横向作用力，并将其传至下部道床板上。

②提供竖向及纵横向弹性，缓解列车的纵横向冲击，减小轨道结构振动幅度及噪声，减小由车轮或轨面不平顺产生的高频动荷载，减少轨道结构的伤损。

③定位扣件及钢轨，保持轨道几何形位。

为满足上述要求，弹性支承块应满足以下性能要求：

①具有较高的承载能力，可避免在列车荷载作用下产生过大裂纹。

②具有足够的耐久性，以减少养护维修工作量，延长使用寿命。

③具有足够的稳定性，可维持轨道几何形位的精度，避免轨距扩大。

④具有合理的弹性和刚度，可减小轮轨动荷载，使得减震降噪效果最佳。

⑤具备一定的调整轨道几何形位的能力。

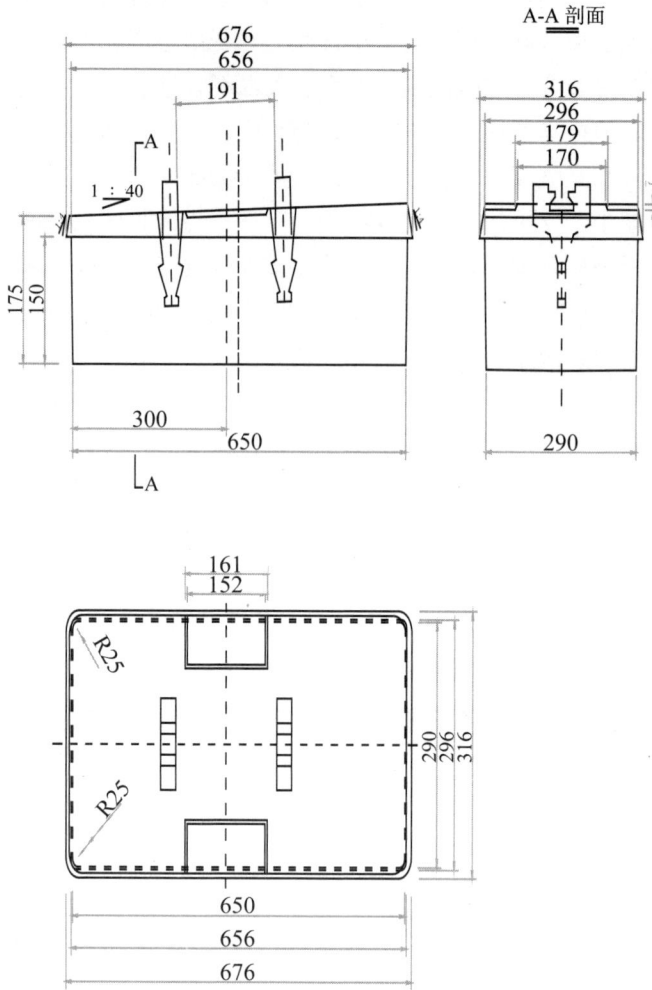

图 3-1 弹性支承块的结构（单位：mm）

弹性支承块各组成部分的尺寸、刚度等的确定宜综合考虑其对弹性支承块的横向位移和翻转、动力稳定性（固有频率、轨距保持能力）、养护维修、减震降噪、道床应力等的影响。对轨道结构进行动力特性分析可知，用不同的振动响应指标来评价振动体系的特性可以得出不同的弹性匹配条件。

1. 混凝土支承块

为满足承载力和耐久性要求，混凝土支承块宜采用 C50 钢筋混凝土结构，

48

主筋采用 8 根 ϕ 10 mm 螺纹钢筋。考虑破损后维修时方便取出，宜设计成上大下小的倒梯形。支承块顶面设置 1/40 轨底坡。支承块顶面宜设置帽檐，以防止雨水和污物进入橡胶套靴。同时支承块与橡胶套靴四周的间隙看以及道床板顶面套靴与道床混凝土四周的间隙可采用密封胶密封。

弹性支承块式无砟轨道的支承块相互独立，整体性差，若埋入深度不足，支承块的横向稳定性较差，在列车荷载作用下钢轨的位移较大，有可能会导致行车条件下轨道动态几何偏差超限，影响行车的安全性和舒适性。但埋深过大需要增加道床板厚度，工程成本增加。

支承块尺寸对其自身刚度影响较大，适当增大支承块尺寸可以增大支承块的扭转刚度，有利于减少轨距扩大、增强支承块的稳定性。在支承块刚度不变的情况下，增加支承块的长度，列车荷载作用下支承块的最大弯矩增加，支承块的动态响应增大，因此，从减小动荷载效应方面考虑支承块长度不宜过大增加。此外，过大的支承块的尺寸会导致支承块体积过大，支承块的一阶固有频率降低，列车通过时易引发系统的共振，反而对支承块的动力稳定性不利。同时，支承块体积增大会削弱道床板的整体稳定性。考虑养护维修，支承块的高度及埋深增大，更换支承块时需要松开的扣件较多，抬轨力、钢轨中的弯矩均随之增大，维修工作量增多。从这一角度出发，不应过分增大支承块的埋深及高度，可能的情况下应尽量减小埋深。

综合考虑支承块的支承刚度、动力稳定性，以及道床板厚度、养护维修时更换方便性等因素，支承块可采用以下结构尺寸：长度 600 ～ 700 mm，宽度 250 ～ 350 mm（顶宽），高度 200 ～ 300 mm，埋深 120 ～ 200 mm，短侧面坡度 1：20 ～ 1：1，长侧面坡度 1：20。具体尺寸宜考虑轨距保持能力、块下垫板及支承块的合理受力来确定。

支承块间距宜为 580 ～ 650 mm，可根据每千米支承块数量计算；支承块数量一般地段宜按每千米 1 667 对设置，线路纵坡较大和曲线半径较小的区段宜减小支承块间距，可按每千米 1 760 对设置。在施工合拢段或伸缩缝前后地段可调整扣件节点间距，但调整量不得超过 25 mm。

预埋铁座横向抗拔力不宜小于 100 kN，轴向拉伸强度不宜小于 140 kN。抗拔力过小，会导致轨距增大、钢轨平移距离过大，甚至会引起预埋铁座上拔、导致周围混凝土疲劳开裂。预埋铁座上肢厚度对其横向抗力和轴向拉伸强度影响较大，因此不宜过小。

2. 橡胶套靴

橡胶套靴是配合支承块使用的，其功能是缓冲列车横向荷载的冲击作用。橡胶套靴的厚度与刚度是影响弹性支承块的总体刚度和弹性的主要因素，对弹性支承块的减震性能和稳定性有直接影响。橡胶套靴厚度越大、刚度越小，轨道可能产生的变形尤其是轨距变化就越大，轨道稳定性越低，但减震性能随之提高；橡胶套靴厚度越小、刚度越大，轨道可能产生的变形就越小，轨道稳定性越高，但减震性能随之降低。

综合考虑减震性能、稳定性和耐久性的需求，橡胶套靴厚度宜采用 7 mm 左右。橡胶套靴与支承块接触的四周侧面宜设沟槽，以获得较好的弹性；枕底接触面宜设计为平面的，不设沟槽，起隔离作用。橡胶套靴垂向静刚度宜为 140 ～ 160 kN/mm，横向侧面静刚度宜为 120 ～ 150 kN/mm。具体参数应考虑与扣件刚度的匹配，保证轨距的保持能力，减小轨道结构相互动力作用，保证行车平稳性，延长轨道使用寿命。

橡胶套靴设计使用寿命应不小于30年，可维修或更换。主要材料采用氯丁胶。橡胶套靴应采取防污染、防老化措施，以延长使用寿命。

3. 块下弹性垫层

要延长轨道寿命，就要降低其损伤和损伤的积累，其中重要的措施是减弱轨道的动力效应和吸收已产生的动载能量。要增强轨道的整体弹性，只靠轨下胶垫的弹性显然是不够的，因此就需要考虑增加枕下弹性，即铺设块下弹性垫层。

块下弹性垫层的弹性或刚度对轨道结构动力响应影响较大。由于混凝土支承块抗冲击能力低，故以降低支承块的振动加速度和振动能量为目标来确定轨下和块下的弹性或刚度，可获得较好的效果。

有关分析表明，增大块下弹性垫层的刚度，列车荷载作用下钢轨的弯矩、应力和位移减小，支承块的位移和振动加速度减小，但道床板弯矩和振动加速度增大；相反，减小块下弹性垫层的刚度，列车荷载作用下钢轨的弯矩、应力和位移增大，支承块的振动加速度和位移增大，但道床板弯矩和振动加速度减小，即增大块下弹性垫层的刚度对钢轨和支承块的受力及变形有利，减震效果增强，但对道床板受力及振动不利。因此，块下弹性垫层的刚度应有一个合理的取值范围。

对于列车速度较高或减震要求不高的地段，为减小支承块的位移，块下弹性垫层的刚度宜稍高一些（如秦岭隧道内为 95 ～ 110 kN/mm）；对于列车速度较低且减震要求较高的地段，块下弹性垫层的刚度可尽量降低（如广州地铁为 20 ～ 30 kN/mm）。

结合国内外实践情况，块下弹性垫层宜采用厚度约为 12 mm 的微孔橡胶垫，刚度合理值为 90 ～ 120 kN/mm。为满足刚度的要求，橡胶垫上下表面可设置沟槽，槽中心间距约为 16 mm。对于列车速度较高或减震要求不高的地段，为减小支承块位移，块下弹性垫层刚度宜稍微高一些，对于列车速度较低且减震要求较高的地段，块下弹性垫层刚度宜稍微低一些。具体参数应考虑与扣件刚度匹配，保证轨距的保持能力，减小轨道结构相互动力作用，保证行车平稳性，延长轨道使用寿命。

（三）道床板

道床板设置在隧道仰拱混凝土回填层或钢筋混凝土底板上面，是轨道结构的混凝土结构层中刚度最大、结构最强的一层，其主要功能是承受支承块传递来的竖向、纵向、横向作用力，以及温度荷载及基础变形荷载，并将各种作用力传递至下部基础，同时还起到定位弹性支承块的作用。道床板使轨道有效避免了下部结构所受到的荷载应力过高，并保证了整个轨道结构的整体稳定性。

1.道床板材料和尺寸

道床板宜采用 C40 钢筋混凝土结构，受力钢筋采用 HRB 400。道床板断面尺寸宽为 2 600 ～ 2 800 mm，厚度为 350 ～ 450 mm。具体尺寸应考虑运营条件、使用环境，并结合隧道净空要求确定。

2.道床板纵向分块方案

按照纵向是否分块，道床板可分为分块式道床板结构或连续式道床板结构两种类型。

分块式道床板结构解决了长条形混凝土的收缩开裂问题，但出现了有规律的接缝、温度梯度变形等新问题。分块式道床板结构便于维修，个别单元维修和重建对整个无砟轨道的影响较小。

连续式道床板结构断缝（或接缝）较少，依靠其良好的结构整体性、连续性与均匀性解决了水平传力、限位和刚度连续等方面的问题，层间联结处理相对简单。但其结构难以修复，局部的损毁对整体的影响较大，修复后的部分难以恢复到以前的状态。施工时必须一次成型，对结构的设计要求很高。

（1）分块式方案

隧道内道床板沿纵向划分单元结构，分块浇筑。在轨道结构竖向、横向尺寸不变的情况下，道床板纵向单元板长度的选取对结构应力、应变水平、（纵、横向）限位能力、建设成本、施工效率等均有较大的影响。此外，单元板长度还应结合扣件间距、铺设位置与现场条件（与洞口之间的距离、坡度大小、隧道底板伸缩缝与沉降缝位置、温度变化等）、裂缝控制、养护维修等情况确定。

温度降低的情况下，单元板越短，板内最大拉应力越小，板端位移越小，从这方面考虑结构的安全系数越高。但单元板长度对列车荷载作用下单元板内应力和应变（位移）的影响不大。温度梯度作用下，单元板长度超过 7.0 m 后板内应力、应变变化不大。在配筋率一定的情况下，单元板长度对裂缝的发展和宽度有较大的影响。温度降低时，单元板越短，板端伸缩量越小，内部钢筋混凝土应力越小，道床板出现裂缝的可能性越小；温降较大时，单元板长度增大会导致裂缝宽度增大，但在最大降温幅度较小的地区，单元板长度可适当取大一些。其他条件相同情况下，单元板长度越大，内部应力、板端位移和板中裂缝宽度越大，满足裂缝宽度限值的配筋率越大。单元板长度对现场施工也有较大影响，单元板越短，伸缩缝数量、轨道横向模板设置数量越多，施工速度越慢。

综合考虑上述情况，单元板长度范围以 4 ～ 20 m 为宜，一般地段不宜大于 8 m。若单元板长度较长，为控制板内裂纹宽度，单元板中宜设置假缝，假缝深度约为 1/3 板厚，宽度为 20 ～ 40 mm。

初步拟定以下方案：单元板长度分 6 m、12 m、6.25 m 和 12.5 m 四种。隧道内距离隧道洞口小于等于 200 m 范围，单元板长度为 6 m（每千米 1 667 对支承块）或 6.25 m（每千米 1 760 对支承块）；距离隧道洞口大于 200 m 范围，单元板长度为 12 m（每千米 1 667 对支承块）或 12.5 m（每千米 1 760 对支承块）。在隧道变形缝地段可适当调整板长，保证变形缝和伸缩缝对齐。

（2）连续式方案

距隧道洞口 200 m 范围内及断层破碎带每 4.8 ～ 6 m 设置横向伸缩缝，其与隧道结构缝对应。距隧道洞口大于 200 m 范围内道床板连续浇筑，在隧道结构缝处设置 20 mm 横向伸缩缝。

具体是采用分块式道床板结构还是采用连续式道床板结构，需根据运营条件、服役环境条件和养护维修条件等分析确定。

3. 伸缩缝设置

两相邻道床板间设置宽 20 mm 的伸缩缝，道床板分块时遇隧道变形缝处可适当调整长度和扣件间距，使变形缝与伸缩缝对齐，伸缩缝应位于轨枕间距正中。

缝下部采用聚乙烯泡沫板填充，上部 30 mm 范围内灌注聚氨酯密封胶。曲线地段道床板伸缩缝垂直于线路中心线布置。若隧道内无砟轨道地段隧道存在变形缝，施工时必须先确定变形缝的位置，合理布置板长，不得让道床板跨越隧道变形缝。

4. 道床板配筋

道床板配筋分为构造配筋和受力配筋两种，其中，为控制温度裂缝的配筋为构造配筋，而为抵抗列车荷载作用的配筋为受力配筋。

混凝土在温度发生变化时会出现变形（伸缩变形和翘曲变形），若变形受到约束就会产生温度力，由于混凝土抗拉强度低，极易在温度力作用下产生裂缝，一旦形成裂缝，就会在裂缝处发生应变，而应变集中会加速裂缝的扩展，最终导致裂缝贯通。因而设置构造配筋对温度裂缝的控制是十分必要的。

在混凝土其他条件和列车荷载不变的情况下，随着配筋率的增加，混凝土抗拉强度增大，裂缝宽度减小。但配筋率增大同时意味着道床板成本的增加，而且，混凝土应力随着配筋率的增大而增大，过高的配筋率会导致混凝土受压破坏。因此，为了控制温度裂缝，配筋率并不是越大越好。在配筋率不变的情况下，裂缝宽度随钢筋直径的减小而减小，裂缝平均间距减小，数量增多，分布区域均匀；增大钢筋直径，裂缝宽度和间距增大，裂缝数量减少，分布区域集中。因此，在满足一定配筋率的前提下，通过减小钢筋直径来减小裂纹宽度是一种有效可行的办法。

相关计算表明，道床板配筋主要受构造配筋的控制（1.2% ～ 1.4%，容许的最大裂缝宽度为 0.2 mm），受力配筋率需要值很小（约为 0.2%），按最小配筋率配置即可满足要求。综合考虑两者的影响，建议道床板纵向配筋率为 1.28% 左右，横向每跨间截面配筋率为 0.15% 左右。

道床板纵横向配筋采用双层配筋。考虑距隧道洞口大于 200 m 地段道床板受温度力变化影响较小，建议采用少筋方案；而距隧道洞口小于 200 m 地段因受温度力变化影响较大，建议采用多筋方案。

初步拟订方案：

少筋方案：当超高 $h < 75$ mm 时，纵向采用 24 根 $\phi 16$ 钢筋，当超高 $h \geqslant 75$ mm 时，纵向采用 25 根 $\phi 16$ 钢筋；横向采用 $\phi 12$ 钢筋；架立钢筋采用 $\phi 10$ 钢筋。

多筋方案：当超高 $h <$ 75 mm 时，纵向采用 24 根 ϕ20 钢筋，当超高 $h \geq$ 75 mm 时，纵向采用 25 根 ϕ20 钢筋；横向采用 ϕ16 钢筋；架立钢筋采用 ϕ12 钢筋。

具体配筋方案根据计算确定。

5. 道床板钢筋绝缘

道床板纵、横向钢筋交叉处以及纵向钢筋和架立钢筋交叉处均设置绝缘卡扣进行绝缘处理，若纵向钢筋有搭接，也应进行绝缘处理。在道床板浇筑前应进行轨道电路传输距离的测试，实测值不小于 2 MΩ。

6. 道床板与板下结构连接

道床板浇筑在隧道仰拱回填层或钢筋混凝土底板上，为加强道床板与基础的连接，仰拱回填层或钢筋混凝土底板表面需进行拉毛或凿毛处理。当采用拉毛处理时，拉毛深度为 1.5 ~ 2 mm，拉毛纹路应均匀、清晰、整齐；采用凿毛处理时，凿毛见新率不应小于 75%，并均匀分布，浮砟、碎片等应清除干净。

为加强道床板与基础的连接，隧道内以下地段可根据需要进行植筋或预埋钢筋：①距洞口小于等于 200 m 范围内；②曲线半径小于等于 800 m 和线路纵坡大于 12‰地段；③道床板伸缩缝前后。

初步拟订方案：距离隧道洞口小于等于 200 m 范围内，采用 6 m 或 6.25 m 长单元板，每个轨枕间在仰拱回填层或结构底板连续植入或预埋一排 ϕ25 钢筋，每排 4 根，对称布置，纵向间距根据轨枕间距情况调整，使其位于轨枕间距正中间；距离隧道洞口大于 200 m 范围内，采用 12 m 或 12.5 m 长单元板，线路纵坡大于 12‰地段和曲线半径小于等于 800 m 地段每隔一个扣件间距的轨枕间在仰拱回填层或结构底板连续植入或预埋一排 ϕ25 钢筋，每排 4 根，对称布置，纵向间距根据轨枕间距情况调整，使其位于轨枕间距正中间。

具体设置方式根据计算确定。

7. 超高设置

隧道地段曲线超高在道床板上实现，采用外轨抬高方式。超高设置值按照《铁路轨道设计规范》（TB 10082—2017）执行，并根据运营条件确定。无砟轨道外轨超高由直缓点起至缓圆点处递增顺接。

8. 道床板与水沟侧壁间的处理

无砟轨道道床板和水沟侧壁之间采用 C20 素混凝土填充，与两侧水沟等高。

但当超高较大时，内侧填充不得高于道床板顶面。道床板和素混凝土之间使用 10 mm 厚聚乙烯塑料泡沫板隔开。素混凝土的厚度、高度应结合曲线隧道断面确定。当曲线内侧道床板顶面低于水沟盖板顶面时，素混凝土填充层应采取预埋管道与隧道排水孔相连接等排水措施。

9. 道床板顶面处理

道床板顶面宜设置排水坡，直线地段排水坡坡度宜为 1% ～ 2%，采用双面排水；曲线地段超高形成自然排水坡，双线中心另设凹槽排水，纵向沿线路纵向排水。道床板顶面不应超过橡胶套靴帽上沿，也不应低于橡胶套靴帽下沿。

10. 排水设计

无砟轨道排水设计应结合隧道排水系统综合考虑。隧道防排水系统设计、施工应满足相关标准的要求，并采取切实可靠措施，对地表水和地下水做妥善处理，形成完整的防排水系统，保障轨道结构正常使用和行车安全。设计时可采用边侧式、中心式或两者相结合的形式。

隧道地段弹性支承块式无砟轨道直线地段横向排水通过在道床板顶面设置 1% ～ 2% 的排水坡实现，并通过两侧排水沟排水，双线中心另设置凹槽排水；曲线地段由超高自然形成单面排水横坡，纵向沿线路纵坡排水。

二、无砟轨道与有砟轨道的过渡

有砟轨道结构与无砟轨道结构之间应设置过渡段，以过渡基础刚度差异和沉降差异，减少轨道的刚性和弹性突变，避免轨面出现过大的弯折角，保证行车安全性和乘客舒适度。

无砟轨道与有砟轨道的过渡可采用直接过渡方案或设置过渡段方案，具体根据实际运营条件和线路条件分析确定。

（一）直接过渡方案

采取直接过渡方案，过渡段为有砟轨道。

无砟轨道与有砟轨道的分界点一般设在隧道内距洞口 20 ～ 30 m 处，当站场咽喉区道岔伸入衔接的长度大于 1 km 或洞口位于缓和曲线时，铺设无砟轨道地段向隧道内调整。过渡段避免设在缓和曲线上。

隧道内过渡段轨枕采用与区间相同的有砟轨道结构。钢轨工地焊接接头不应设置在有砟－无砟轨道过渡段范围内，相错量至少为 2.5 m。

（二）设置过渡段方案

无砟–有砟轨道过渡段设置在隧道内，隧道内有砟轨道长 20～30 m。自过渡段无砟轨道和有砟轨道分界点处，向有砟轨道方向对道砟分别进行全部或部分黏结，约 1/3 长度全部黏结，约 1/3 长度枕下道砟和砟肩黏结，约 1/3 长度枕下道砟黏结，其余同隧道外有砟轨道。

根据需要，过渡段设置两根 60 kg/m 辅助轨，其中无砟区段 6.5 m（1 块道床板长），其余长度处于有砟轨道区段。设置辅助轨范围内无砟轨道地段采用重载无砟轨道用过渡轨，有砟轨道地段配套采用重载有砟轨道用过渡轨。

第三节　结构总体布置

隧道内弹性支承块式无砟轨道总体布置如图 3-2～图 3-7 所示。

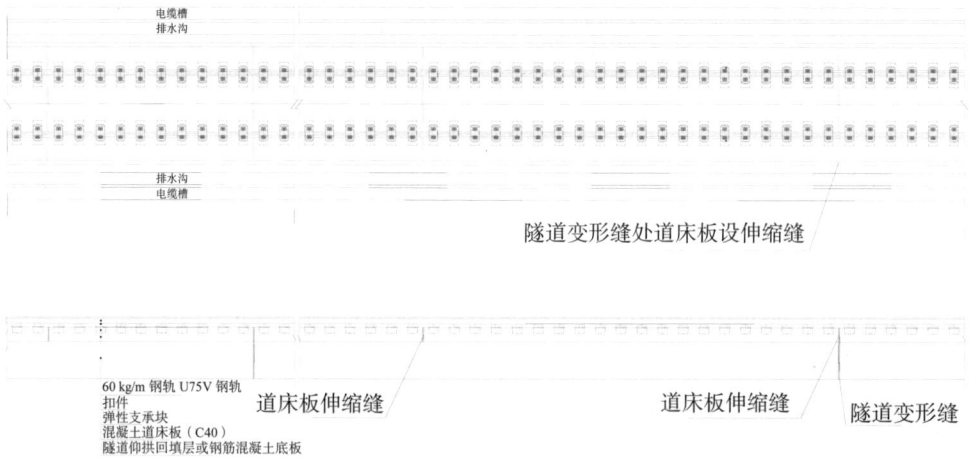

图 3-2　隧道内弹性支承块式无砟轨道平面、纵断面

隧道中心线　线路中心线

聚乙烯塑料泡沫板

1%　1%

60 kg/m 钢轨　C20 素混凝土填充
扣件
弹性支承块
混凝土道床板（C40）
隧道仰拱回填层

图 3-3　隧道内弹性支承块式无砟轨道横断面（直线、有仰拱、单线地段）

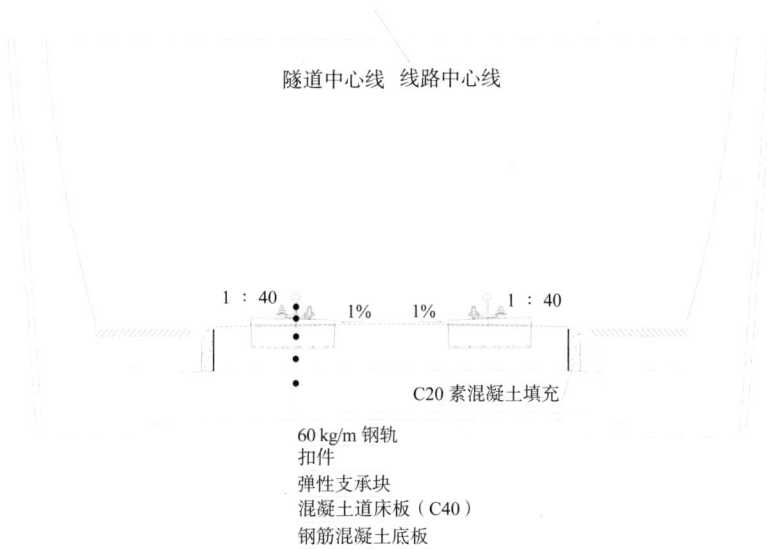

隧道中心线　线路中心线

1：40　1%　1%　1：40

C20 素混凝土填充

60 kg/m 钢轨
扣件
弹性支承块
混凝土道床板（C40）
钢筋混凝土底板

图 3-4　隧道内弹性支承块式无砟轨道横断面（直线、钢筋混凝土底板、单线地段）

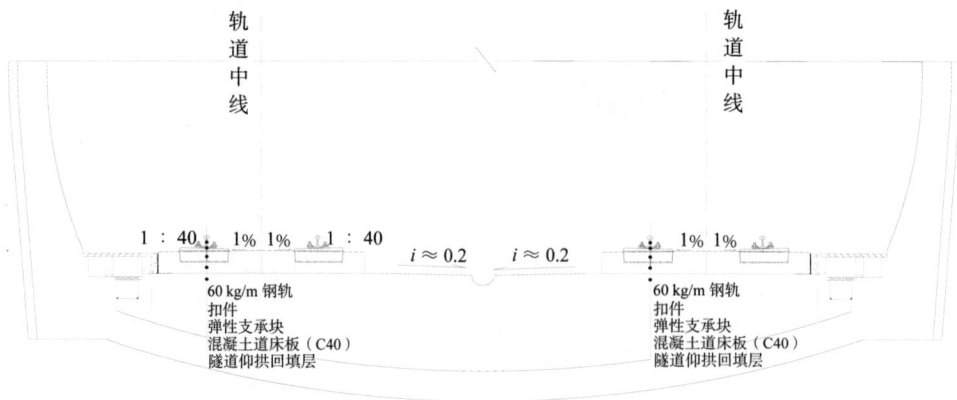

图 3-5　隧道内弹性支承块式无砟轨道横断面（直线、有仰拱、双线地段）

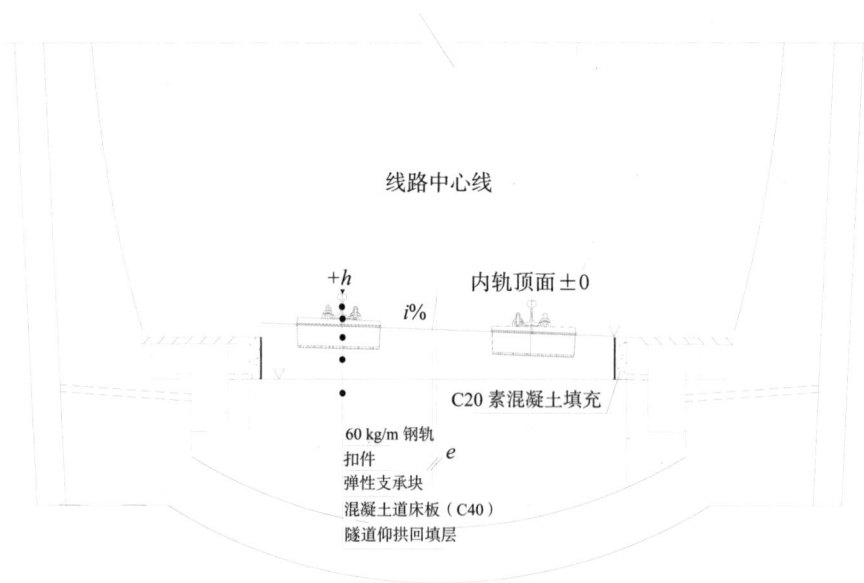

图 3-6　隧道内弹性支承块式无砟轨道横断面（曲线、有仰拱、单线地段）

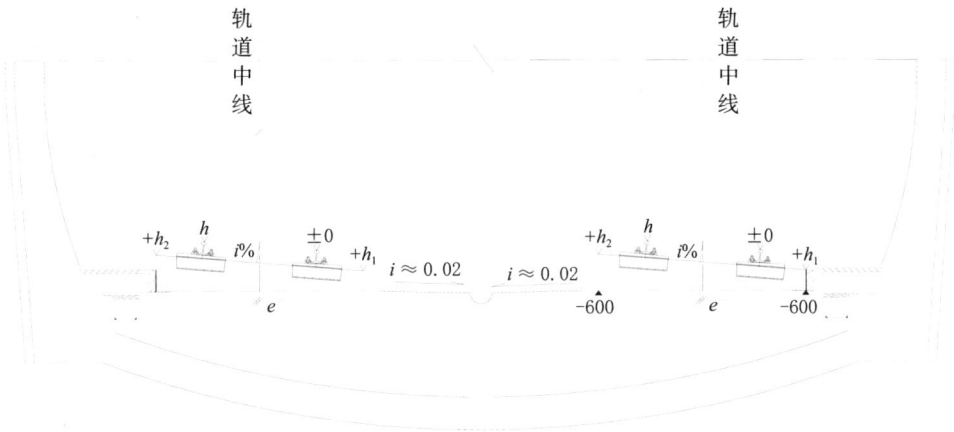

图 3-7 隧道内弹性支承块式无砟轨道横断面（曲线、有仰拱、双线地段）（单位：mm）

第四章　弹性支承块几何尺寸及埋深研究

　　弹性支承块式无砟轨道良好的垂向和横向弹性,使轨道具有较好的减震性能,显著减少了轨道部件的伤损。但相应地,轨道弹性的增加也导致在列车荷载作用下轨道结构变形增大,引起轨道结构的竖向、横向动态不平顺加剧,使轮轨动力作用增大;轨道横向弹性的增加甚至可能引起钢轨动态轨距扩大量超限,威胁行车的安全。因此,弹性支承块的稳定性成为弹性支承块式无砟轨道适应重载列车运行要求的关键因素。

第一节　计算模型与参数

一、计算模型

　　目前,无砟轨道结构力学计算大多采用有限元方法进行,常用的模型有叠合梁模型、梁-板模型及梁-体模型。三种模型中,钢轨均以梁单元模拟,扣件以弹簧单元模拟,道床板分别采用梁、板以及实体单元模拟。

　　本书通过建立弹性支承块式无砟轨道静力分析的参数化有限元模型,分析隧道内 25 t 及 30 t 轴重运营条件下弹性支承块式无砟轨道支承块几何尺寸及埋深对轨道横向稳定性的影响。弹性支承块式无砟轨道有限元计算模型如图 4-1 所示。

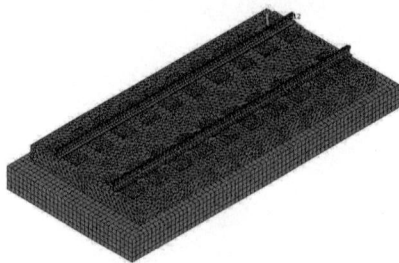

（a）整体

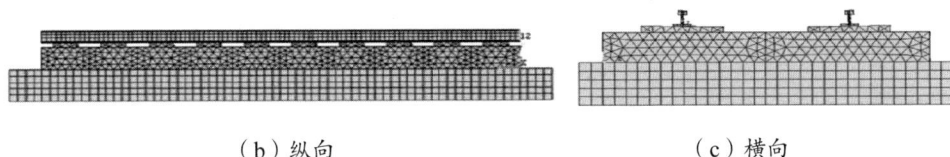

（b）纵向　　　　　　　　　　　　（c）横向

图 4-1　弹性支承块式无砟轨道有限元计算模型

由于需考虑作用在钢轨上的横向力和竖向力，以及扣件的竖向和横向支撑刚度，所以钢轨用实体单元模拟。为节省计算时间，钢轨断面等效简化为规则的"工"形断面。

弹性支承块、道床板采用实体单元模拟。弹性支承块顶面设置 1/40 的轨底坡。

隧道底板或仰拱回填层是轨道结构的基础，为上部轨道结构提供支承及传力作用并与隧道基础相连，支承面刚度约 1 200 MPa/m。隧道底板或仰拱回填层用等效弹性模量的轨道基础实体单元模拟，与道床板之间进行模型预测控制（MPC）法接触处理。

弹性支承块式无砟轨道结构与其他无砟轨道结构最大的区别在于，弹性支承块式无砟轨道的轨道结构中的轨枕（支承块）是被橡胶套靴与微孔橡胶垫板组成的弹性层包裹起来的。橡胶套靴及微孔橡胶垫板是"悬浮"的支承块保持稳定的基础。真实模拟橡胶套靴及微孔橡胶垫板的弹性支承是保证仿真精度的关键。采用非线性弹簧单元模拟橡胶套靴及微孔橡胶垫板，利用该单元的力 - 距离曲线，模拟了橡胶套靴及微孔橡胶垫板的分压特性。支承面弹簧的分布数量及密度对支承块的变形仿真结果影响较大，模型中在弹性支承块四周及底面均匀满布 8×8 个弹簧。

扣件连接钢轨和弹性支承块，对钢轨起到横向及垂向约束的作用，保证整个轨道结构的稳定性。利用弹簧单元模拟扣件的竖向、横向弹性。

考虑边界效应和计算效率，模型长度取 12 倍轨枕间距长度，以中间支承块为研究对象。

二、计算参数

（一）轨道几何及力学参数

轨道几何及力学参数的取值如表 4-1 所示。

表 4-1 轨道几何及力学参数

部件	参数	单位	取值		备注
			25 t 轴重	30 t 轴重	
钢轨	类型	kg/m	60		—
	弹性模量	MPa	2.1×10^5		—
	泊松比	—	0.3		—
	密度	kg/m^3	7 800		—
	轨高	mm	176		等效尺寸
	轨头高	mm	48.5		
	轨头宽	mm	73		
	轨腰厚	mm	16.5		
	轨底宽	mm	150		
扣件	竖向刚度	kN/mm	1.4×10^8	1.8×10^8	弹条Ⅶ型扣件
	横向刚度	kN/mm	5×10^7	1.0×10^8	
	扣件间距	mm	600		—
支承块	弹性模量	MPa	3.45×10^4		C50 混凝土
	泊松比	—	0.2		
	密度	kg/m^3	2 500		
橡胶套靴	轴向刚度	N/m/m^2	4.63×10^9	9.25×10^9	—
	底面刚度	N/m/m^2	6.7×10^9	1.418×10^{10}	—
微孔橡胶垫板	竖向刚度	N/m/m^2	5.1×10^8	1.01×10^9	—
道床板	弹性模量	MPa	3.45×10^4		C50 混凝土
	泊松比	—	0.2		
	密度	kg/m^3	2 500		
	长度	mm	7 200		—
	宽度	mm	2 800		—
	高度	mm	350		—

部件	参数	单位	取值		备注
			25 t 轴重	30 t 轴重	
轨道基础	弹性模量	MPa	600		刚度等效
	泊松比	—	0.2		—
	长度	mm	7 200		—
	宽度	mm	3 200		—
	高度	mm	500		—

（二）荷载取值

根据《重载铁路设计规范》（TB 10625—2017），重载铁路无砟轨道结构设计荷载按以下公式取值：

竖向设计活载：$P_d = \alpha \times P_j$

横向设计活载：$Q = 0.8 \times P_j$（0.8 为横向力系数）

其中，P_d 为动轮载；P_j 为静轮载；α 为动载系数，取 3.0（对 30 t 以上轴重线路，动载系数暂按 3.0 考虑）。

轨道结构承受的列车荷载主要受线路状态和列车状态影响较大。在铁科院相关试验中，21 t 轴重试验车辆动载系数最大值为 2.69，23 t 轴重试验车辆动载系数最大值为 3.07。铁科院山西中南部铁路通道重载无砟轨道实车试验结果表明，30 t 轴重列车的机车和车辆动载系数最大值为 1.43，27 t 轴重试验车辆动载系数最大值为 1.32，个别随机调用的 23 t 轴重试验车辆动载系数最大值为 2.14，25 t 轴重试验车辆在车轮扁疤工况下，动载系数最大值为 2.98。考虑车轮擦伤、钢轨接头宽轨缝和钢轨焊接区焊缝不平顺等因素，重载无砟轨道设计动力系数取 3.0 是合理的，横向设计荷载建议取 100 kN。

综合分析，对于无砟轨道结构所受列车荷载按 3 倍静轮重考虑，即动载系数取 3.0。列车荷载（作用在单股钢轨上）取值如下：

垂向力：375 kN（25 t 轴重）/450 kN（30 t 轴重）；

横向力：100 kN（25 t 轴重）/120 kN（30 t 轴重）。

垂向力作用在距钢轨顶面中心线 15 mm 处，横向力作用在钢轨顶面以下 10 mm 钢轨作用边。采用单轴加载方式。

第二节　弹性支承块式无砟轨道的变形分析及其评判标准

弹性支承块式无砟轨道的支承块相互独立，整体性差，在列车荷载作用下钢轨的位移较大。随着列车速度和轴重的增加，可能导致行车条件下轨道动态几何偏差超限，影响行车的安全性和平稳性。因此，轨道结构变形是确定轨道结构设计参数的重要衡量指标。而对行车影响最大、最直接的就是轨道动态下沉量和轨距动态扩大量。

一、轨道动态下沉量

轨道在列车荷载作用下的下沉变形是轨道部件吸收列车荷载作用能量的一种方式，但轨道下沉变形应有一个合理值。当轨道下沉变形较小时，轨道刚度大，整个轨道承受的列车冲击荷载比较大，将加快轨道部件的伤损；当轨道下沉变形较大时，容易造成轨道几何形位偏差过大，对行车的平稳性、安全性和轮轨磨耗都有不利影响，维修工作量增加。

弹性支承块式无砟轨道下沉主要有两部分，包括扣件竖向变形和支承块下垫板变形。支承块下垫板变形量主要通过调整垫板刚度和改变支承块尺寸来调整。

目前许多国家根据自己的线路条件及运行条件提出了明确的控制标准。不同的运输条件对允许下沉的要求不同。对高速铁路，法国高速列车线路要求最大下沉量 Z_{max} 不大于 1 mm；德国高速列车线路要求 Z_{max} 不大于 1.5 mm；日本新干线要求 Z_{max} 不大于 2 mm；英国对一般线路要求 Z_{max} 不大于 1 mm，大于 5 mm 时则道床处于不稳定状态，需增加检测频度，安排维修；澳大利亚重载线路要求 Z_{max} 不大于 6.35 mm，大于 9 mm 时则需要加大检测力度，安排维修作业。

目前我国并未发布重载铁路轨道下沉限值的相关规范。根据《铁路线路修理规则》，关于轨道动态质量容许偏差管理值的规定，在 $v_{max} \leqslant 120$ km/h 的正线，轨道水平容许偏差值为 8 mm（Ⅰ级，保养标准），轨道高低容许偏差值为 8 mm（Ⅰ级，保养标准）；关于轨道静态几何尺寸容许偏差管理值的规定，在 $v_{max} \leqslant 120$ km/h 的正线及到发线，轨道水平容许偏差值为 6 mm（Ⅰ级，保养标准），轨道高低容许偏差值为 6 mm（Ⅰ级，保养标准）。根据相关车辆 - 线路动耦合力学和列车运动力学研究结果，列车荷载作用下轨道下沉超过 3 mm 时，列车的运行平稳性和纵向受力性能明显变差。

另外，支承块埋设在混凝土道床中，在列车动载作用下，支承块上下浮动将与橡胶套靴摩擦，浮动幅度过大将影响套靴的使用寿命和支承块本身的稳定性。对于有砟轨道，国内研究认为，轨道整体变形应均匀地分配到扣件与道床上；国外研究认为，分配到扣件与道床上的变形比例应为 1 ∶ 1 ～ 2 ∶ 5，尽量减少扣件的变形。对于无砟轨道来说，轨道沉降主要是扣件的变形。一般认为，高速和重载铁路弹条扣件的疲劳振幅不应超过 1 mm。因此，建议支承块的最大位移控制在 1.0 mm 范围内，钢轨垂向下沉位移分配到扣件和支承块上的变形比例在 1 ∶ 1 上下。

结合我国铁路实际运输条件，对列车运行速度小于 120 km/h 的重载铁路，弹性支承块式无砟轨道钢轨的允许垂向位移为 4 mm。

二、轨距动态扩大量

轨距是钢轨头部踏面下 16 mm 范围内两股钢轨工作边之间的最小距离，是保证列车安全运行的重要轨道几何尺寸。轨距过大将使列车的蛇行运动加剧和轮轨间的横向荷载增大，轮轨接触状态改变，钢轨的应力增大，有可能导致列车脱轨，影响行车安全。因此，轨道的参数取值应能保证轨距扩大在容许范围内。

目前我国并未发布重载铁路轨距限值的相关规范。根据《铁路线路修理规则》，关于轨道动态质量容许偏差管理值的规定，在 $v_{max} \leqslant 120$ km/h 的正线，轨距容许偏差值为 2 mm（Ⅰ级，保养标准）；关于轨道静态几何尺寸容许偏差管理值的规定，在 $v_{max} \leqslant 120$ km/h 的正线及到发线，轨距容许偏差值为 4 mm（经常保养标准）。根据轮轨系统动力学研究结果，动态轨距偏差值大于 4 mm 时，列车的蛇行运动加剧。

参考国内外高速铁路和重载货运线路轨距偏差限制值，并结合我国既有线路运营经验，对于设计速度小于 120 km/h 的弹性支承块式无砟轨道，列车荷载作用下轨距动态扩大量按 6 mm 计。

弹性支承块的轨距扩大主要由四部分组成，包括钢轨的横向位移、钢轨偏转引起的轨头横移、支承块的横向位移、支承块的翻转引起的轨头位移。钢轨横移和翻转主要通过调整扣件的刚度来限制，而弹性支承块的横向位移和翻转可通过调整支承块的尺寸、埋深或支承刚度来限制。

第三节　30 t 轴重运营条件下弹性支承块几何尺寸及埋深研究

一、弹性支承块短侧面坡度研究

传统的弹性支承块式无砟轨道的弹性支承块长、短侧面均接近垂直，仅为更换支承块施工方便，设置了不大于 1 ：20 的坡度。这种设计结构简单、施工与维修方便，但在列车荷载作用下，橡胶套靴的外短侧面上部承受的支承块挤压力较大，易出现疲劳损伤。另外，弹性支承块侧面坡度大小与支承块在列车荷载作用下的变形之间的关系也不明确。

因此，提出弹性支承块短侧面坡度为 1 ：20、1 ：10、1 ：9、1 ：8、1 ：7、1 ：6、1 ：5、1 ：4、1 ：3 等 9 种方案进行研究。支承块其他尺寸取值：长度 650 mm，宽度 290 mm，高度 230 mm，埋深 170 mm，长侧面坡度 1 ：20。

（一）支承块短侧面坡度与钢轨和支承块的变形量关系研究

列车荷载作用下钢轨和支承块的横向位移、翻转角、竖向位移与支承块短侧面坡度的关系曲线分别如图 4-2 ～图 4-7 所示。

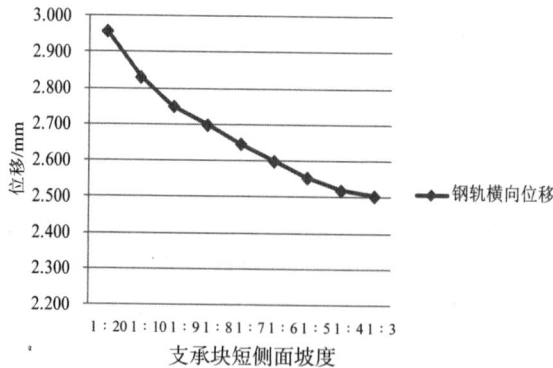

图 4-2　钢轨横向位移与支承块短侧面坡度的关系

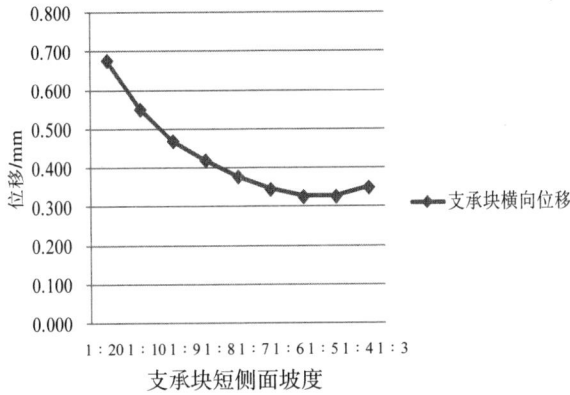

图 4-3　支承块横向位移与支承块短侧面坡度的关系

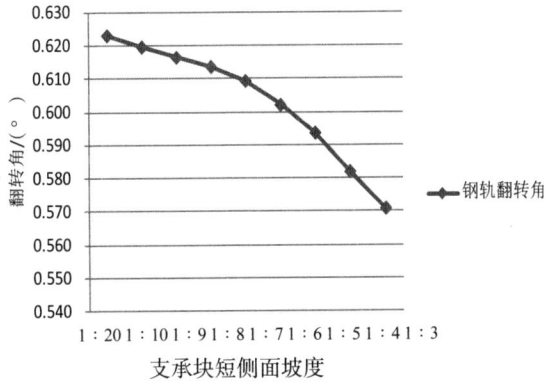

图 4-4　钢轨翻转角与支承块短侧面坡度的关系

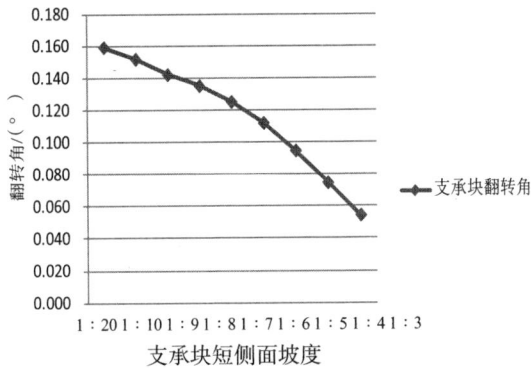

图 4-5　支承块翻转角与支承块短侧面坡度的关系

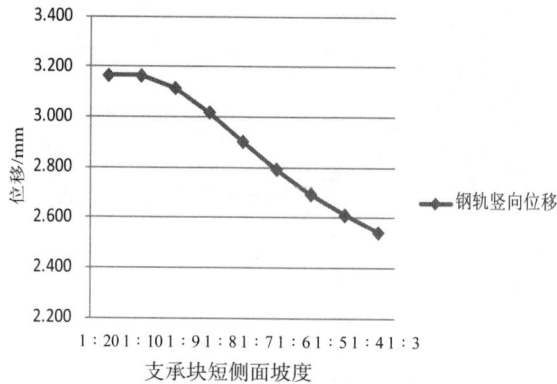

图 4-6　钢轨竖向位移与支承块短侧面坡度的关系

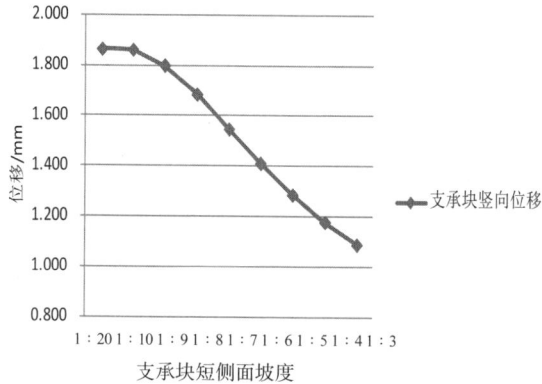

图 4-7　支承块竖向位移与支承块短侧面坡度的关系

由上述钢轨与支承块的横向位移、翻转角、竖向位移的变化趋势可见：

①支承块短侧面坡度从 1：20 到 1：3 的变化过程中，支承块的横向位移呈现先减小后增大的趋势。在坡度从 1：20 到 1：3 的变化过程中，支承块横向位移减小的趋势逐渐变缓，在坡度大于 1：5 后，则有增大的趋势。可见，增大支承块短侧面坡度可减小支承块的横向位移，但并不是坡度越大越好。在一定的坡度范围内，为支承块设置较大的坡度可起到有效控制钢轨轨距扩大和支承块的横向位移，提高轨道结构稳定性的作用。

②支承块短侧面坡度从 1：20 到 1：3 的变化过程中，钢轨和支承块的翻转角呈逐渐减小的趋势，尤其是当坡度大于 1：6 以后减小趋势更加明显。可知，

增大支承块短侧面坡度，可增强钢轨和支承块的抗扭转能力，有效控制因承受列车荷载产生的翻转，提高轨道结构的稳定性。

③支承块短侧面坡度从 1 ∶ 20 到 1 ∶ 3 的变化过程中，钢轨和支承块竖向位移呈减小趋势，当坡度大于 1 ∶ 8 以后减小趋势更加明显。可知，增大支承块短侧面坡度，可减小钢轨和支承块的竖向位移，从而有效地控制轨道下沉，提高行车的安全性。

（二）支承块相对轨枕槽的变形分析

当支承块短侧面设置一定坡度后，在列车竖向和横向荷载共同作用下，支承块在道床板轨枕槽内会产生相对的横向、竖向和翻转变形。对此进行进一步细致对比分析，可深入了解和认识在列车荷载作用下不同短侧面坡度的支承块的响应行为，这有助于支承块短侧面坡度的优选。

列车荷载作用下支承块外侧面挤压力分布及支承块相对轨枕槽的位移情况计算结果如表 4-2 所示。

表 4-2 列车荷载作用下支承块外侧面挤压力分布及支承块相对轨枕槽的位移

支承块短侧面坡度	支承块外侧面挤压力、块底应力分布图	支承块相对轨枕槽的位移图	弹性套靴压缩量 /mm
1 ∶ 20			顶：1.843 底：1.816 差：0.027
1 ∶ 10			顶：1.783 底：1.755 差：0.028
1 ∶ 9			顶：1.677 底：1.645 差：0.032

支承块短侧面坡度	支承块外侧面挤压力、块底应力分布图	支承块相对轨枕槽的位移图	弹性套靴压缩量 /mm
1 : 8			顶：1.522 底：1.487 差：0.035
1 : 7			顶：1.327 底：1.293 差：0.034
1 : 6			顶：1.090 底：1.075 差：0.025
1 : 5			顶：0.849 底：0.850 差：0.001
1 : 4			顶：0.595 底：0.654 差：0.059
1 : 3			顶：0.431 底：0.588 差：0.157

注：支承块外侧面挤压力、块底应力云图标尺。

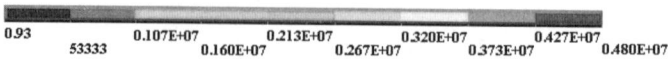

| 0.93 | | 0.107E+07 | | 0.213E+07 | | 0.320E+07 | | 0.427E+07 | |
| 53333 | | 0.160E+07 | | 0.267E+07 | | 0.373E+07 | | 0.480E+07 |

由计算结果可知，当支承块短侧面坡度在 1：20 至 1：6 之间变化时，支承块沿轨外侧横向位移及翻转角逐渐减小。这是因为随着支承块短侧面坡度的增大，支承块的短侧面表面积增大，接触面刚度增大，控制支承块横向位移和翻转的能力增强。当坡度大于 1：6 后，由于轨枕槽的坡度相应增大，支承块产生沿轨枕槽侧面斜坡向上的滑动趋势，从而发生了反向翻转，支承块的翻转角呈现出明显的减小趋势，反映到钢轨其横向位移和翻转角也呈持续减小趋势。但是，并不能认为随着支承块短侧面坡度的增大，抵抗动态轨距扩大的能力持续增强，因为外短侧面橡胶套靴下部受到的支承块的集中挤压力增大，这会影响橡胶套靴的使用寿命，同时，支承块的横向位移也增大、稳定性降低。由此可见，支承块短侧面坡度不应大于 1：4。

进一步分析可以看出，在支承块短侧面坡度由 1：20 变化为 1：3 的过程中，随着支承块短侧面坡度的增大，支承块的短侧面面积增大，控制支承块翻转和横向位移的能力增强，因而控制轨距扩大的能力增强。

（三）支承块和道床板的受力状态分析

与传统的支承块结构型式相比，为支承块短侧面设置一定的坡度后，支承块将"镶嵌"在道床板轨枕槽内，支承块与道床板轨枕槽间的接触关系，以及承受列车荷载时二者的力学关系将显著不同于传统的弹性支承块式无砟轨道结构型式，这使得支承块和道床板的受力情况变得复杂，需要深入研究。因此，有必要从支承块和道床板的受力角度，分析支承块的坡度变化对支承块和道床板的受力状态的影响。30 t 轴重条件下支承块不同短侧面坡度下支承块及道床板应力分布如表 4-3 所示。

表 4-3　30 t 轴重条件下支承块不同短侧面坡度下支承块及道床板应力分布

支承块短侧面坡度	支承块应力云图	道床板应力云图
1：20		

支承块短侧面坡度	支承块应力云图	道床板应力云图
1：10		
1：9		
1：8		
1：7		
1：6		
1：5		

支承块短侧面坡度	支承块应力云图	道床板应力云图
1 ∶ 4		
1 ∶ 3		

注：
支承块应力云图标尺。

道床板应力云图标尺。

从支承块不同短侧面坡度下支承块及道床板应力计算结果可见，支承块短侧面设置一定坡度后，由于轨枕槽的环箍作用，出现在支承块底部中部的最大拉应力减小；同时，由于轨枕槽下部斜面的支承作用，作用在槽底的压力减小，轨枕槽底部四周支承块影响范围内的轨道板受力趋于均匀合理。从这个角度看，支承块短侧面设置 1 ∶ 8 ～ 1 ∶ 4 的坡度较为合理。但是，轨枕槽、轨枕块设置坡度后，轨枕槽上部周围的应力增大，这对控制道床板的开裂不利。不过，其增大量不大，可通过在轨枕槽周围布置防开裂钢筋进行控制。

（四）支承块短侧面坡度建议值

综上所述，斜坡型弹性支承块相对于传统弹性支承块，对控制轨道结构变形、改善橡胶套靴及道床板等轨道结构的受力状态更加有利。在 30 t 轴重条件下，建议弹性支承块短侧面坡度取值为 1 ∶ 5 ～ 1 ∶ 6。

二、弹性支承块长度研究

采用较大的支承块长度，对于轨道结构的稳定性有利，但会增加建造成本，也会给轨道施工和支承块的更换带来不便。下面提出 6 种支承块长度方案：500 mm、550 mm、600 mm、650 mm、700 mm、750 mm。其他尺寸取值：宽 290 mm，高 230 mm，埋深 170 mm，短侧面坡度 1 ∶ 5。列车荷载作用下钢轨和支承块的横向位移与支承块长度的关系、钢轨和支承块的翻转角与支承块长度的关系钢轨和支承块的竖向位移与支承块长度的关系曲线如图 4-8 ～图 4-13 所示。

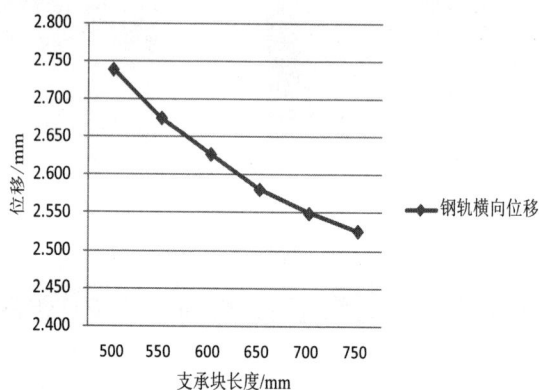

图 4-8　钢轨横向位移与支承块长度的关系

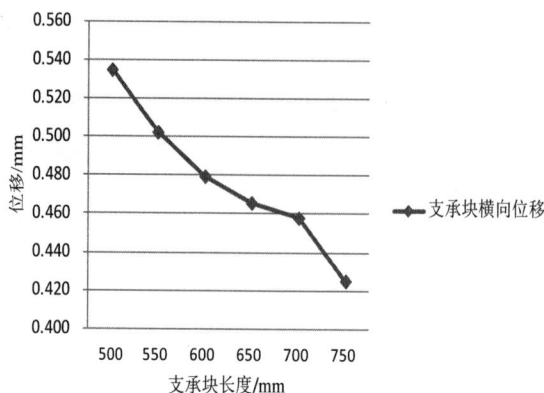

图 4-9　支承块横向位移与支承块长度的关系

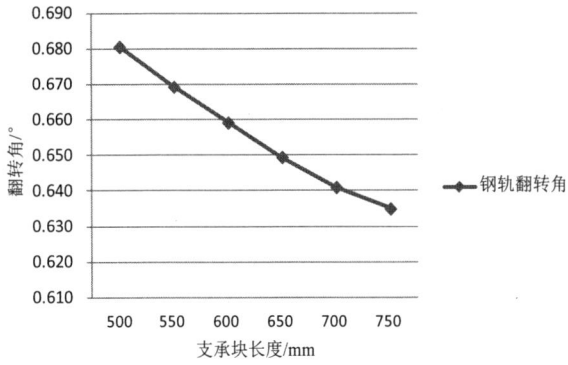

图 4-10 钢轨翻转角与支承块长度的关系

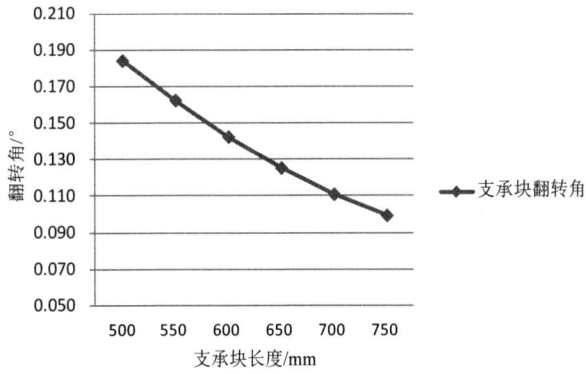

图 4-11 支承块翻转角与支承块长度的关系

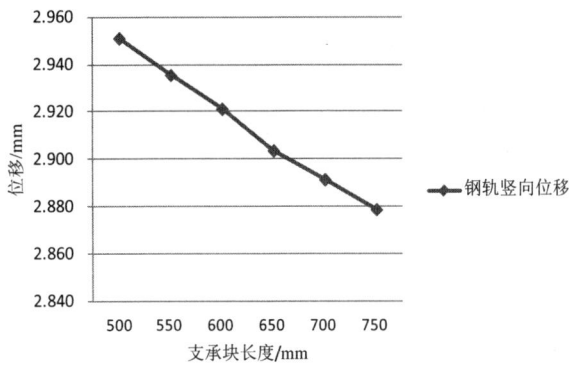

图 4-12 钢轨竖向位移与支承块长度的关系

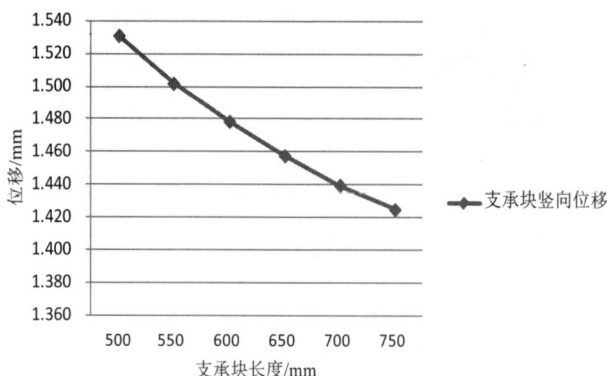

图 4-13　支承块竖向位移与支承块长度的关系

从钢轨与支承块的横向位移、翻转角、竖向位移的变化趋势可得，支承块长度增大，对于减小支承块的翻转角、减小钢轨的横向位移效果明显。所以，增大支承块长度是提高弹性支承块式无砟轨道的稳定性、控制轨距扩大的一种有效的途径。结合前述轨距动态扩大量和轨道动态下沉量限制要求，方案中所提支承块长度均可满足要求。

支承块的最大长度影响道床板的肩宽。道床板肩宽提供的轨道横向阻力是保证轨排结构横向稳定性的主要因素之一。支承块最大长度影响道床板肩部的宽度，为保证道床横向阻力足够大和避免肩部开裂，弹性支承块式无砟轨道道床板肩宽值不应太小。同时，支承块设计尺寸过大增加了轨道结构刚度、降低了轨道结构弹性、减弱了弹性支承块式无砟轨道的减震性能，还会增加制造成本及增大施工难度。参考雷达型无砟轨道道床板肩宽，弹性支承块式无砟轨道道床板肩宽应在 280 mm 左右，由此推算，支承块长不应大于 740 mm。

支承块最小长度必须满足不仅要使扣件系统能正常安装在支承块上，而且要为扣件系统提供足够大的横向支承力这两个条件。无论支承块上安装的是有挡肩扣件系统，还是无挡肩扣件系统，这两类扣件系统安装时需要的支承块的最小长度的差别并不明显。参考目前无砟轨道结构扣件系统的长度，可知支承块的长度不宜小于 500 mm。

综合上述计算及分析，从轨道横向位移限值、轨道刚度、经济性等方面考虑，在 30 t 轴重条件下，建议支承块长度取值范围为 600 ～ 700 mm。

三、弹性支承块宽度研究

这里提出 6 种支承块宽度方案：230 mm、250 mm、270 mm、290 mm、310 mm、330 mm。其他尺寸取值：长 650 mm，高 230 mm，埋深 170 mm，短侧面坡度 1 ：5。在列车荷载作用下，钢轨和支承块的横向位移、翻转角、竖向位移与支承块宽度的关系曲线如图 4-14～图 4-19 所示。

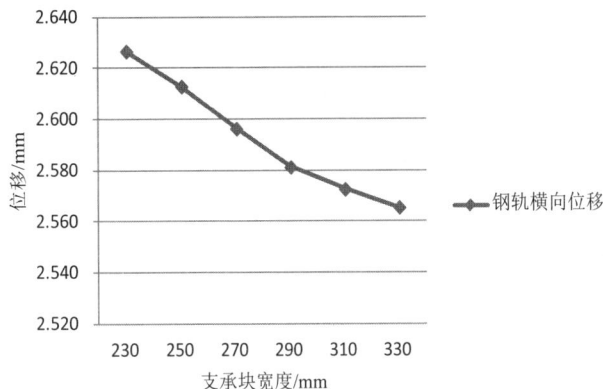

图 4-14　钢轨横向位移与支承块宽度的关系

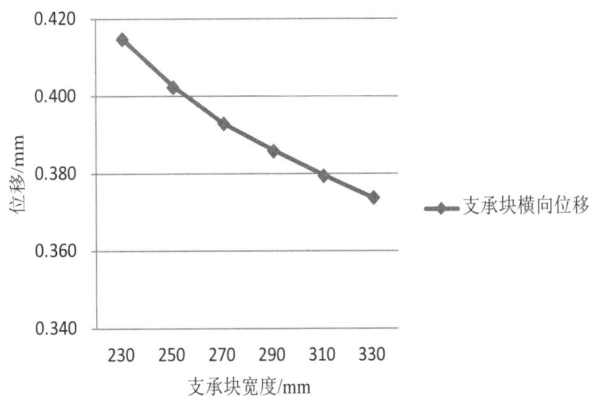

图 4-15　支承块横向位移与支承块宽度的关系

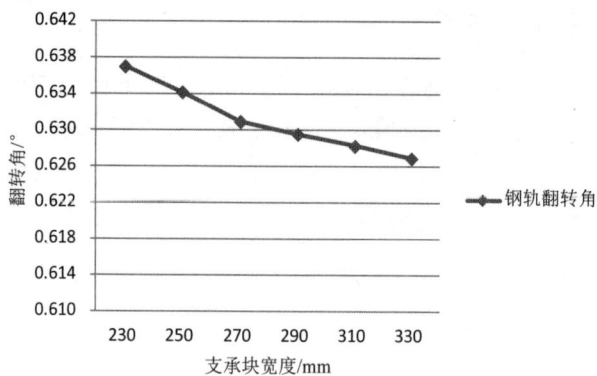

图 4-16　钢轨翻转角与支承块宽度的关系

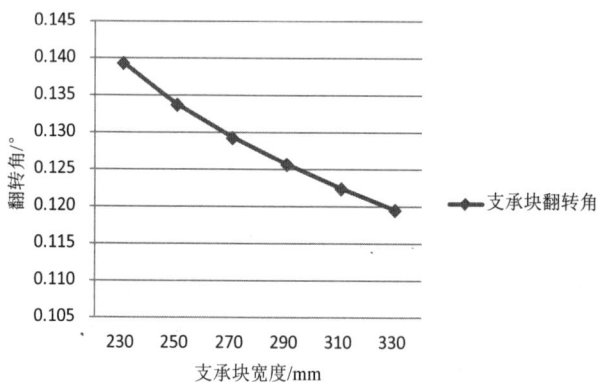

图 4-17　支承块翻转角与支承块宽度的关系

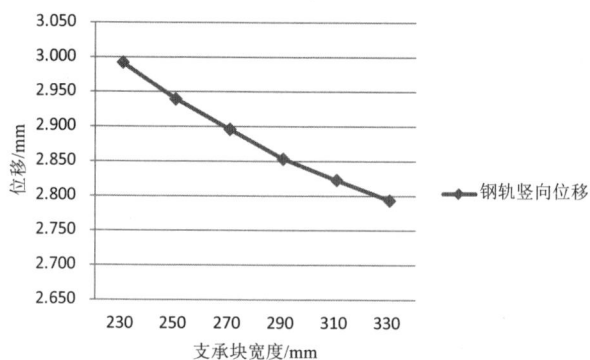

图 4-18　钢轨竖向位移与支承块宽度的关系

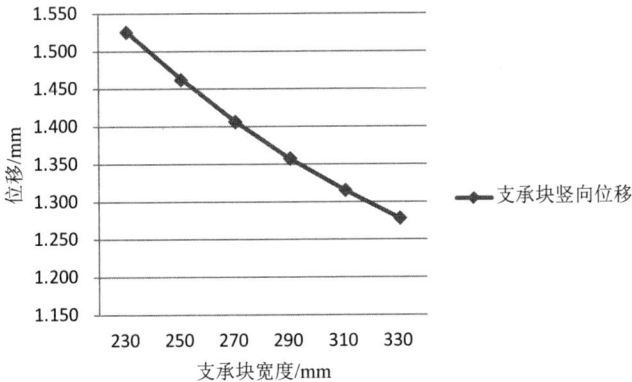

图 4-19 支承块竖向位移与支承块宽度的关系

由钢轨与支承块的横向位移、翻转角、竖向位移的变化趋势可见，支承块宽度从 230 mm 增加到 330 mm，支承块横向位移、钢轨翻转角和支承块翻转角等均有所减小，但变化趋势不明显。

增大支承块宽度虽然对支承块的稳定性有一定提高，但同时也减小了相邻轨枕的间距，降低了道床板沿线路纵向的连续性，轨道结构刚度减小，所以支承块宽度不宜过大。减小支承块宽度，会直接导致支承块扭转刚度降低，从而支承块自身稳定性降低。因此，支承块宽度的取值应根据相关经验并依据长度匹配而确定。支承块宽度的确定还应从扣件布置的需要、轨道刚度、经济性等方面考虑。

在 30 t 轴重条件下，建议支承块宽度取值范围为 250 ～ 310 mm。

四、弹性支承块埋深研究

弹性支承块式无砟轨道的支承块相互独立，整体性差，支承块周围被弹性材料包裹，弹性变形较大。因此，合理的支承块埋入深度对于保持支承块的稳定、保证轨道几何形位至关重要。

这里指出支承块埋入深度为 130 mm、150 mm、170 mm、190 mm、210 mm、230 mm 等 6 种方案。其他尺寸取值：长 650 mm，宽 290 mm，短侧面坡度 1 : 5。列车荷载作用下，钢轨和支承块的横向位移、翻转角、竖向位移与支承块埋深的关系曲线如图 4-20 ～图 4-25 所示。

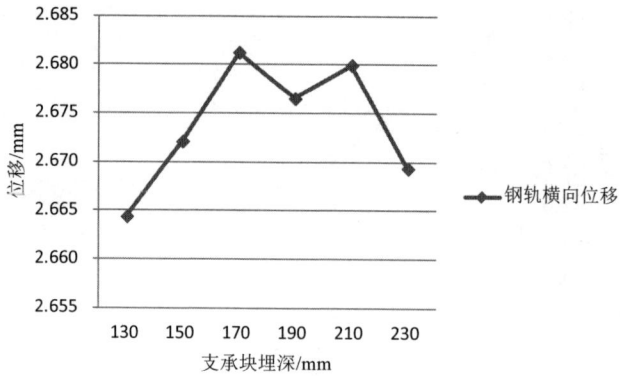

图 4-20　钢轨横向位移与支承块埋深的关系

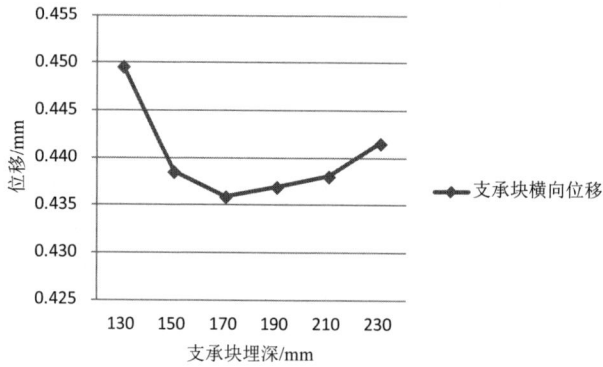

图 4-21　支承块横向位移与支承块埋深的关系

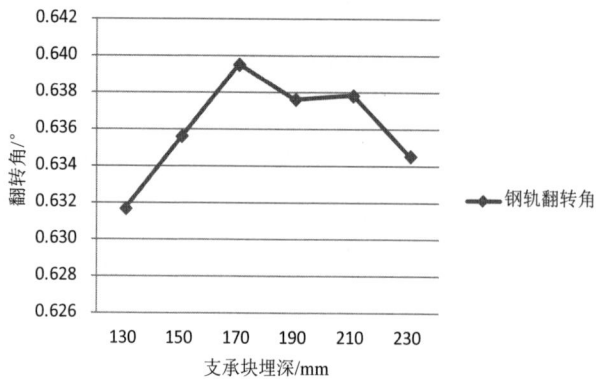

图 4-22　钢轨翻转角与支承块埋深的关系

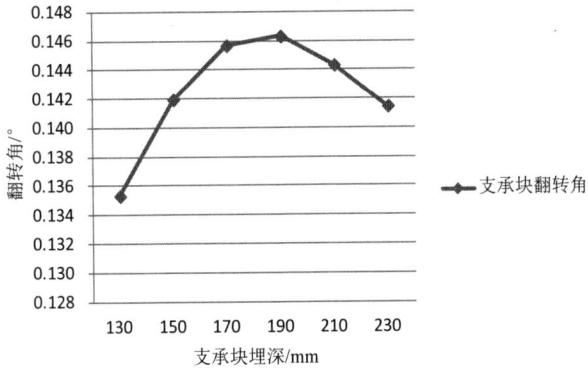

图 4-23　支承块翻转角与支承块埋深的关系

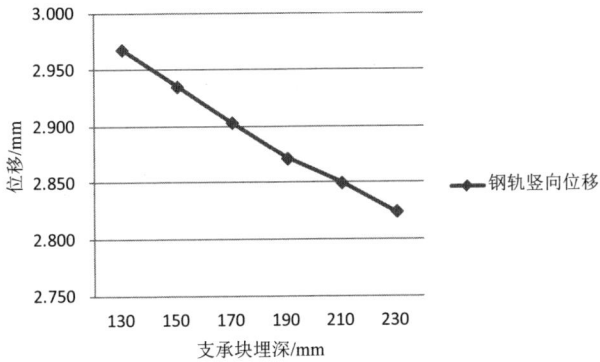

图 4-24　钢轨竖向位移与支承块埋深的关系

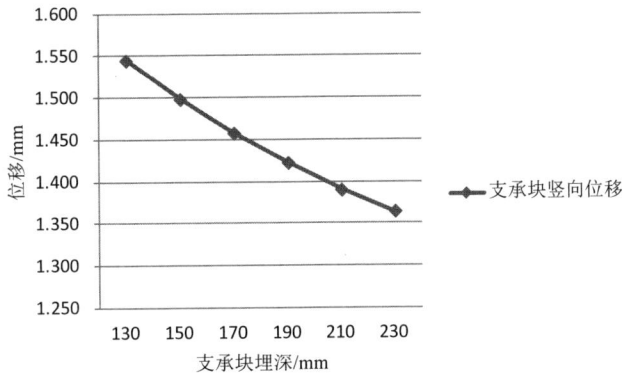

图 4-25　支承块竖向位移与支承块埋深的关系

由钢轨与支承块的横向位移、翻转角、竖向位移的变化趋势可得，支承块埋深由 130 mm 增加到 230 mm，钢轨横向位移变化呈现先增大后减小再增大又减小的趋势，且变化量很小；钢轨翻转角随埋深增加，呈现先增大后减小的趋势。支承块横向位移先减小后增大，在埋深大于 170 mm 后横向位移有增长的趋势；支承块翻转角先增大后减小，在埋深大于 190 mm 之后，翻转角有减小的趋势。

产生这种结果的主要原因：随着支承块埋深的增加，支承块各侧面与道床板内槽接触面积增加，埋深在一定范围内变化时，支承块的横向支承刚度和扭转刚度变大，分配到每一个支承块支点的横向力、扭矩增大，反过来使得钢轨和支承块的位移和翻转角增大。

支承块的埋深增加，道床板的厚度会增加，从而导致轨道结构的建筑高度增加。

综合考虑支承块埋深对自身扭转能力及轨道建筑高度的影响，在 30 t 轴重条件下，建议支承块埋深取值范围为 150 ～ 210 mm。

第四节　25 t 轴重运营条件下弹性支承块几何尺寸及埋深研究

25 t 轴重运营条件下弹性支承块几何尺寸及埋深的研究方案、方法及研究内容与 30 t 轴重运营条件的类似。计算参数详见第三节。

弹性支承块短侧面坡度、长度、宽度和埋深的计算结果见图 4-26 ～图 4-37。由计算结果可得出以下结论：

① 25 t 轴重条件下，弹性支承块短侧面坡度取值宜采用 1 : 5 ～ 1 : 6。

② 25 t 轴重条件下，弹性支承块长度的合理取值范围为 530 ～ 630 mm。

③ 25 t 轴重条件下，弹性支承块宽度的合理取值范围为 230 ～ 270 mm。

④ 25 t 轴重条件下，弹性支承块埋深的合理取值范围为 110 ～ 150 mm。

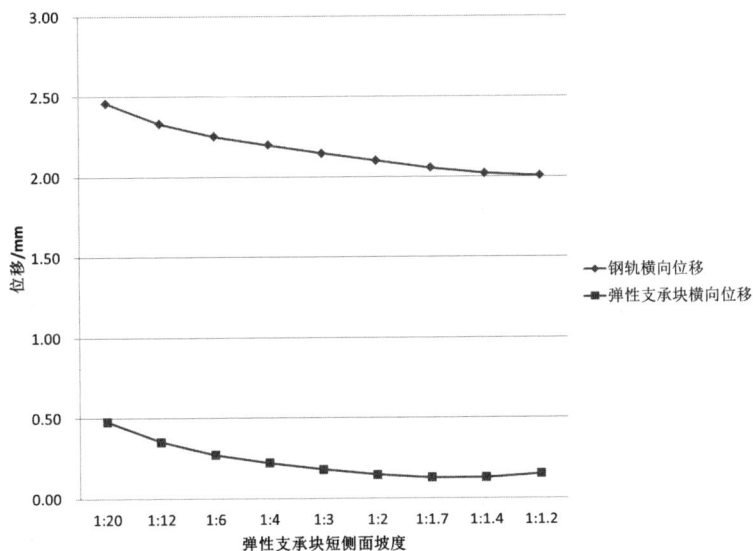

图 4-26 钢轨和弹性支承块横向位移与弹性支承块短侧面坡度的关系

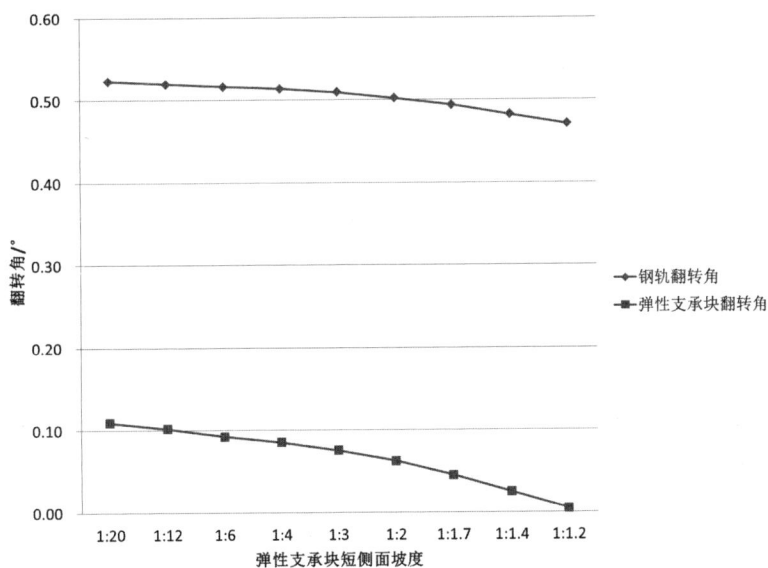

图 4-27 钢轨和弹性支承块翻转角与弹性支承块短侧面坡度的关系

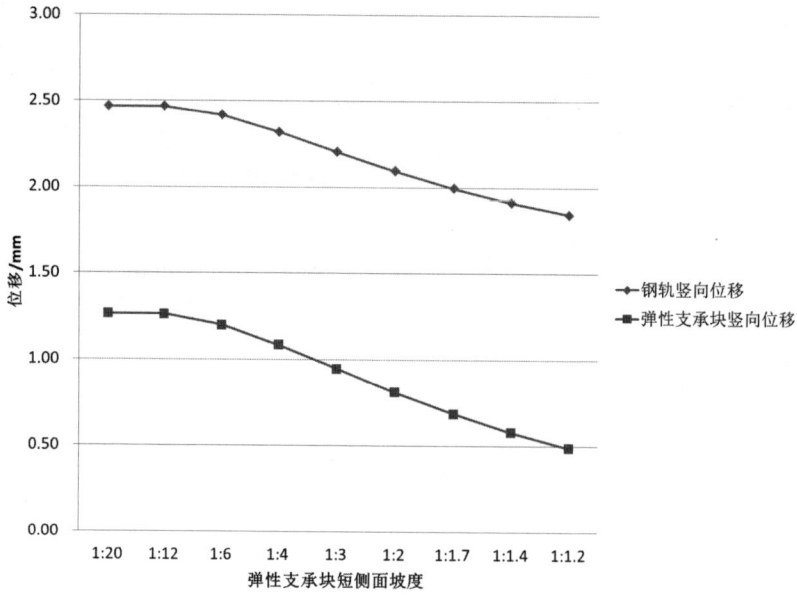

图 4-28 钢轨和弹性支承块竖向位移与弹性支承块短侧面坡度的关系

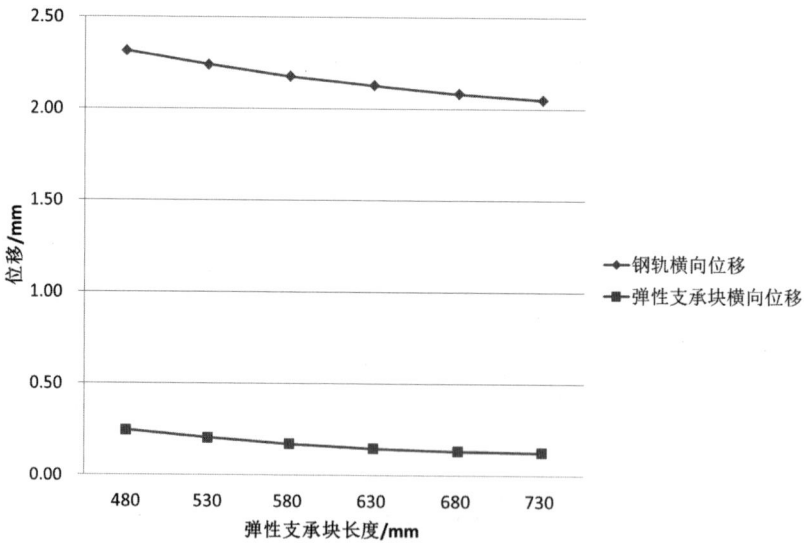

图 4-29 钢轨和弹性支承块横向位移与弹性支承块长度的关系

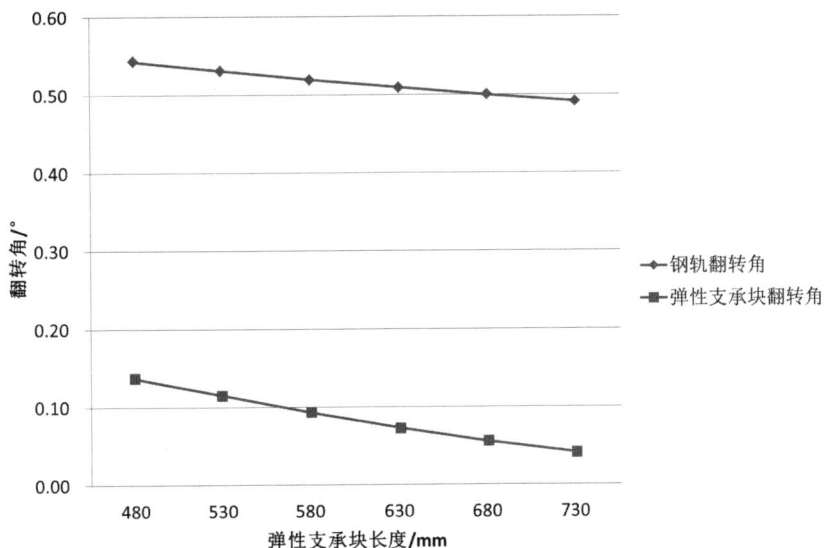

图 4-30　钢轨和弹性支承块翻转角与弹性支承块长度的关系

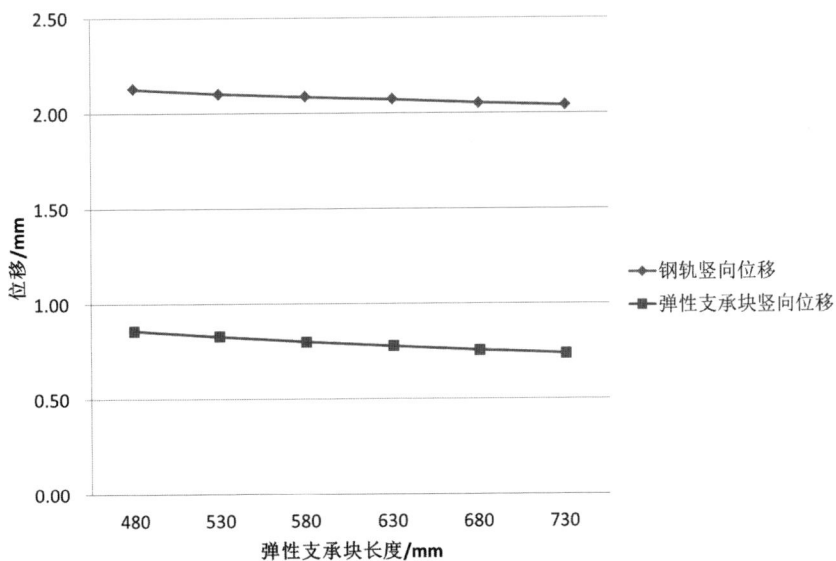

图 4-31　钢轨和弹性支承块竖向位移与弹性支承块长度的关系

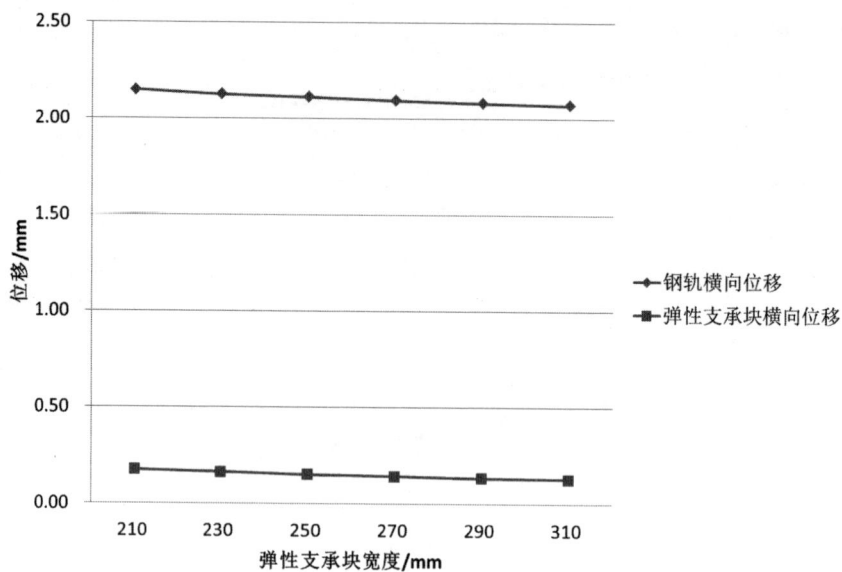

图 4-32　钢轨和弹性支承块横向位移与弹性支承块宽度的关系

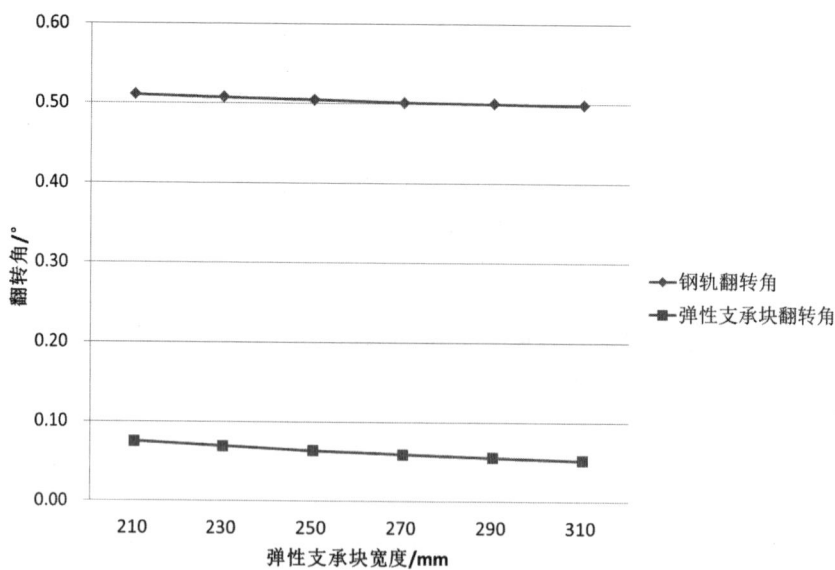

图 4-33　钢轨和弹性支承块翻转角与弹性支承块宽度的关系

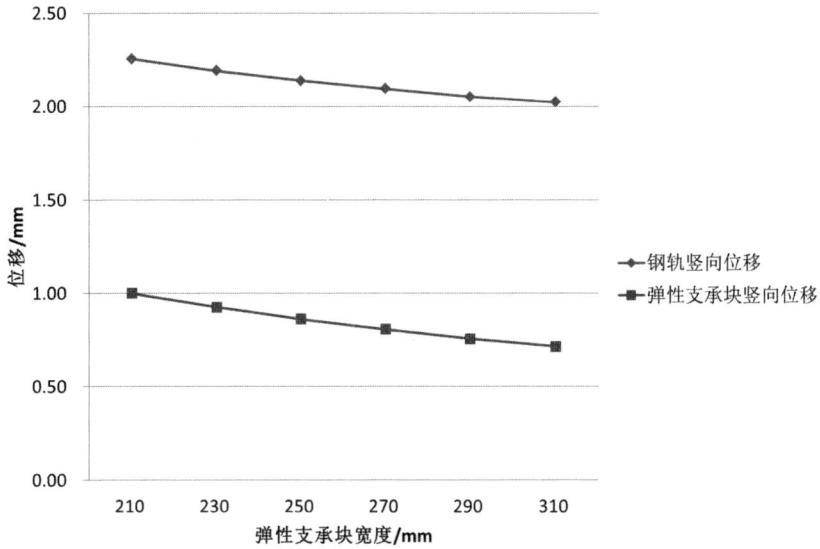

图 4-34　钢轨和弹性支承块竖向位移与弹性支承块宽度的关系

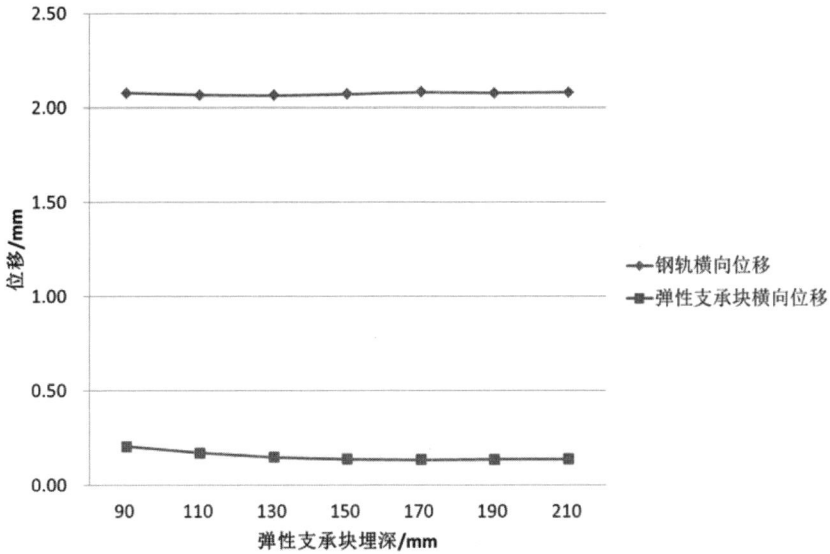

图 4-35　钢轨和弹性支承块横向位移与弹性支承块埋深的关系

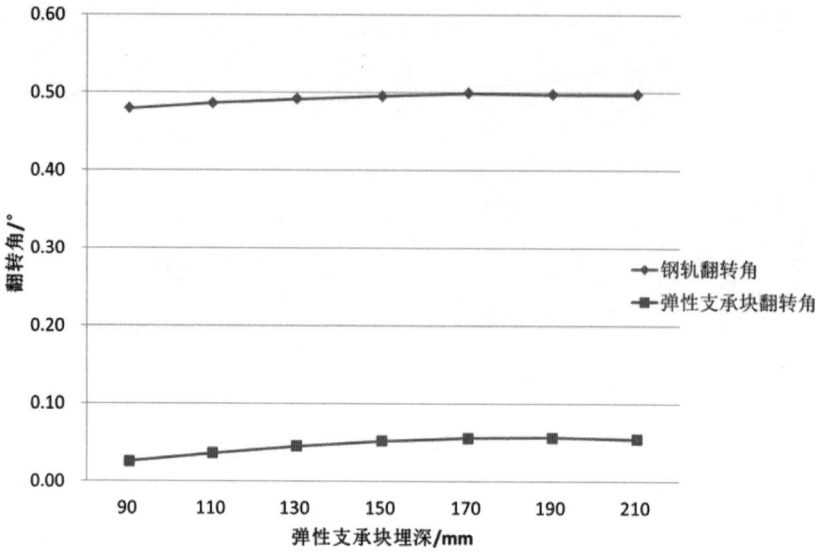

图 4-36　钢轨和弹性支承块翻转角与弹性支承块埋深的关系

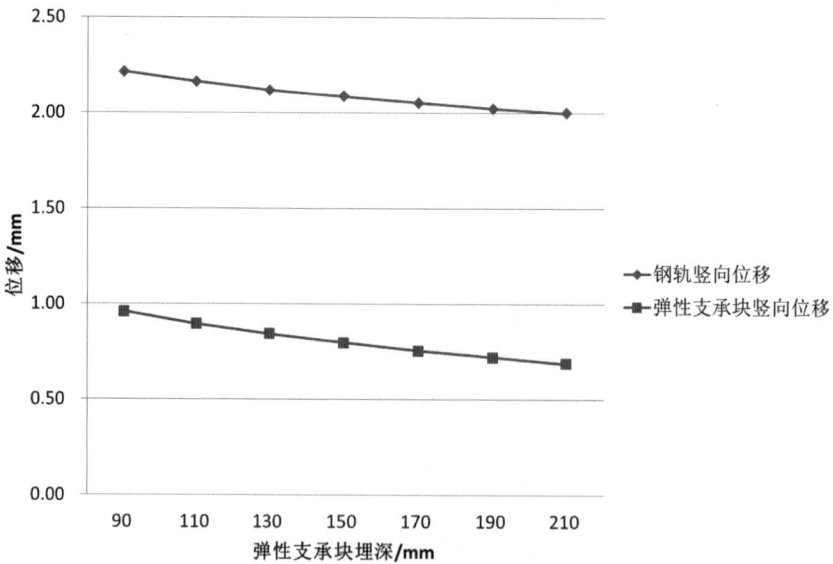

图 4-37　钢轨和弹性支承块竖向位移与弹性支承块埋深的关系

第五节 结论

弹性支承块式无砟轨道是否满足隧道内重载铁路的运行要求，关键在于弹性支承块在重载列车荷载作用下是否稳定。本章建立了弹性支承块式无砟轨道的有限元分析模型，以弹性支承块几何尺寸与埋深为研究对象，综合分析了不同的弹性支承块尺寸及埋深对结构稳定性的影响，给出了不同轴重条件下的弹性支承块的合理尺寸范围，并得出以下结论：

①采用斜坡型弹性支承块（弹性支承块短侧面设置坡度）可减小列车荷载作用下钢轨的横向位移和翻转角，增强轨道结构的稳定性。建议 25 t 轴重和 30 t 轴重条件下支承块短侧面坡度设为 1∶5～1∶6。

②增大弹性支承块的长度与宽度可减小钢轨和弹性支承块的横向位移、翻转角。从轨道结构的稳定性、施工成本、维修养护等方面考虑，在 25 t 轴重条件下，隧道内弹性支承块式无砟轨道的弹性支承块长度建议取值为 580 mm，宽度取值为 230 mm；30 t 轴重条件下，弹性支承块长度建议取为 650 mm，宽度建议取为 280 mm。

③综合考虑弹性支承块的尺寸匹配以及轨道结构稳定性能，25 t 轴重条件下，建议隧道内弹性支承块式无砟轨道的弹性支承块埋深取值为 140 mm；30 t 轴重条件下，建议隧道内弹性支承块式无砟轨道的弹性支承块埋深取值为 170 mm。

在不同轴重条件下隧道内弹性支承块式无砟轨道的弹性支承块几何尺寸与埋深建议取值如表 4-4 所示。

表 4-4　不同轴重条件下弹性支承块几何尺寸与埋深建议值

轴重 /t	支承块长 /mm	支承块宽 /mm	支承块高 /mm	支承块埋深 /mm
25	580	230	200	140
30	650	280	230	170

第五章 轨道部件刚度匹配研究

第一节 概述

支承块底部与套靴间设弹性垫层，套靴下灌筑混凝土而成的一种无砟轨道结构。弹性支承块式无砟轨道结构在水平方向的刚度主要由支承块四周的橡胶套靴提供，以减缓列车的横向冲击作用；弹性支承块式无砟轨道结构的垂向刚度主要由轨下扣件和块下垫板提供。如图 5-1 所示。作用在钢轨上的列车动荷载经过轨下垫板和块下胶垫二级减震后，传递至道床板上的振动能量将会明显减小。轨道刚度合理设置是发挥弹性支承块式无砟轨道减震功能的前提，轨道刚度设置不合理，弹性支承块式无砟轨道的振动加剧，轮轨噪声辐射增强，其减震的优势将难以发挥。

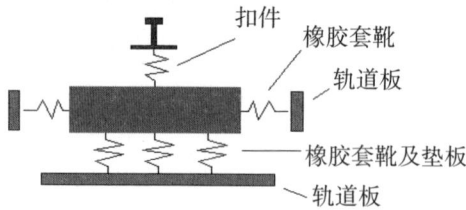

图 5-1 轨道结构刚度组成示意图

根据国内工程实际，选定弹条Ⅶ型扣件系统，其轨下垫板静刚度值为 140 kN/mm ± 20 kN/mm。本书的重点是确定合理的块下刚度。由于采用斜坡型支承块后，块下刚度不仅由块下垫板提供，部分还由橡胶套靴提供，因此需要先研究确定块下刚度值，再分别确定块下垫板和橡胶套靴的刚度。

第二节 块下刚度研究

这里基于落轴冲击试验进行轨道部件刚度匹配研究。落轴冲击试验是评估轨道动力特性的有效手段，已在轨道动力性能研究中广泛运用。国内外研究轨道结构部件刚度合理匹配关系时，通常采用落轴冲击试验的方法。落轴冲击试验原理是利用一定质量的车辆轮对，在选定的轨道断面上，在一定落高下自由落体，对轨道施加一垂向冲击荷载，使得轨道结构产生振动，从而得知轨道结构的动力响应情况。一方面分析钢轨的垂向冲击力及冲击时间，可得出轨道的弹性系数 K 与阻尼系数；另一方面分析钢轨冲击力幅值的衰减及轨道各部分的振动加速度，可了解轨道的振动传递与衰减性能。

落轴冲击试验一般可采用数值仿真或实验室内试验两种形式。为保证结果不受测试仪器和测试方法影响、节省研究成本，一般采用数值方法来模拟落轴冲击试验。

本节采用 ANSYS 软件建立落轴冲击试验有限元模型，模拟轮对下落与钢轨碰撞冲击过程，通过不同工况下轨道结构各部件的动力响应来确定结构部件刚度的合理匹配关系。

一、落轴冲击试验仿真模型

在弹性支承块式无砟轨道落轴冲击试验仿真模型中，落轴轮对采用 MASS21 质量块单元；轨道结构中钢轨视为离散点支撑欧拉梁，采用 BEAM4 梁单元；轨下橡胶垫板和块下橡胶垫板提供轨道结构的垂向弹性，而橡胶套靴提供横向和垂向弹性，均采用 COMBIN14 弹簧阻尼单元模拟；支承块与道床板采用 SOLID65 实体单元。落轴下落与钢轨碰撞接触过程处理为点面接触。利用 ANSYS 软件瞬态分析后处理方法获取不同工况下的轮轨冲击力、各部件位移和振动加速度等的时程曲线图。仿真模型如图 5-2 所示。

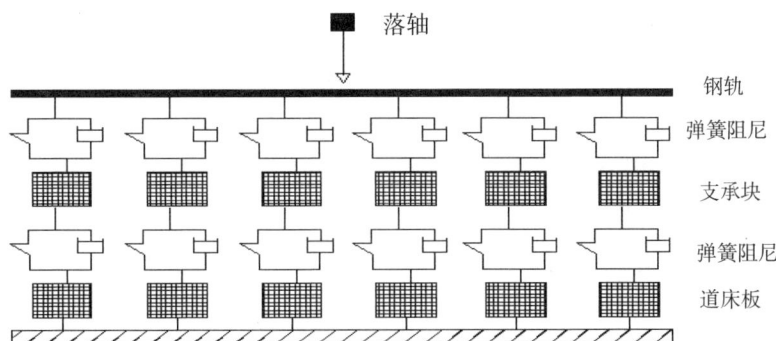

图 5-2　弹性支承块式无砟轨道落轴冲击试验模型

二、落轴冲击试验参数

轨道结构参数：轨道基础刚度取 1 200 MPa/m，支承块布置间距为 600 mm，尺寸为 680 mm×290 mm×230 mm（长 × 宽 × 高），道床板尺寸为 5 400 mm×2 800 mm×350 mm（长 × 宽 × 高）。

落轴质量 1 150 kg，车轴型号 RE2A，车轮型号 2*HDS；钢轨质量 60 kg/m，截面积 77.45 cm²，惯性矩：I_z=524 cm⁴，I_y=3 217 cm⁴。根据轮轨动力学理论，为模拟 25 t/30 t 轴重铁路货车在运营速度 100 km/h 情况下的轮轨碰撞接触，取落轴高度 65 mm。

仿真试验获得的冲击荷载时间历程曲线如图 5-3 所示，冲击荷载幅值为 265 kN，与文献资料提供的试验实测值相符。

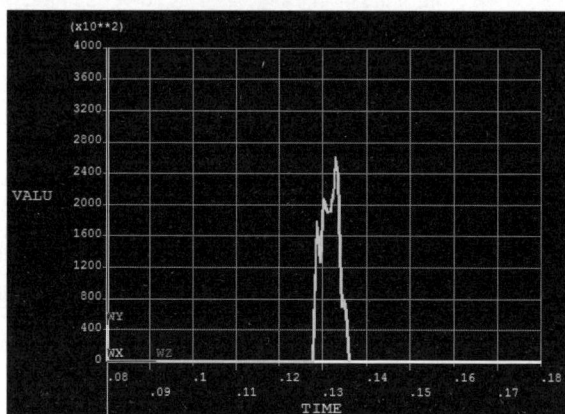

图 5-3　落轴冲击仿真试验冲击荷载时间历程曲线

三、仿真试验方案

选定弹条Ⅶ型扣件系统，其轨下垫板静刚度值为 140 kN/mm ± 20 kN/mm，取 140 kN/mm。块下刚度取 40 ~ 240 kN/mm，取值间隔 20 kN/mm。考察轮轨冲击力、钢轨位移和振动加速度、支承块振动加速度、道床板振动加速度等动力学响应指标，选择合理的块下刚度。

四、仿真结果及分析

通过弹性支承块式无砟轨道落轴冲击仿真试验计算，得出轮轨冲击力、钢轨位移和振动加速度、支承块振动加速度、道床板振动加速度的动力学响应结果。图 5-4 ~图 5-8 是在不同块下刚度工况下各项动力学指标的变化规律。

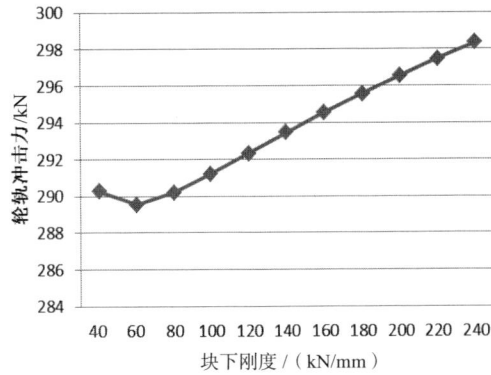

图 5-4 块下刚度与轮轨冲击力关系曲线

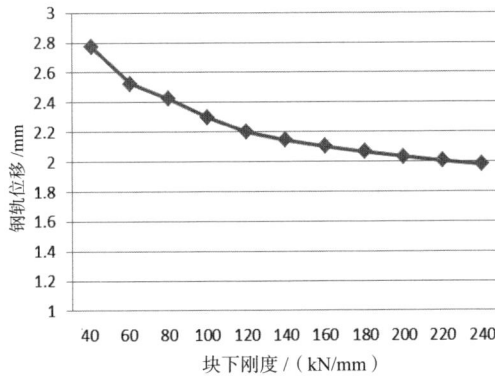

图 5-5 块下刚度与钢轨位移关系曲线

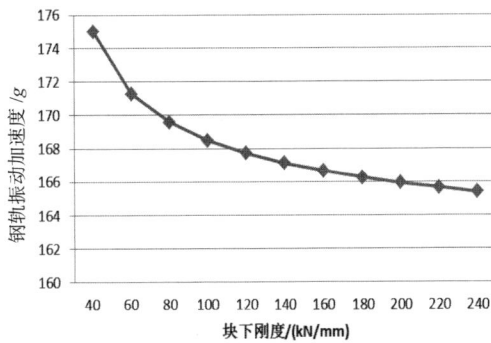

图 5-6 块下刚度与钢轨振动加速度关系曲线

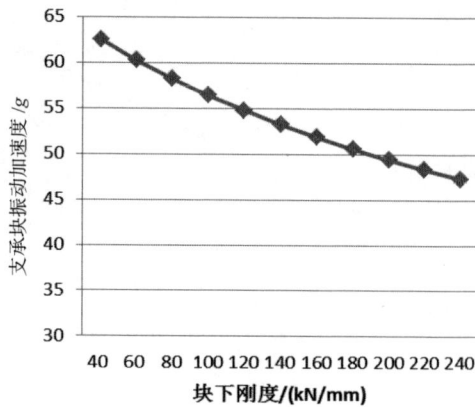

图 5-7 块下刚度与支承块振动加速度关系曲线

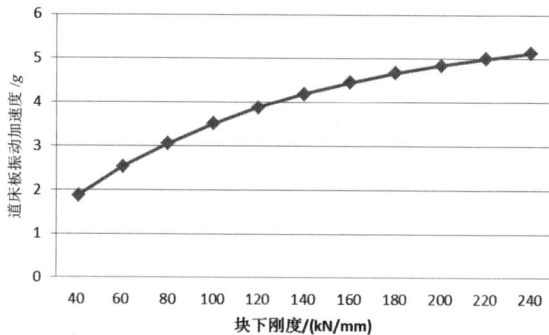

图 5-8 块下刚度与道床板振动加速度关系曲线

由图 5-4 ～图 5-8 可以看出：

①当块下刚度大于 60 kN/mm 时弹性支承块式无砟轨道的轮轨冲击力随块下刚度的增加而呈现接近线性地增加的趋势。

②钢轨的位移和振动加速度均随块下刚度的增加而减小，但随着块下刚度的增大，其减小趋势趋缓。

③支承块的振动加速度随块下刚度的增加而减小，基本呈线性变化趋势。

④道床板的振动加速度随块下刚度的增加而增加，但随着块下刚度的增大，其增长趋势趋缓。

总体来看，轮轨冲击力、钢轨振动加速度以及道床板振动加速度对块下刚度的变化比较敏感，支承块振动加速度相对块下刚度的变化较稳定。

五、块下刚度取值

对各项动力学指标进行分析，将块下刚度 60 ～ 220 kN/mm 范围内的各项指标进行无量纲化处理，如图 5-9 所示。为使轨道结构各部件振动均衡，根据不同指标变化趋势的交点确定合理的块下刚度范围为 80 ～ 140 kN/mm。因为块下刚度对支承块和道床板有直接影响，将支承块加速度和道床板加速度的动力学响应设为主要指标，根据图 5-9 取块下刚度 120 kN/mm 为最合理刚度，即在轨下刚度为 140 kN/mm 情况下，与之合理匹配的块下刚度值为 120 kN/mm。

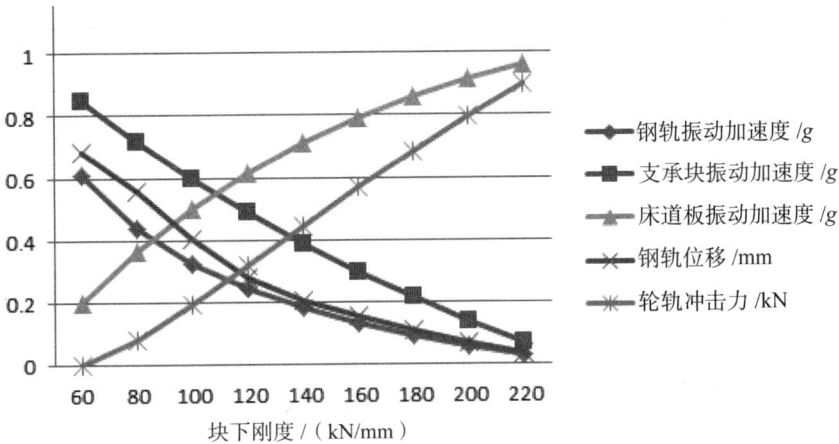

图 5-9　无量纲化动力学指标变化规律

第三节　块下垫板和弹性套靴刚度的合理取值

在支承块设置了侧面坡度后，块下刚度是由块下垫板刚度和轨枕槽斜坡处弹性套靴刚度共同提供的。因此，应在满足块下刚度要求的前提下，确定块下垫板和弹性套靴刚度的合理取值。另外，在支承块设置了侧面坡度后，支承块和道床板的受力状态也与块下垫板和弹性套靴刚度的取值密切相关。

块下刚度与块下垫板刚度和弹性套靴刚度存在如下关系：

$$K = \frac{2K_1}{\sqrt{\left(\dfrac{1}{n}\right)^2 + 1}} + K_2$$

式中：K—弹性支承块竖向总刚度；K_1—弹性套靴刚度；K_2—块下垫板刚度；n 为弹性支承块短侧面坡度值。

据此，考虑块下刚度的合理取值，设计如表 5-1 所示的几种块下垫板和弹性套靴刚度组合方案，分析弹性支承块和道床板的受力状态，从而确定块下垫板和弹性套靴刚度的合理取值。弹性支承块尺寸取值：长 650 mm，宽 290 mm，短侧面坡度 1：5，埋深 170 mm。

表 5-1　块下垫板和弹性套靴刚度组合方案

方案	弹性套靴刚度 /（kN/mm）	块下垫板刚度 /（kN/mm）
1	220	60
2	200	70
3	180	80
4	160	90

上述各块下垫板和弹性套靴刚度组合方案下，弹性支承块和道床板的受力状态计算结果如表 5-2 所示。

表 5-2　弹性支承块和道床板的受力状态计算结果

弹性套靴刚度 /（kN/mm）	块下垫板刚度 /（kN/mm）	弹性支承块应力分布图	弹性支承块最大截面弯矩 /（N·m）	道床板应力分布图
220	60		4 432	
200	70		4 626	

弹性套靴刚度/(kN/mm)	块下垫板刚度/(kN/mm)	弹性支承块应力分布图	弹性支承块最大截面弯矩/(N·m)	道床板应力分布图
180	80		4 801	
160	90		4 964	

从上述计算结果可见，在满足块下刚度要求的前提下，随着弹性套靴刚度的增大、块下垫板刚度的减小，弹性支承块的最大截面弯矩减小、应力增大。但弹性套靴刚度过大，道床板周围的应力会增大，道床板四周混凝土开裂的风险增加。经对比分析，弹性套靴刚度取 200 kN/mm 左右，块下垫板刚度取 80 kN/mm 左右较为合理。

第四节　结论

基于模拟落轴冲击试验结果，考虑隧道内弹性支承块式无砟轨道各部件的动力学响应特性，可以得出结论：块下刚度取 120 kN/mm 左右为宜，为此，弹性套靴刚度取 200 kN/mm 左右，块下垫板刚度取 80 kN/mm 左右较为合理。

第六章　弹性套靴和轨下垫板
一体化设计研究

本书提出一种弹性套靴和轨下垫板的一体化设计方案，目的是通过对产品材料及结构的调整，在确保产品充分满足使用工况的前提下，以实体橡胶材料替代现有的微孔垫板与套靴组合的产品形式，简化工程施工工艺，降低产品成本，提高产品应用的可靠性。

第一节　现行分体式结构

现行方案采用分体式设计方法，弹性支承块的弹性系统由橡胶套靴和微孔橡胶垫板两部分组成，其组装图如图 6-1 所示。

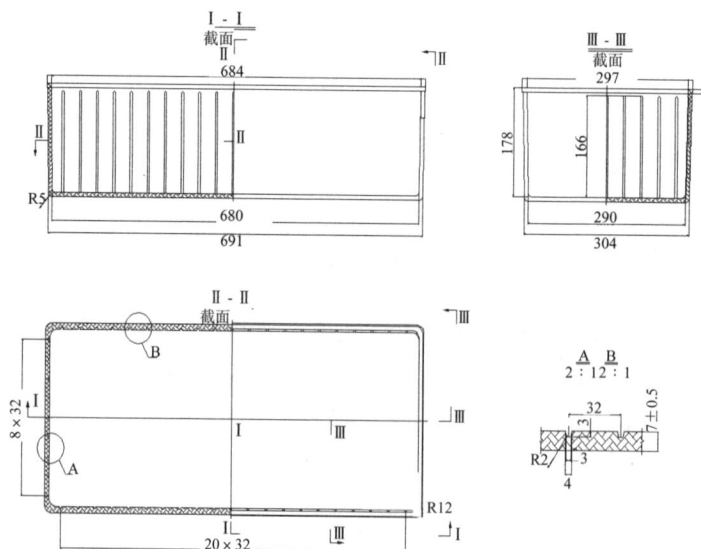

图 6-1　分体式弹性支承块弹性系统组装图

橡胶套靴和微孔橡胶垫板的物理力学性能要求如表 6-1 和表 6-2 所示。

表 6-1 橡胶套靴的物理力学性能要求

序号	项目		单位	技术要求
1	邵尔硬度		度	75 ~ 85
2	拉伸强度（抗拉强度）		MPa	≥ 12
3	拉断伸长率		%	≥ 250
4	200% 定伸应力（I 型试样）		MPa	≥ 8.5
5	压缩永久变形（B 型试样，100 ℃、24 h，压缩 25%）		%	≤ 22.5
6	静刚度（270 mm×160 mm 短侧边试样，荷载范围：2 000 ~ 75 000 N）		kN/mm	200 ~ 250
7	阿克隆磨耗		$cm^3/1.61$ km	≤ 0.6
8	脆性温度		℃	< -35
9	热空气老化（100 ℃±1 ℃、72 h）	抗拉强度	MPa	≥ 10
		拉断伸长率	%	≥ 200
		硬度变化	度	≤ 8
		静刚度变化率	%	≤ 10
10	耐臭氧老化性能（50 pphm：20%，40 ℃，96 h）		—	无龟裂
11	耐碱性［饱和 Ca（OH）$_2$、24 h、23 ℃］体积变化率		%	≤ 5
12	疲劳性能（270 mm×160 mm 短侧边试样，荷载范围：20 000 ~ 70 000 N，4 Hz±1 Hz，300 万次）	静刚度变化率	%	≤ 20
		厚度变化率	%	≤ 10
		外观	—	无碎裂现象
13	耐油体积膨胀率（46# 机油，24 h，23 ℃）		%	10

表 6-2　微孔橡胶垫板的物理力学性能要求

序号	项目		单位	技术要求
1	拉伸强度		MPa	≥ 4
2	拉断伸长率		%	≥ 150
3	压缩永久变形 （70 ℃，22 h 压缩 50%）		%	≤ 22.5
4	热空气老化 （100 ℃，72 h）	拉伸强度	MPa	≥ 3.5
		拉断伸长率	%	≥ 120
5	吸水性能（吸水率）		%	≥ 1.5
6	耐水性能 （23 ℃水中浸泡 96 h）	拉伸强度	MPa	≥ 3.5
		拉断伸长率	%	≥ 130
7	静刚度 （1 : 1 原样，2 ～ 72 kN）		kN/mm	70 ～ 100
8	动静刚度比（室温、4 Hz）		—	≤ 1.50
9	疲劳性能（1 : 1 原样，30 ～ 150 kN，4 Hz，300 万次）	静刚度变化率	%	≤ 20
		厚度变化率	%	≤ 10
		外观	—	无碎裂现象

第二节　弹性套靴和轨下垫板一体化设计方案

　　弹性套靴和轨下垫板一体化设计方案是指弹性套靴和轨下垫板采用相同橡胶材料一次铸造成型，形成"弹性套靴＋轨下垫板"的整体弹性结构，该结构被称为一体化弹性套靴。为了满足弹性套靴与轨下垫板的不同技术指标（主要指刚度）要求，可调整材料类型和结构型式。同时一体化弹性套靴上部增加吸水膨胀密封条可避免套靴内部积水进入与留存。一体化弹性套靴外观如图 6-2 所示。

图 6-2　一体化弹性套靴外观

　　优化方案根据套靴底板形式不同可分为两种方案：圆凸台型底板设计方案和棱条型底板设计方案。这样可以更好地适应不同轨道环境。

一、圆凸台型底板设计方案

　　此方案以均匀分布的凸起圆台替代了原分体式设计的微孔橡胶垫板，均匀分散的凸台改善了垂向压缩力分布的均匀性。微调圆台结构与布局可实现各项刚度的匹配，能给予橡胶材料模量一定的可选范围。圆凸台型底板结构如图 6-3 所示，圆凸台型底板结构一体化弹性套靴实物如图 6-4 所示。

二、棱条型底板设计方案

　　该方案以均匀分布的凸起棱条替代了原分体式设计的微孔橡胶垫板。此设计适应性强，与现在大批量应用的国铁轨道减震橡胶垫板的减震机理保持一致，理论应用成熟，且产品加工工艺可行性强，能确保产品稳定的内在及外观质量，工程应用可操作性较强。棱条型底板结构如图 6-5 所示，棱条型底板结构一体化弹性套靴实物如图 6-6 所示。

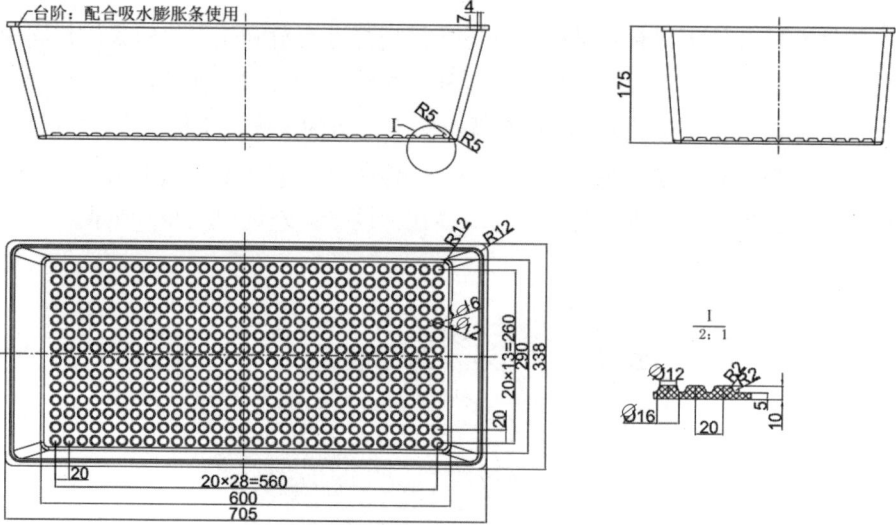

图 6-3　圆凸台型底板结构（单位：mm）

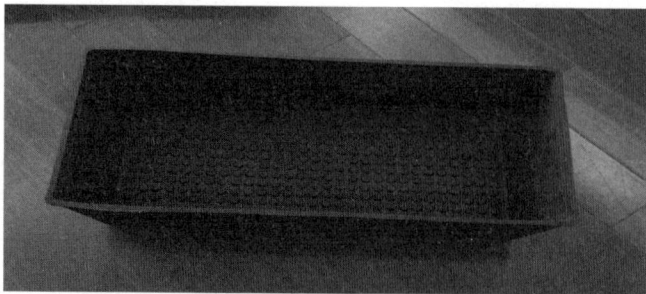

图 6-4　圆凸台型底板结构—体化弹性套靴实物

102

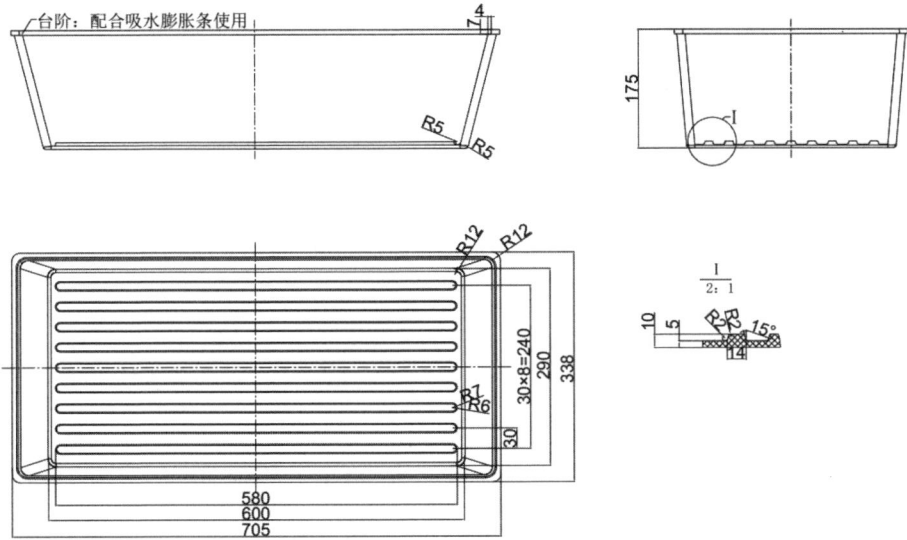

图 6-5 棱条型底板结构（单位：mm）

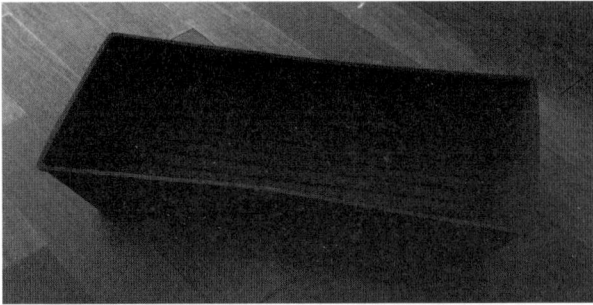

图 6-6 棱条型底板结构一体化弹性套靴实物

第三节 一体化弹性套靴与分体式弹性套靴对比

一、外观

分体式产品由橡胶套靴与微孔橡胶垫板两部分单独组装而成。一体化产品将垫板设置在套靴底部，外观上在内侧底面有减震凸台结构，套靴底部采用圆凸台型设计，并且套靴顶部增加防水条，其减震效果与传统组件的减震效果相当。未来预计一体化弹性套靴可替代传统的橡胶套靴和微孔橡胶垫板组件。

二、生产工艺

分体式弹性套靴的橡胶套靴与微孔橡胶垫板需单独生产，需要两套不同装备，人工成本较高。微孔橡胶垫板生产工艺复杂，需要挤出预成型、裁切、激光标识等工序。微孔橡胶垫板需要时间收缩定型，必须提前生产备货，这样容易造成库存积压，且易造成产能不匹配，如无法包装或者包装漏配、错配。

一体化弹性套靴可替代传统的橡胶套靴和微孔橡胶垫板组件。其结构更稳定，安全性能更优异；可大幅降低原材料消耗，减少环境污染，工艺简单统一，产品质量稳定性好，无须预成型、激光标识等工序（模具标识成型），大大减少了耗材；可按计划生产，无须等待配套件停放，基本不存在错配漏配；检测合格即可包装入库，大大提高了仓库利用率。

三、物理性能

由表 6-3 和表 6-4 可看出一体化弹性套靴在满足分体式弹性套靴所有性能的情况下，其底面性能相较于微孔橡胶垫板的底面性能有明显的优势：具有更高的强度、更大的伸长率、更小的压缩形变，采用实体胶后，防水性能大大提高，吸水率降为 0。

表 6-3　分体式弹性套靴的物理性能要求

项目	单位	指标
拉伸强度（抗拉强度）	MPa	$\geqslant 4.0$
拉断伸长率	%	$\geqslant 150$
压缩永久变形（70 ℃ ±1 ℃、放置 22 h、压缩 50%）	%	$\leqslant 20$
静刚度（尺寸：1∶1 原样，荷载范围：2 kN ～ 72 kN）	kN/mm	$70 \sim 100$
在室温条件和 4 Hz 频率下动静刚度比	—	$\leqslant 1.8$
老化后静刚度变化率	%	$\leqslant 20$
吸水率	%	$\leqslant 0.8$

表 6-4　一体化弹性套靴的物理性能要求

项目	单位	指标
拉伸强度（抗拉强度）	MPa	≥ 12
拉断伸长率	%	≥ 250
压缩永久变形（70 ℃ ±1 ℃、放置 22 h、压缩 25%）	%	≤ 22.5
端面静刚度	kN/mm	200 ～ 250
底面静刚度	kN/mm	70 ～ 100
老化后静刚度变化率	%	≤ 10

根据中铁第五勘察设计院集团有限公司与高速铁路建造技术国家工程实验室《改进型弹性支承块式无砟轨道室内试验研究报告》结果（见表 6-5）可知：一体化弹性套靴在 30 ～ 150 kN 荷载条件下循环 300 万次后，其动静刚度比与分体式弹性套靴的动静刚度基本一致，比值均小于等于 1.2，满足相关规范中动静刚度比的比值小于 1.3 的要求。

表 6-5　疲劳试验动静刚度比

类型	项目	4 号	7 号	平均值
一体化弹性套靴	动刚度 /（kN/mm）	218.82	239.88	229.35
	静刚度 /（kN/mm）	192.53	199.77	196.15
	动静刚度比值	1.14	1.20	1.17
分体式弹性套靴	动刚度 /（kN/mm）	150.78	138.26	144.52
	静刚度 /（kN/mm）	129.98	118.02	124.00
	动静刚度比值	1.16	1.17	1.17

根据中铁第五勘察设计院集团有限公司与高速铁路建造技术国家工程实验室《改进型弹性支承块式无砟轨道室内试验研究报告》结果（见表 6-6）可知：一体化弹性套靴在 30 ～ 150 kN 荷载条件下循环 300 万次后，其静刚度变化率与分体式弹性套靴的静刚度变化率基本一致，均小于 5%，大大优于相关技术指标。

表 6-6　疲劳试验静刚度变化率

类型	项目	4 号	7 号	平均值
一体化弹性套靴	疲劳试验前静刚度 /（kN/mm）	192.53	199.77	196.15
	疲劳试验后静刚度 /（kN/mm）	183.19	190.84	187.02
	静刚度变化率（%）	5.10	4.68	4.88
分体式弹性套靴	疲劳试验前静刚度 /（kN/mm）	129.98	118.02	124.00
	疲劳试验后静刚度 /（kN/mm）	124.40	112.31	118.36
	静刚度变化率（%）	4.30	4.83	4.57

四、产品成本

一体化弹性套靴从原材料成本、材料加工、产品包装上比分体式弹性套靴每套节省 13 元。从运输上来看，分体式弹性套靴每车运输 2 500 套左右，不可堆叠摆放，一体化弹性套靴可叠放，单车运输超过 10 000 个，大大节约了运输成本。

第四节　一体化弹性套靴系统的主要优点

一、优秀的结构设计

分体式弹性套靴由橡胶套靴和微孔橡胶垫板组成，存在多个接触面，侧向位移可能性大；其平面结构自由体积小，振动衰减慢。一体化弹性套靴底部为圆台结构，其自由体积大，振动衰减快；其结构接触面少，侧向位移可能性小，安全稳定性更高。

二、优秀的防水性能

一体化弹性套靴增加了顶部防水条，避免积水下行至产品内部。由于套靴整体为实体材料，本身具有优越的抗水能力，这样就确保了产品的可靠性。

三、可靠的材料性能

发泡材料的强度仅为实体胶料的 1/3 大小，在极端情况下其抗破损能力较弱，微孔结构使得产品具有一定的吸水性，从而影响了产品的耐久性。一体化弹性套靴采用的实体胶料的稳定性和耐久性均优于发泡材料的。

四、便捷的工程安装

一体化弹性套靴没有微孔橡胶垫板，产品无须进行组装与定位，施工过程简单，工程安装不存在错配漏配问题，这样工程安装劳动强度降低，安装成本降低。

第七章　道床板纵向结构分块及其限位措施研究

第一节　概述

弹性支承块式无砟轨道的道床板从纵向结构上看，可设计为纵向连续式或单元式两种形式。两种形式各有利弊，在外部荷载作用下对外表现出明显的性能差异。

纵向连续式道床板整体性好，抵抗竖向、纵向、横向变形的能力强，并且能够有效减少轨下基础不均匀沉降变形对上部结构和列车运营的影响，提高轨道结构对下部基础变形的适应能力，能为列车运行提供平顺性较高的基础。同时，纵向连续式道床板施工方便、效率高。但是纵向连续式道床板在受到整体温升、温降荷载作用时，会产生纵向温度压力或拉力。温度力和列车荷载作用下，道床板可能出现上拱变形或拉应力超标情况下的结构开裂等病害。尤其是道床板与基础之间黏结不良的情况下，隧道的渗漏水或雨水等侵入层间离缝后，在列车的反复拍打作用下会造成层间细小颗粒析出，加剧轨道病害的发展。另外，纵向连续式道床板在出现病害的情况下维修比较困难。

单元式道床板在施工方面比纵向连续式道床板复杂，但其有较明显的温度适应性，这就避免了纵向连续式道床板开裂、变形等问题，可也给轨道结构设计带来了一系列问题，如温度梯度作用下的单元式道床板翘曲变形，水平荷载作用下单元式道床板纵横向限位及板端变形控制等。重载铁路隧道内弹性双块式无砟轨道若采用单元式道床板，则需要针对单元式道床板长度、整体限位以及局部变形控制等问题展开设计及优化。

目前我国部分已建或拟建铁路隧道内弹性双块式无砟轨道道床板的纵向结构方案见表7-1。可见其设计方案差异较大，设计理论尚不成熟。

表 7-1 部分已建或拟建铁路隧道内弹性双块式无砟轨道道床板的纵向结构方案

线路		纵向结构方案	
		单元式 / 连续式	与板下结构的连接方式
山西中南部铁路通道	瓦塘—洪洞北段	单元式道床板，标准道床板长 6 580 mm（11 根轨枕），板间缝 20 mm；并在隧道沉降缝处断开	预埋钢筋。距洞口 $L \leqslant 50$ m 地段，每块道床板设置 50 根（5 根 10 排）；距洞口 50 m $< L \leqslant 200$ m 地段，每块道床板设置 25 根（5 根 5 排）；距洞口 $L > 200$ m 地段，每块道床板设置 15 根（5 根 3 排）
	洪洞北—日照南段	距洞口 > 200 m 范围采用连续浇筑方式；距洞口 $\leqslant 200$ m 范围内采用分块浇筑方式，每块长 12 m	—
蒙华铁路岳吉段		单元式道床板，标准道床板长 6 580 mm（11 根轨枕），板间缝 20 mm；并在隧道沉降缝处断开	预埋钢筋。距洞口 $L \leqslant 50$ m 地段，每块道床板设置 50 根（5 根 10 排）；距洞口 50 m $< L \leqslant 200$ m 地段，每块道床板设置 25 根（5 根 5 排）；距洞口 $L > 200$ m 地段，每块道床板设置 15 根（3 根 5 排）
连盐铁路（焦庄隧道）		道床板纵向连续，在隧道变形缝处设置 20 mm 伸缩缝	变形缝两侧加强与仰拱回填层的连接（两侧各植筋 6 排 4 列）。隧道进出口距连续浇筑道床板端部 15 m 范围内，道床板与隧道仰拱回填层或结构底板之间采用植筋方式进行连接；隧道洞口及距离隧道洞口 200 m 范围内道床板伸缩缝前后连续浇筑道床板端部仰拱回填层或结构底板连续植入 15 排 $\phi 25$ 钢筋，每排 4 根，对称布置；距隧道洞口大于 200 m 范围道床板伸缩缝前后连续浇筑道床板端部仰拱回填层或结构底板连续植入 6 排 $\phi 25$ 钢筋，每排 4 根

续表

线路	纵向结构方案	
	单元式/连续式	与板下结构的连接方式
玉蒙铁路	距隧道洞口 200 m 范围内及活动断层破碎带区段每 4.8～6 m 设置横向伸缩缝，并与隧道结构缝对应；距隧道洞口大于 200 m 范围，连续浇筑，在隧道结构缝处设置横向伸缩缝	仰拱回填层或隧道底板表面进行拉毛或凿毛处理

第二节　道床板纵向结构类型的理论分析

道床板在受到整体温升、温降荷载作用时，将会出现纵向伸长或缩短的趋势，若纵向伸缩受到约束，将导致道床板内部产生温度应力。在最大温升、温降荷载作用下，道床板内部将产生最大温度应力，如果该应力小于混凝土极限应力，则可以采用连续式道床板结构；如果该应力大于混凝土的极限应力，则会导致道床板开裂，这种情况下就要对道床板进行分块铺设，在板与板之间设置伸缩缝，允许道床板产生适当位移以释放温度应力。

道床板在温度应力作用下，其力学响应与无缝线路的力学响应类似。当温度变化幅度一定时，若板长足够长，板中将出现固定区，两端则为伸缩区，伸缩区受到的阻力为道床板与隧道底板间的摩擦阻力，如图 7-1 所示。板内温度应力在伸缩区内由板端至伸缩区与固定区交界处线性增长，最大温度应力出现在固定区，且整个固定区内温度应力不随截面位置变化而变化。若固定区的温度应力小于混凝土极限应力，则理论上板可以无限加长，无限长的道床板即连续式道床板。否则，应设计为单元式道床板。

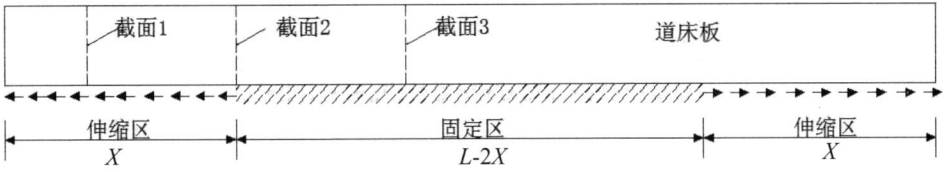

图 7-1　温度应力作用下道床板温度应力分析示意图

以下基于无缝线路原理对整体温升、温降作用下道床板纵向结构类型进行理论分析。

一、整体温升作用下道床板力学分析

隧道内温度随日气温变化而产生小幅度的变化，同时也随一年四季气温的变化而产生较大幅度变化。轨道结构所处环境温度的变化导致道床板受到不同幅度温度应力的作用，最大温差引起最大温度应力。

考虑最不利荷载工况，在此取年最大温差值。混凝土施工温度一般为 5～30 ℃，取 10 ℃，此温度即参考温度，参考温度与年最高温度的差值为年最大温差值，取 40 ℃，即道床板温度为 50 ℃，与一般地区年最高温度值相吻合。

（一）道床板与基础的单位摩阻力计算

$$\gamma = \rho A g \mu$$

式中：ρ 为密度，取 2 500 kg/m³；A 为道床板横截面面积，2.8 m × 0.3 m；μ 为摩擦系数，取 2.0。

则道床板与基础的单位摩阻力计算值为：

$$\gamma = 2\,500 \times 2.8 \times 0.3 \times 9.8 \times 2 = 41\,160 \,（\text{N/m}）$$

（二）伸缩区长度计算

$$X = \frac{E\alpha\Delta t A}{\gamma}$$

式中：E 为道床板弹性模量，取 3.45×10^{10} Pa；α 为道床板线膨胀系数，取 1×10^{-5}；Δt 为整体温升幅度，取 40 ℃。

则伸缩区长度为：

$$X = 3.45 \times 10^{10} \times 10^{-5} \times 40 \times 2.8 \times 0.3 / 41\,160 = 281.6 \,（\text{m}）$$

111

板长大于 $281.6 \times 2=563.2$ m 时将会出现固定区。

固定区温度应力 F 为：

$$F = \gamma X / A = 41\,160 \times 281.6/（2.8 \times 0.3）\approx 1.38 \times 10^{7}（\text{Pa}）=13.8（\text{MPa}）$$

道床板所使用的 C50 混凝土的抗压强度为 23.1 MPa，大于 13.8 MPa。因此，仅考虑整体温升情况，板长可无限加长。

二、整体温降作用下道床板力学分析

参考温度同整体温升，取 10 ℃，温降值取 40 ℃，即道床板最低温度为 –30 ℃，与一般地区年最低温度值相吻合。单位摩阻力一定，同样的温度变化幅度所产生的伸缩区长度也相同，为 281.6 m。故板长为 563.2 m 以上时出现固定区，此时固定区最大温度拉应力为 13.8 MPa。C50 混凝土抗拉强度为 1.89 MPa，小于 13.8 MPa，故如果板长超过 563.2 m，在最低温度时道床板内会出现固定区，且固定区温度拉应力将大于混凝土容许拉应力。因此，需缩短板长，消除固定区，且板长应保证板中最大温度拉应力低于混凝土极限拉应力。

为确定板长 L 容许的最大值，计算得出板中最大温度拉应力恰好等于混凝土抗拉强度 f_t 时的临界板长，有

$$\gamma \cdot X = f_t A$$

则板长

$$L = 2X = \frac{2 f_t A}{\gamma} = 2 \times（1.89 \times 10^{6} \times 2.8 \times 0.3）/41\,160 \approx 77（\text{m}）$$

可见，当道床板板长为 77 m 时，板中最大温度拉应力等于混凝土极限拉应力。因此，为了避免道床板被拉裂，提高轨道结构的耐久性和安全性，道床板长应小于 77 m。但板长也不宜过短，否则在温度梯度及列车荷载作用下其可能会出现翘曲或稳定性变差等其他问题。

第三节　单元道床板合理长度研究

单元道床板长度的取值，直接影响外部荷载作用下轨道结构应力应变幅值，间接影响轨道结构纵向配筋、整体限位以及局部变形控制等的设计。单元道床板长度越长，板内应力幅值及板端变形量越大，道床板板内开裂的概率和所需纵向

配筋率则越高，板端所需局部变形控制措施则越强。但板长过短，板的整体稳定性会较差，从而造成施工不便和施工效率降低。因此，单元道床板长度参数的合理取值是轨道设计中一项重要研究内容。

为确定道床板的合理长度，可建立道床板有限元计算模型，分析不同长度道床板在整体温升、温降、温度梯度以及列车荷载作用下的纵向位移、翘曲变形和应力状态。考虑施工及养护维修方便等因素，下面取单元道床板的长度范围为 6～48 m 进行分析计算。

一、计算模型

由于主要分析道床板的纵向受力，钢轨和弹性支承块的影响可忽略，因此建立了由隧道底板和道床板两个部件组成的纵向力学分析有限元模型，如图 7-2 所示。由于弹性支承块凹槽对道床板的影响较大，因此道床板设置弹性支承块凹槽。隧道底板和道床板均采用 SOLID65 实体单元模拟。温度梯度荷载作用下计算时，道床板采用具有热分析和力学分析功能的 SOLID5 实体单元模拟。道床板与隧道底板间为接触关系，分别用接触单元 CONTA174 和目标单元 TARGE170 模拟。

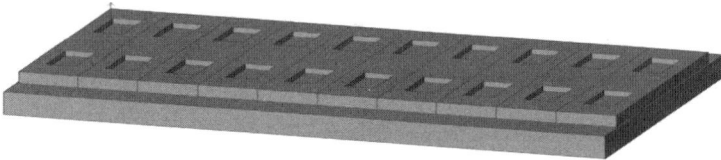

图 7-2 纵向力学分析有限元模型

二、计算参数

（一）道床板和隧道底板的几何参数和力学参数

道床板高 300 mm，宽 2 800 mm，长度分别取 6 m、9 m、15 m、30 m、48 m；隧道底板仅起支承和提供摩擦力的作用，其尺寸适当大于道床板的尺寸即可。

道床板、隧道底板的力学参数取值如表 7-2 所示。

表 7-2　道床板、隧道底板的力学参数

项目	单位	参数值	
		道床板	隧道底板
弹性模量	Pa	3.45×10^{10}	3.45×10^{10}
泊松比	—	0.2	0.2
密度	kg/m³	2 500	2 500
热膨胀系数	1/℃	1×10^{-5}	—
导热系数	W/（m·℃）	2.33	—

（二）道床板与隧道底板的接触关系

道床板与隧道底板间的接触关系影响着轨道结构的荷载传递和分布，影响着轨道各结构层的力学状态。结构层层间接触方式一般有层间黏结和层间摩擦滑动两种形式。

弹性支承块式无砟轨道道床板直接浇筑在上表面拉毛的隧道底板上，层间黏结良好，二者作为结合板共同承受温度和列车荷载作用。道床板的纵向伸缩受到了抑制，道床板纵向应力分布及幅值接近连续道床板结构的，整体温度改变情况下的不同长度单元道床板性能基本无差异。随着服役期增长，在列车荷载、温度应力等反复作用下，道床板与隧道底板间的黏结状态有可能被逐渐破坏，最终成为分离式双层结构，呈摩擦滑动状态。

在进行道床板纵向力学分析时，考虑最不利工况，一般将单元道床板与隧道底板间按层间未黏结处理，即呈摩擦滑动状态。这样，两者之间的摩擦系数就成为决定层间相互作用力和两者纵向受力状态的最主要的参数。

目前路基与桥梁上道床板与底板间摩擦系数的相关研究较多，隧道内轨道结构层间摩擦系数的相关研究还较为缺乏。学者彭勇在《双块式无砟轨道床板上拱参数影响分析及整治技术方案研究》中利用道床板与支承层间黏结强度及摩擦系数的关系进行实验，对支承层进行拉毛处理，采用不同几何尺寸的单元道床板，不同强度等级的混凝土，设定六种工况，最终确定道床板与拉毛处理的支承层间摩擦系数取 1.5。学者邓存宥在《滑动层摩擦系数对道床板纵向力的影响分析》中，结合具体工程，研究了滑动层摩擦系数对道床板纵向受力的影响，得出滑动层摩擦系数为 0.2 左右时道床板受力比较合理的结论。学者葛承宝在《桥上 CRTS Ⅱ 型板式无砟轨道纵向特性分析》中研究桥上道床板与下部基础间的摩擦系数对道床板力学性能的影响时，摩擦系数分别取 0.3 和 1.0 进行比较。目前隧道内道床板与底板间摩擦系数的具体取值还鲜有实验依据，故参考以上摩擦系数的取值情况，结合隧道内道床板混凝土直接浇筑在底板上的特点，本书认为取较大值 2.0 较为适宜。

（三）最大温升荷载和温降荷载幅值

最大温升荷载和温降荷载幅值，即所谓的温差。温差包含两层含义，一是年温差，二是日温差。年温差影响单元道床板伸缩量和内部温度应力的幅值，日温差常引起较大的温度梯度，造成单元道床板的翘曲变形。年温度变化是指无砟轨道温度随气温季节性变化而发生的周期性变化，冬天温度低而夏天温度高，一年一个循环。道床板温度变化趋势与气温变化趋势相同，无砟轨道设计中最大的温度应力应当依据最大年温差进行计算，最大年温差是无砟轨道使用寿命周期内的最高年温差。在计算无砟轨道结构层温度应力时，年温度变化取为该结构层中性层的年温度变化或全断面年平均温度变化。无砟轨道上层道床板夏天温度比气温高，冬天表面温度与气温基本相同，道床板中性面的温度和气温大致相同，表面温度较气温高的部分为道床板断面，可认为无砟轨道的年温度变化与气温变化的幅度相同。表 7-3 为我国部分地区历年统计最高、最低气温值。

表 7-3　我国部分地区历年统计最高、最低气温值（℃）

地名	最高气温	最低气温	温度差	地名	最高气温	最低气温	温度差
北京	42.6	−22.8	65.4	上海	40.3	−12.1	52.4
天津	45.0	−22.9	67.9	杭州	42.1	−10.5	52.6
石家庄	42.7	−26.5	69.2	福州	39.8	−2.5	42.3
太原	41.4	−29.5	70.9	南京	43.0	−14.0	57.0
呼和浩特	38.0	−36.2	74.2	合肥	41.0	−20.6	61.6
郑州	43.0	−17.9	60.9	济南	42.5	−19.7	62.2
武汉	41.3	−17.5	58.8	西安	45.2	−20.6	65.8
长沙	43.0	−9.5	52.5	兰州	39.1	−23.3	62.4

地名	最高气温	最低气温	温度差	地名	最高气温	最低气温	温度差
广州	38.7	−0.3	39.0	西宁	32.4	−26.6	59.0
昆明	32.3	−5.4	37.7	银川	39.5	−30.6	70.1
贵阳	39.5	−9.5	49.0	乌鲁木齐	40.7	−41.5	82.2
南宁	40.4	−2.1	42.5	沈阳	39.3	−33.1	72.4
成都	40.1	−4.6	44.7	大连	36.1	−19.9	56.0
南昌	40.6	−7.7	48.3	长春	39.5	−36.5	76.0
衡阳	41.3	−7.0	48.3	哈尔滨	39.1	−41.4	80.5
牡丹江	37.5	−45.2	82.7	齐齐哈尔	37.5	−39.5	77.0
嫩江	38.1	−47.3	85.4	青岛	36.6	−20.5	57.1

如表 7-3 所示，一般地区最高气温在 40 ℃左右，最低气温在 −20 ℃左右，较寒冷地区最低气温在 −40 ℃以上。鉴于道床板最高温度高于气温值，并且考虑最不利工况，本书最高道床板温度取值为 50 ℃，最低温度取 −30 ℃。混凝土施工温度为 5～30 ℃，本书取 10 ℃，即参考温度为 10 ℃，故最大温升为 40 ℃，最大温降为 40 ℃。

（四）温度梯度荷载幅值

由于混凝土的热传导性能差，最上层混凝土道床板直接与环境接触，其受温度变化的影响随距表面的深度的增大而逐渐减小，从而形成温度梯度，使道床板纵向伸缩的同时产生翘曲变形。当翘曲变形受到约束时，道床板内产生翘曲应力。混凝土道床板的温度梯度随板厚的不同而不同，厚板的温差比薄板的大，夏季白天的最大正温差比冬季的大，夏季和冬季的夜晚最大负温差一般比较接近。

对于无砟轨道温度场的研究，可参考的文献较少。德国铁路规范中，对于未进行天气影响防护的结构板部分，假定其沿厚度方向具有一个 0.5 ℃/cm 的线性温度梯度；德国博格板式无砟轨道最大正、负温度梯度分别取 50 ℃/m 和

–25 ℃ /m。国内对于无砟轨道温度场的研究始于遂渝铁路无砟轨道综合试验段工程，已有温度场及其影响的计算理论和计算方法的初步成果。对已铺设完成的纵向连接板式轨道的温度场进行观测，观测内容包括气温、道床板板面温度和底板上表面、中部及下表面的温度，得到桥上道床板的温度梯度为 40 ~ 80 ℃ /m，底板范围内的温度梯度变化不大，所以建议负温度梯度取值为最大正温度梯度的一半。《双块式无砟轨道床板上拱参数影响分析及整治技术方案研究》中正温度梯度取值为 80 ℃ /m，负温度梯度取值为正温度梯度的一半，为 –40 ℃ /m。《单元板式无砟轨道结构轨道板温度翘曲变形研究》中正负温度梯度分别取 50 ℃ /m 和 –50 ℃ /m。《兰新二线 6.5 m 单元双块式无砟轨道适应性分析》中指出严寒地区最大正温度和负温度梯度分别取 95 ℃ /m 和 –47 ℃ /m，计算中取 85 ℃ /m 和 –42 ℃ /m。我国铁路常用温度梯度为 50 ℃ /m，考虑现场实测数据和公路上常用正温度梯度，模型中常用正温度梯度取为 63 ℃ /m。阿灵顿实验结果中最大正、负温度梯度分别采用 66 ℃ /m、–22 ℃ /m，目前许多国家依旧使用该数值。

以上述取值为依据，结合隧道内温度变化幅度较小的特点，本书取正温度梯度为 63 ℃ /m，负温度梯度取 –30 ℃ /m。

（五）列车荷载

列车横向荷载根据静轮重和允许最大脱轨系数来确定。本书取 200 kN（25 t 轴重）/240 kN（30 t 轴重）。列车横向荷载应考虑转向架的作用，两轮对的间距为 2.5 m，4 个支承块间距取 2.4 m。

列车纵向荷载主要包括列车制动力、起动力和其他形式的车轮滚动、滑动力。本书选取对列车运行影响相对较大的制动力，轨面制动力取 16 kN/m，制动力沿单元道床板纵向均匀分布。

三、计算结果及分析

（一）整体温度变化作用条件下单元道床板合理长度

整体温度变化作用条件下，单元道床板内部产生温度拉力（温降）或温度压力（温升），有可能造成单元道床板纵向位移超限、拱起或断裂。

1. 整体温升条件下不同长度单元道床板力学性能对比

图 7-3 ~图 7-4 为整体温升条件下不同长度单元道床板的纵向位移和纵向压应力云图。

（a）6m板　　　　　　　　　　（b）15m板

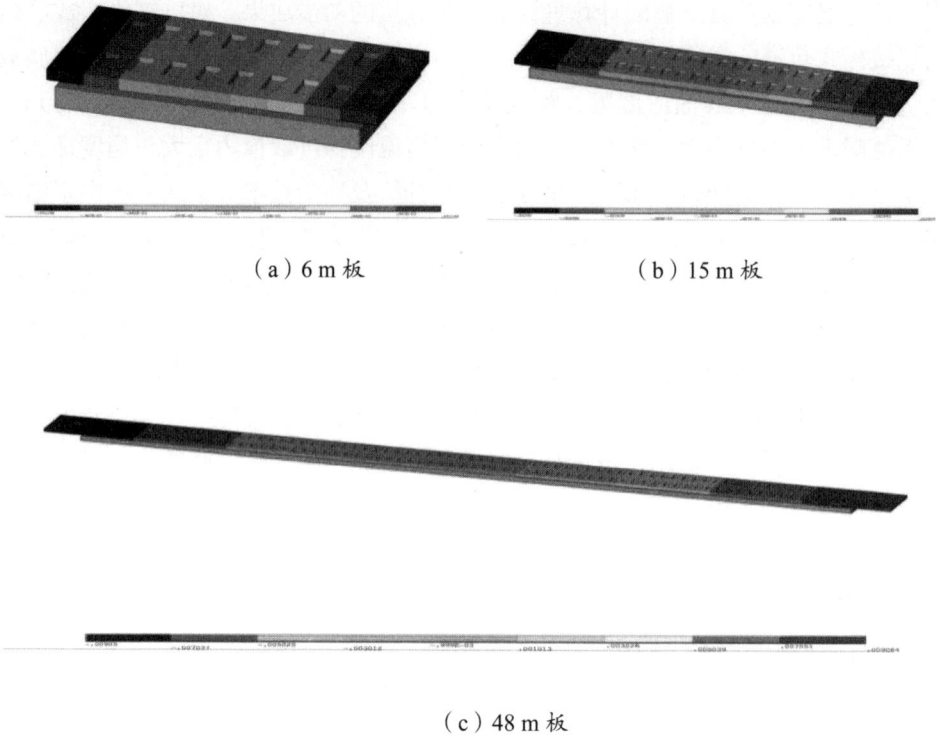

（c）48m板

图 7-3　整体温升条件下不同长度单元道床板的纵向位移云图

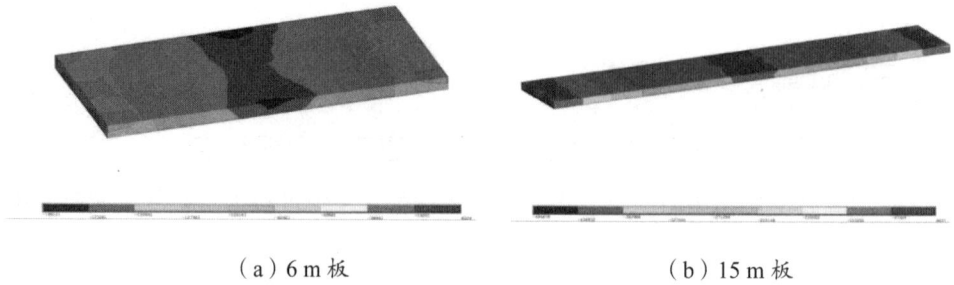

（a）6m板　　　　　　　　　　（b）15m板

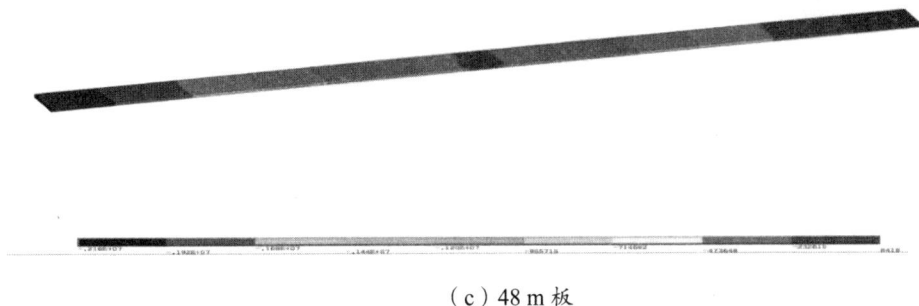

（c）48 m 板

图 7-4　整体温升条件下不同长度单元道床板的纵向压应力云图

不同板长在整体温升荷载作用下的纵向位移和纵向压应力整理如表 7-4 所示。

表 7-4　整体温升（40℃）条件下不同长度单元道床板的纵向位移和纵向压应力

单元道床板长度 /m	6	9	15	30	48
纵向位移 /mm	1.192	1.782	2.949	5.802	9.064
纵向压应力 /MPa	0.196	0.292	0.495	1.120	2.160

整体温升条件下，单元道床板由于受热膨胀，板端出现较明显位移，板中出现压应力。由计算结果可知，板端纵向位移随板长的增加而增大，近似于线性增长。为了保证轨道结构的稳定性，从板端位移角度出发建议选用较小长度单元道床板，以不超过 12 m 为宜。板中纵向压应力随板长的增加而增大，各长度单元道床板的纵向压应力都没有超过混凝土的极限压应力。

2. 整体温降条件下不同长度单元道床板力学性能对比

图 7-5 ～图 7-6 为整体温降条件下不同长度单元道床板的纵向位移和纵向拉应力云图。

（a）6 m 板　　　　　　　　　　（b）15 m 板

（c）48 m 板

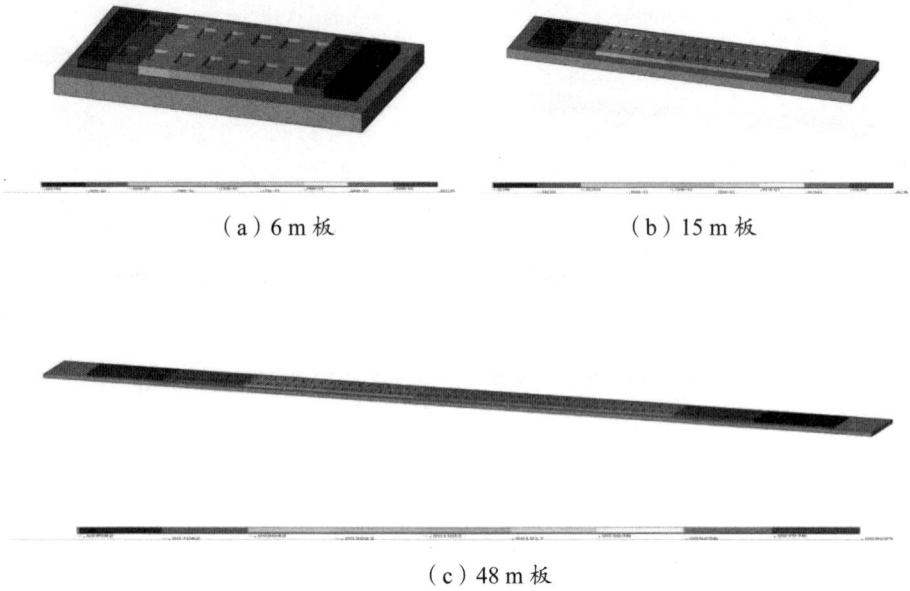

图 7-5　整体温降条件下不同长度单元道床板的纵向位移云图

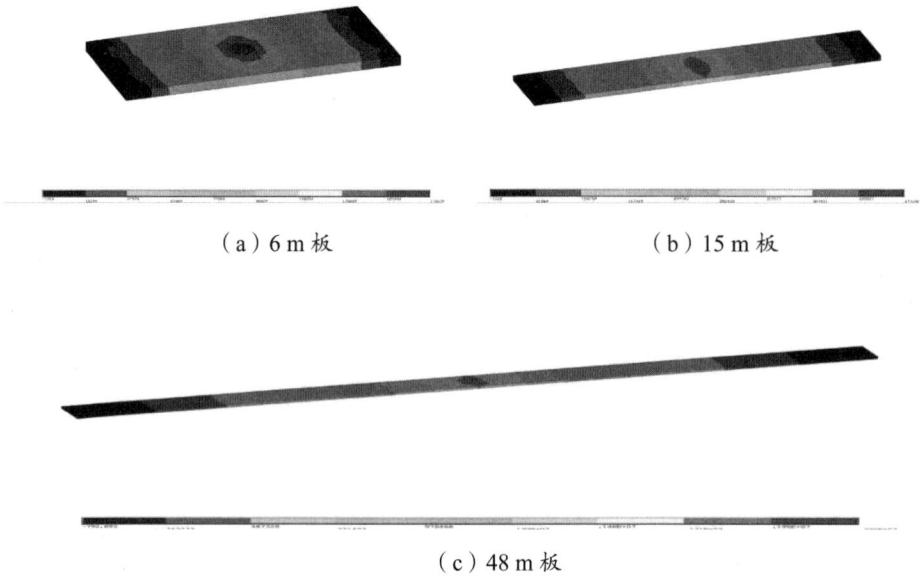

（a）6 m 板　　　　　　　　　　（b）15 m 板

（c）48 m 板

图 7-6　整体温降条件下不同长度单元道床板的纵向拉应力云图

不同板长在整体温降荷载作用下的纵向位移和纵向拉应力整理如表 7-5 所示。

表 7-5　整体温降（40 ℃）条件下不同长度单元道床板的纵向位移和纵向拉应力

单元道床板长度 /m	6	9	15	30	48
纵向位移 /mm	1.195	1.786	2.960	5.825	9.095
纵向拉应力 /MPa	0.175	0.273	0.473	1.060	2.200

整体温降作用下，单元道床板由于出现收缩现象，板端出现较明显纵向位移，板中出现拉应力。由计算结果可知，板端纵向位移随板长的增加而增大，近似于线性增长。为了保证轨道结构的稳定性，从板端位移的角度出发建议选用较小长度单元道床板，以 12 m 以下为宜。板中纵向拉应力随板长的增加而增大，板长 40 m 时达到了道床板混凝土的抗拉强度 1.89 MPa，因此，在温降条件下从板中拉应力角度考虑，建议选用较小长度单元道床板，以不超过 40 m 为宜。

（二）温度梯度作用条件下单元道床板合理长度

温度梯度是自然界中气温、水温或土壤温度随陆地高度或水域及土壤深度变化而出现的阶梯式递增或递减的现象。轨道结构内部温度梯度的出现主要是由气温的改变而造成的，气温变化幅度越大、时间越短，轨道结构内部温度梯度值越大。在日温差较大的季节或环境下，一般情况下白天气温较高，单元道床板上表面温度高，下表面温度低，沿单元道床板厚度由上到下呈现正温度梯度分布；夜晚气温降低，单元道床板上表面温度迅速降低，下表面温度降低速度远小于上表面的，因此下表面温度高于上表面温度，此时沿单元道床板厚度由上到下呈现负温度梯度分布。

在温度梯度作用下，单元道床板会出现翘曲变形，导致单元道床板与底板之间出现离缝，严重的还会造成单元道床板与底板之间完全脱空，影响轨道结构平顺性。单元道床板与底板之间的离缝，会造成雨水、隧道渗漏水进入单元道床板下，引起轨道结构的严重病害。因此，要严格控制单元道床板的翘曲变形值。

分析温度梯度的作用时，将单元道床板和底板视为呈分离状态，层间可滑动。计算中考虑单元道床板重力作用，忽略钢轨约束。

如图 7-7、图 7-8 分别为正温度梯度和负温度梯度作用条件下不同长度单元道床板的翘曲变形云图。

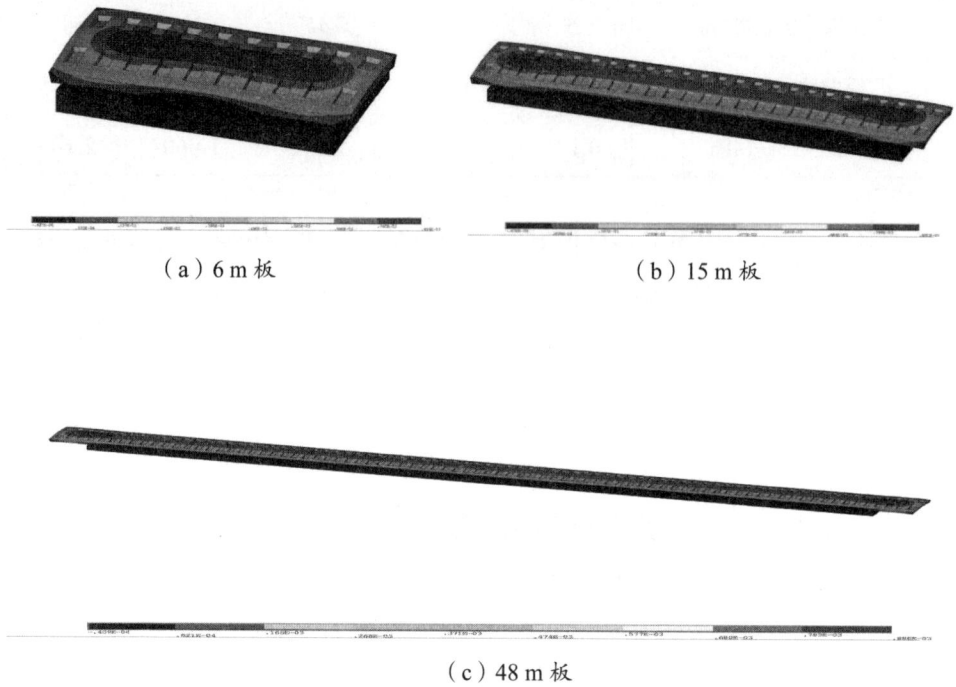

（a）6 m 板

（b）15 m 板

（c）48 m 板

图 7-7　正温度梯度作用条件下不同长度单元道床板翘曲变形云图

（a）6 m

（b）15 m

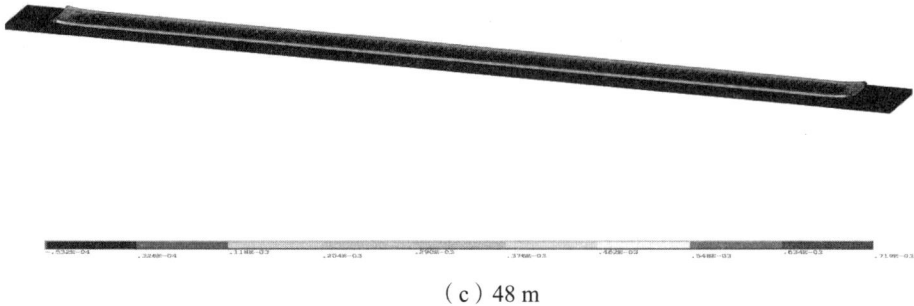

（c）48 m

图 7-8　负温度梯度作用条件下不同长度单元道床板翘曲变形云图

不同板长在正、负温度梯度作用下的最大翘曲变形计算结果整理如表 7-6 所示。

表 7-6　温度梯度（±20 ℃）作用下的最大翘曲变形值

单元道床板长度 /m	6	9	15	30	48
正温度梯度作用下的最大翘曲变形值 /mm	0.854	0.880	0.891	0.902	0.886
负温度梯度作用下的最大翘曲变形值 /mm	0.726	0.742	0.743	0.720	0.719

由计算结果可知，单元道床板在正、负温度梯度作用下会出现翘曲变形，但变形值均较小，不超过 1 mm；随板长的增长最大翘曲变形值无明显变化；对于各种板长，单元道床板两端自由端的翘曲变形值均较大，在板中位置由于重力作用形成较稳定密贴区段，在这一密贴区段轨道结构保持较好的稳定性。因此，从温度梯度作用下单元道床板翘曲变形来看，宜采用较长的单元道床板，以减少单元道床板自由端，提高轨道的平顺性；同时，长度的确定还要考虑翘曲变形造成的轨道竖向不平顺波长与列车运行速度及机车车辆的振动频率之间的关系。

第四节　单元道床板限位措施研究

单元道床板轨道结构的采用解决了道床板开裂、变形等问题的同时，也破坏了连续无砟轨道的整体性。由于整体温度变化作用下的纵向力、温度梯度作用下的翘曲力，以及列车纵横向荷载作用下的横向和纵向力的作用，道床板和隧道底板间的黏结状态会发生变化，反复荷载作用下会出现分离甚至脱空状态。雨水或隧道渗漏水进入分离脱空的道床板下，会造成严重的轨道病害。同时，道床板与隧道底板分离后，在列车纵横向力的作用下，还有可能发生整体纵横向移动，引起轨道几何形位变化。因此，需采取合理的道床板限位措施，限制其相对隧道底板的移动，使其与隧道底板间长期保持较好的连接状态。

一、单元道床板限位方案

单元道床板的限位方式主要包括整体限位和局部限位。整体限位是指对单元道床板整体纵横向位移进行控制。局部限位是指对单元道床板局部变形进行控制。

CRTS Ⅰ型板式无砟轨道通过在底座上设置凸型挡台与在道床板两端设置半圆形凹槽来限制道床板的纵横向位移。CRTS Ⅱ型板式无砟轨道采用纵连板结构，道床板稳定性较好，但在梁缝区域、梁与台背、端刺与路基过渡段、桩板结构与路基过渡段及道岔前后等处采用锚固连接方式，将道床板与底板连接成为一个整体，以适应结构变形。桥上CRTS Ⅱ型板式无砟轨道以在桥梁固定支座处设置剪力齿槽、在底板设置侧向挡块等作为桥跨上轨道结构横向限位措施，为保证轨道结构的竖向屈曲稳定性，还将部分挡块设置成扣压式。桥上双块式无砟轨道结构通过在下部结构层上设置凹槽（底板）或凸型台（桥面保护层）实现对单元道床板的限位，道床板与下部结构层间设置土工布进行隔离。隧道内和路基上双块式无砟轨道道床板直接铺设在上表面拉毛的隧道底板或支承层上，层间黏结起到整体限位和局部限位的作用。在有些客运专线部分地段桩板结构上，也有采用锚固销钉系统作为双块式无砟轨道的限位装置的。

凹凸台限位措施可有效实现单元道床板的整体限位，但其对单元道床板下部结构层提出了更高的要求，增加了建设成本。尤其是在隧道内，采取凹凸台限位措施会给施工带来很大不便。锚固销钉限位措施既可以限制单元道床板在整体温度变化作用下的整体位移，同时也可以限制由温度梯度引起的局部范围内的翘曲位移，是隧道内道床板限位的优先选择。

销钉具有抵抗道床板与支承层相对纵向位移产生的剪切力和由道床板发生竖向位移产生的上拔力的能力。销钉连接道床板与下部结构，提高了轨道结构的整体性。道床板承受纵向力后，通过销钉的抗剪力以及层间摩阻力将纵向力传递给下部基础。道床板受到列车横向力作用时，通过销钉的抗扭力及层间摩阻力将荷载有效传递至下部结构。

销钉的设置方式不同，效果也不相同。各种方式的区别主要体现在销钉的数量和布置的间距上。参照已有文献资料和工程实例，下面提出几种销钉布置方案。

方案1：销钉采用 ϕ25 钢筋，从板端第二个支承块开始，纵向每隔5个支承块布置一排。横向每排5根，共15根销钉。如图7-9（a）所示。

方案2：销钉采用 ϕ25 钢筋，从板端第二个支承块开始，纵向每隔2个支承块布置一排。横向每排3根，共18根销钉。如图7-9（b）所示。

方案3：销钉采用 ϕ25 钢筋，从板端第二个支承块开始，纵向每隔2个支承块布置一排。横向每排4根，对称布置，共24根销钉。如图7-9（c）所示。

方案4：销钉采用 ϕ25 钢筋，从板端第二个支承块开始，纵向每隔2个支承块布置一排。横向每排5根，共30根销钉。如图7-9（d）所示。

根据单元道床板长度确定的分析结果，这里选用7.2 m长度单元道床板，按照以上几种方案进行限位措施分析研究。

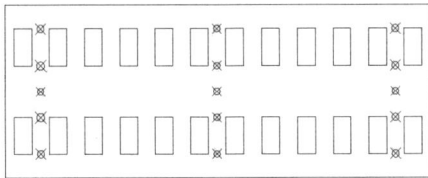

（a）方案1示意图　　　　　　　　（b）方案2示意图

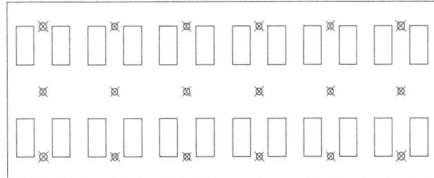

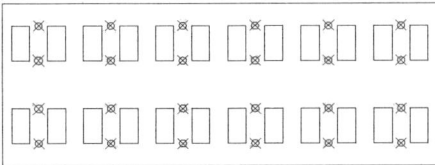

（c）方案3示意图　　　　　　　　（d）方案4示意图

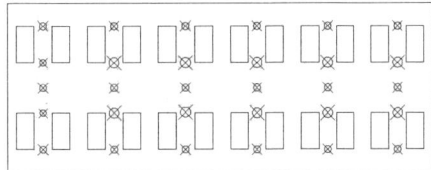

图7-9　销钉布置方案

建立有限元计算模型，根据不同工况，分别分析在施加整体温度荷载、温度梯度荷载等条件下，不同销钉布置方式下道床板内部应力、销钉内部应力及道床板纵向位移等，以选取最优的销钉布置方案。

二、计算结果及分析

（一）整体温度变化作用下不同限位方案限位效果对比

图 7-10 为整体温度变化作用下不同销钉布置方案道床板纵向位移云图，道床板板端最大纵向位移计算结果见表 7-7。图 7-11 为整体温降作用下不同销钉布置方案道床板纵向拉应力云图。表 7-8 为整体温度变化作用下销钉最大剪切应力值。图 7-12 为整体温度变化作用下不同销钉布置方案销钉周围应力（第一主应力）云图。

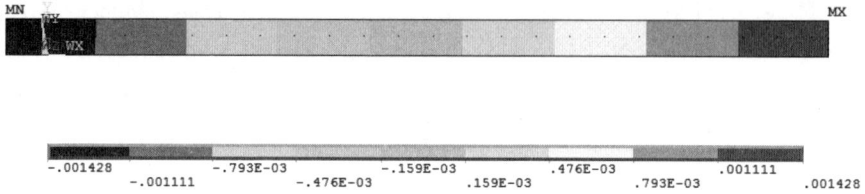

（a）无销钉

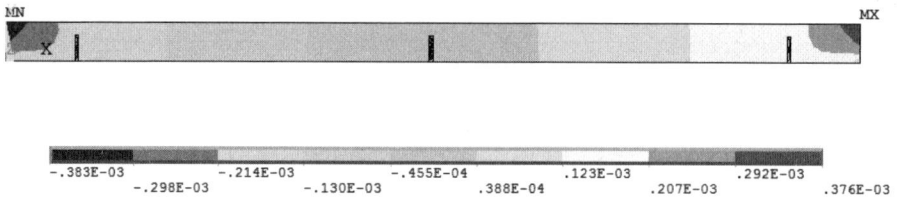

（b）方案 1

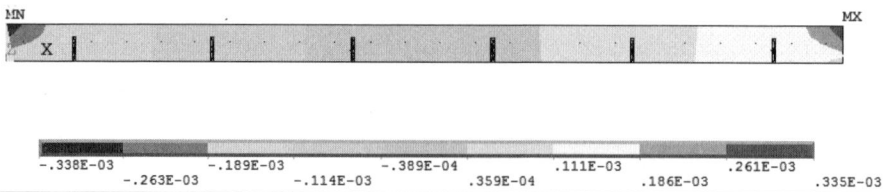

（c）方案 2

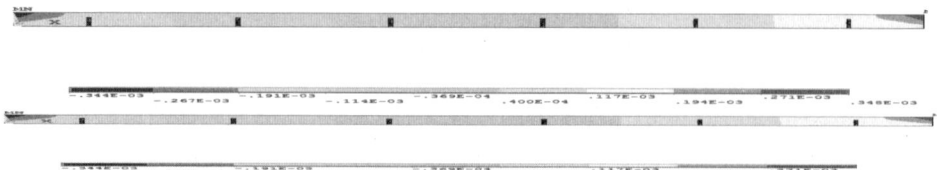

（d）方案 3

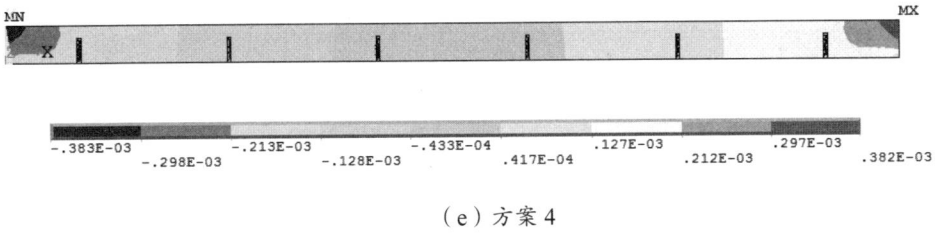

（e）方案4

图 7-10 整体温度变化作用下不同销钉布置方案道床板纵向位移云图

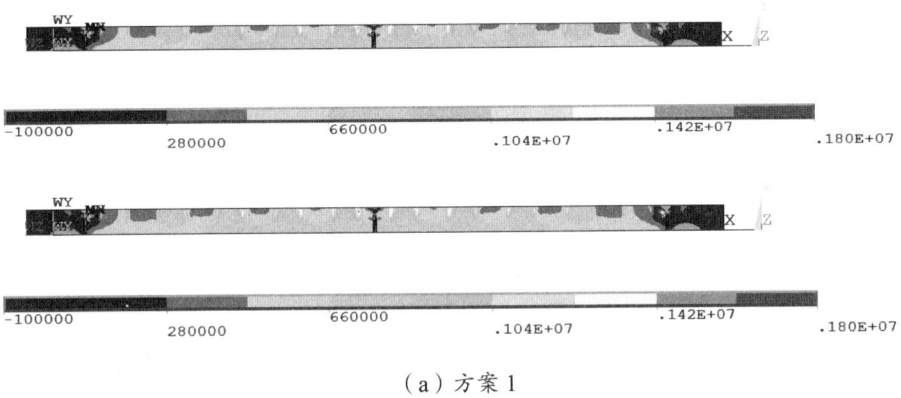

（a）方案1

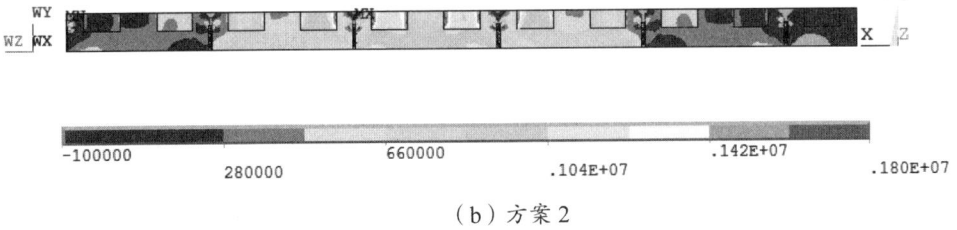

（b）方案2

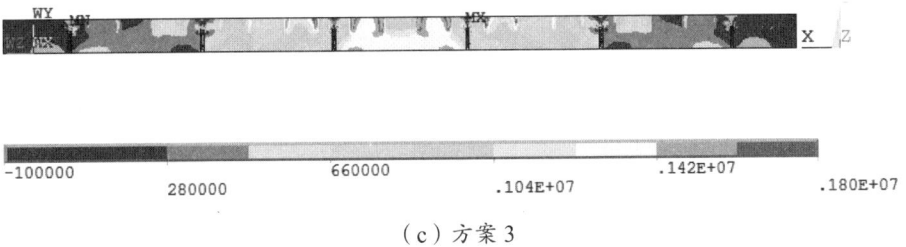

（c）方案3

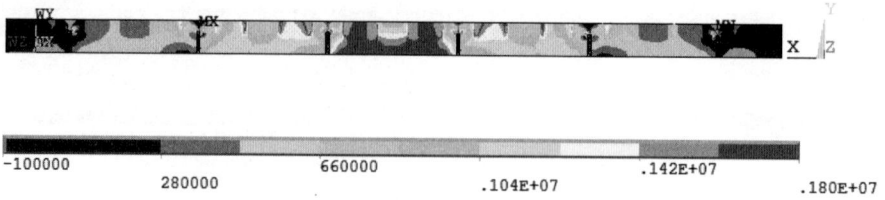

-100000		660000		.142E+07	
	280000		.104E+07		.180E+07

（d）方案 4

图 7-11　整体温降作用下不同销钉布置方案道床板纵向拉应力云图

表 7-7　整体温度变化作用下道床板板端最大纵向位移值

不同销钉布置方案	无销钉	方案 1	方案 2	方案 3	方案 4
最大纵向位移值 /mm	1.428	0.376	0.335	0.348	0.382

表 7-8　整体温度变化作用下销钉最大剪切应力值

不同销钉布置方案	方案 1	方案 2	方案 3	方案 4
最大剪切应力值 /MPa	0.633	1.086	0.680	0.759

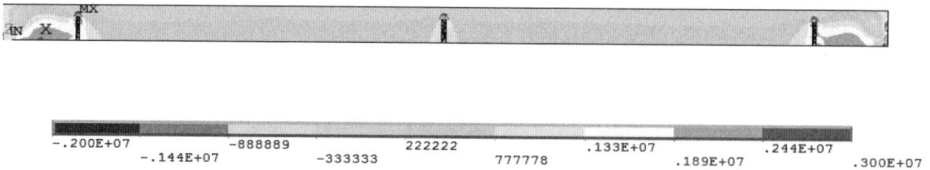

-.200E+07		-888889		222222		.133E+07		.244E+07	
	-.144E+07		-333333		777778		.189E+07		.300E+07

（a）方案 1

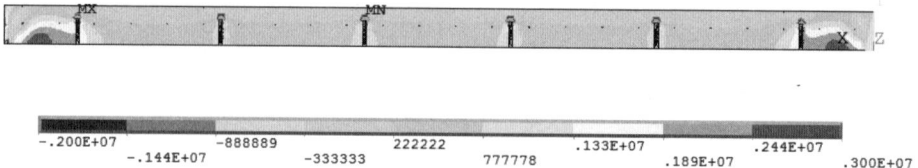

-.200E+07		-888889		222222		.133E+07		.244E+07	
	-.144E+07		-333333		777778		.189E+07		.300E+07

（b）方案 2

（c）方案3

（d）方案4

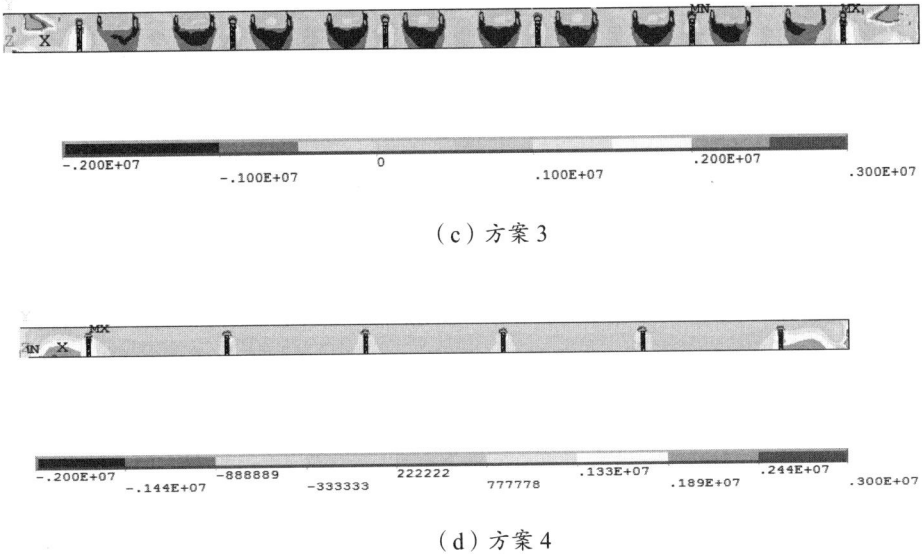

图7-12　整体温度变化作用下不同销钉布置方案销钉周围应力（第一主应力）云图

由计算结果可知：

①设置销钉后，道床板板端最大纵向位移显著减小，说明销钉起到了明显的纵向限位作用。

②几种销钉布置方案下道床板板端最大纵向位移值差异不明显，即从限制纵向位移角度出发，几种限位方案限位效果基本无差异，均能起到较好的限位效果。

③在整体温度变化作用下，道床板纵向的伸缩由于受到销钉限制，内部产生较大温度拉应力，但其不超过容许应力。

④几种方案中，销钉最大剪切应力值差别较小，并且都没有超过销钉的容许应力。销钉周围道床板（隧道底板）混凝土应力均满足其强度条件。

（二）温度梯度作用下不同限位方案限位效果对比

图7-13为正温度梯度作用下不同销钉布置方案的翘曲变形图，表7-9为正温度梯度作用下道床板竖向最大位移值，表7-10为正温度梯度作用下销钉最大拉应力值。

（a）方案 1

（b）方案 2

（c）方案 3

（d）方案 4

图 7-13　正温度梯度作用下不同销钉布置方案的翘曲变形图

表 7-9　正温度梯度作用下道床板竖向最大位移值

不同销钉布置方案	方案 1	方案 2	方案 3	方案 4
竖向最大位移值 /mm	0.284	0.563	0.191	0.270

表 7-10　正温度梯度作用下销钉最大拉应力值

不同销钉布置方案	方案 1	方案 2	方案 3	方案 4
最大拉应力值 /MPa	1.263	0.796	1.192	0.934

图 7-14 为负温度梯度作用下不同销钉布置方案的翘曲变形图，表 7-11 为负温度梯度作用下道床板竖向最大位移值，表 7-12 为负温度梯度作用下销钉最大拉应力值。

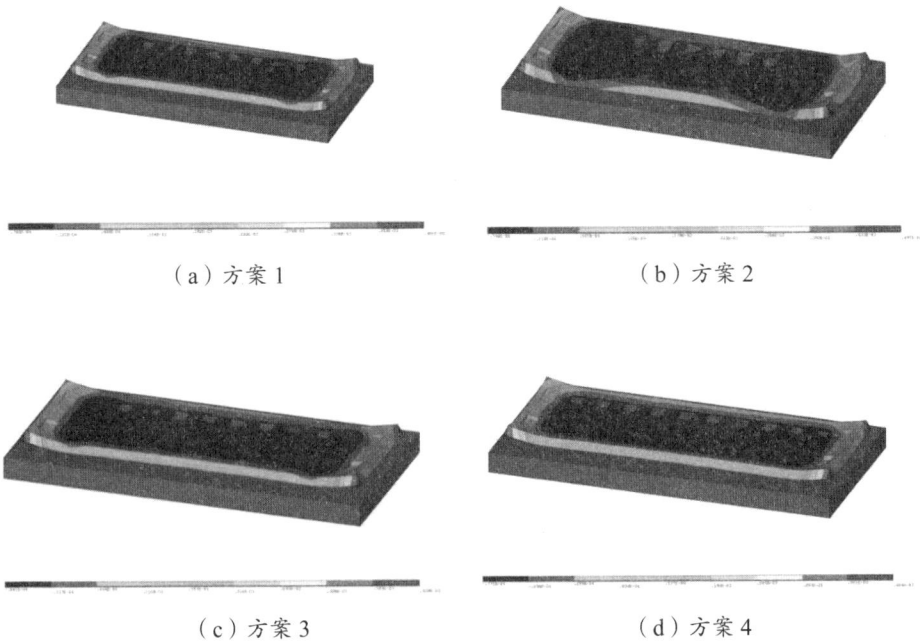

（a）方案 1　　　　　　　　　　　　（b）方案 2

（c）方案 3　　　　　　　　　　　　（d）方案 4

图 7-14　负温度梯度作用下不同销钉布置方案的翘曲变形图

表 7-11　负温度梯度作用下道床板竖向最大位移值

不同销钉布置方案	方案 1	方案 2	方案 3	方案 4
竖向最大位移值 /mm	0.451	0.479	0.404	0.186

表 7-12　负温度梯度作用下销钉最大拉应力值

不同销钉布置方案	方案 1	方案 2	方案 3	方案 4
最大竖向应力值 /MPa	1.002	0.863	0.767	0.940

由计算结果可知：

①四种方案都对翘曲变形起到了较好的限制作用，且效果差异不大。正温度梯度作用下，方案 3 限位效果最好，负温度梯度作用下，方案 4 限位效果最好。

②销钉在温度梯度作用下产生竖向拉应力，各种限位方案中销钉的最大拉应力都较小，均在销钉的可承受范围之内。

总之，在静力荷载作用下，不同的销钉布置方案都能起到较好的限位效果，并且销钉及道床板内部应力值均在允许范围内。但是在各种温度荷载、环境因素及列车动荷载的长期作用下，销钉限位的耐久性将受到考验，故各种限位方案在线路长期运营期间的效果及性能优劣还需从动力特性和耐久性方面做进一步研究。

第八章 斜坡型弹性支承块式无砟轨道动力性能研究

弹性支承块式无砟轨道具有减震效果好、降噪性能佳等优点，已被广泛应用于重载铁路隧道内，新研发的斜坡型弹性支承块式无砟轨道相对于传统型弹性支承块式无砟轨道具有良好的几何形位保持能力，能够改善套靴受力状态、提高轨道结构的稳定性，但同时弹性支承块结构的改变使得相应的轨道系统的动力性能发生变化，因此有必要对其进行动力学性能研究。

第一节 斜坡型弹性支承块式无砟轨道固有动力特性研究

结构的固有动力特性主要反映结构本身的固有动力性能，主要包括自振频率、阻尼系数和振型等。为了分析斜坡型弹性支承块式无砟轨道各阶的频率与振型，通常使用模态分析方法来研究无砟轨道的固有动力特性，分析各阶固有频率下结构的振型，并依此分析轨道的振动规律。

通常将激振频率与轨道固有频率比值的大小作为轨道与列车荷载能否产生共振的参考指标，无砟轨道的设计应避免有害振动频率，在此，采用降低轨道固有频率的方法，使得轨道自振频率远低于外部荷载激励频率。

一、斜坡型弹性支承块式无砟轨道仿真模型的建立

仿真模型中，钢轨以梁单元模拟，相关弹性部件（弹性套靴、块下垫板等）以弹簧单元模拟，扣件系统、支承块以及道床板部分采用实体单元模拟，分析重载铁路隧道内斜坡型弹性支承块式无砟轨道结构的固有动力特性。

（一）单元类型的选取

1. 钢轨

钢轨采用 Beam4 梁单元模拟，钢轨断面等效为规则的"工"形断面。

2. 支承块与道床板

支承块采用 SOLID45 实体单元模拟，支承块顶面设置 1/40 的轨底坡。建模过程中，对支承块进行了坡度的设置，考虑其特殊结构，支承块的短侧面坡度设置为 1∶5。道床板部分采用 SOLID65 单元模拟，同时由于道床板是后浇筑的混凝土结构，因此除考虑斜坡型弹性支承块式无砟轨道特殊的结构组成外，还要考虑与支承块几何尺寸和坡度设置保持一致。

3. 弹性套靴及块下垫板

弹性套靴及块下垫板采用 COMBIN39 弹簧单元模拟，弹性套靴包裹着支承块，因此在支承块四周及底面均设置了 64 个弹簧。

4. 扣件系统

钢轨与轨下结构的连接需要扣件，扣件与轨下垫板提供轨下刚度，一般将其视为扣件系统，其对钢轨的横向及垂向进行约束，对轨道的稳定性起到了十分重要的作用。扣件系统采用 COMBIN14 单元模拟，在弹性支承块顶部和钢轨底部两侧创建硬点，使钢轨与弹性支承块相连，对钢轨进行约束。

这里对钢轨起始端与终端采用全约束方式，道床板下采用 COMBIN14 单元模拟支承基础，并对基础单元下部进行全约束。

斜坡型弹性支承块式无砟轨道有限元模型及力学模型如图 8-1 所示。

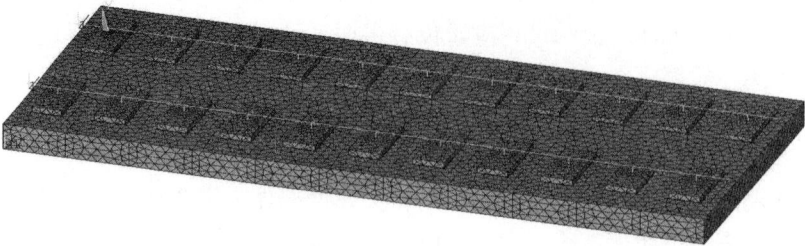

（a）斜坡型弹性支承块式无砟轨道有限元模型

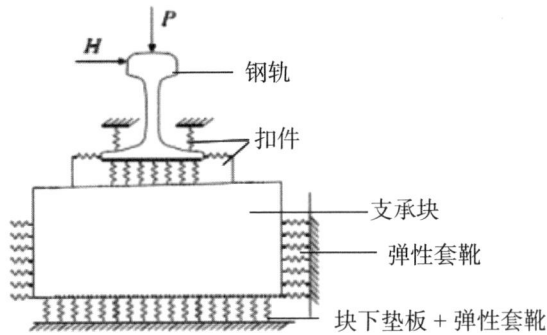

（b）斜坡型弹性支承块式无砟轨道力学模型

图 8-1　斜坡型弹性支承块式无砟轨道有限元模型及力学模型

（二）计算参数的选取

相关几何及力学参数的取值如表 8-1 所示。

表 8-1　相关几何及力学参数的取值

部件	参数	单位	取值	备注
钢轨	类型	kg/m	60	等效尺寸
	弹性模量	MPa	2.1×10^5	
	泊松比	—	0.3	
	密度	kg/m^3	7 800	
	截面面积	cm^2	77.45	
扣件	横向刚度	N/m	10×10^8	弹条Ⅶ型扣件
	竖向刚度	N/m	1.4×10^8	
	间距	mm	600	
支承块	弹性模量	MPa	3.45×10^4	C50 混凝土
	泊松比	—	0.2	
	密度	kg/m^3	2 500	

部件	参数	单位	取值	备注
弹性套靴	轴向刚度	N/m	2×10^8	—
	底面刚度	N/m	2×10^8	
	厚度	mm	7	
块下垫板	厚度	mm	12	—
	块下刚度	N/m	8×10^7	
道床板	弹性模量	MPa	3.45×10^4	C50 混凝土
	泊松比	—	0.2	
	密度	kg/m^3	2 500	
	长度	mm	6 600	
	宽度	mm	2 800	
	高度	mm	350	
轨道基础	支承面刚度	MPa	1 200	—

二、斜坡型弹性支承块式无砟轨道的模态分析

（一）模态分析原理

模态分析作为一种动力学特性的研究方法，常用来分析结构的振动过程。在结构的动力学分析中，采用模态分析法可了解结构物在哪种频率范围内容易受到影响，以及在易受影响的频率范围内的各阶主要模态的特性，借此可推断结构在此频率范围内受到各种振源作用出现的实际振动响应，还可以避免与本身振动频率一致的激励源的激励作用。因此，模态分析可以为结构系统的振动特性分析、振动故障诊断和预报以及结构动力特性的优化设计提供依据。固有频率和固有振型作为主要模态参数，是由结构的几何形状、材料特性以及约束形式来决定的，与外载条件无关，故常通过改变此类影响因素来改变系统的固有频率及固有振型。

通常采用模态分析法来确定结构在一定频率范围内的主要模态性质及振型，并且分析此结构可能发生的形变。我们常用的模态分析法是计算模态分析法。

动力学问题的微分数学模型如下：

$$M\ddot{x}(t) + C\dot{x}(t) + Kx(t) = f(t) \tag{8-1}$$

式中：M、C、K 分别为系统的质量、阻尼和刚度矩阵，M、K 通常为实系数对称矩阵、C 为非对称矩阵；$x(t)$ 为偏离原平衡位置的广义位置向量；$f(t)$ 为系统的激振力向量。

当自由度加大时，求解困难，由于固有频率和主振型只与结构的刚度特性和质量分布有关，因此可利用无阻尼自由振动的微分方程来分析。由方程可得：

$$M\ddot{x}(t) + Kx(t) = 0 \tag{8-2}$$

结构做简谐运动：

$$x(t) = A\sin(\omega t + \alpha) \tag{8-3}$$

式中：$A = (A_1, A_2, \cdots, A_i)^{T}$ 为位置列向量，是节点的振幅，该向量表示结构振动的形态；$\sin(\omega t + \alpha)$ 为时间的函数，表示结构振动是各节点的动位移随时间的变化。计算得：

$$\ddot{x}(t) = -\omega^2 A\sin(\omega t + \alpha) \tag{8-4}$$

将式（8-1）、（8-4）带入（8-2）得

$$kA - \omega^2 MA = 0 \tag{8-5}$$

这是广义特征值问题，结构发生自由振动，有非零解，故：

$$|k - \omega^2 M| = 0 \tag{8-6}$$

式（8-6）是多自由度体系自由振动频率方程，是关于 ω^2 的高次 n 维代数方程。因此方程有 n 个根 ω_1^2，ω_2^2，$\cdots$，ω_n^2，对应 n 个 ω_1^2。方程（8-5）有线性无关的解 A_i（$i=1$，2，$\cdots$，n）。在振动分析中，ω_i^2 和 A_i 分别是结构的第 i 阶固有频率和与其对应的主振型。

（二）轨道的振动模态分析

轨道固有频率是轨道结构振动的主要模态参数，斜坡型弹性支承块式无砟轨道具有很多高阶振动模态，但对隔振效果起关键作用的主要是前几阶低阶固有振动模态，因此提取模型的前十阶固有频率及振型如表8-2所示。振型是结构体系的一种固有属性，是对应于频率而言的，一个固有频率对应一种振型，无砟轨道结构的对应于频率的前十阶振型如图8-2所示。

表 8-2　轨道结构的前十阶固有频率及振型

模态阶次	自振频率 /Hz	振型描述
1	16.609	平动
2	35.840	转动
3	41.245	竖弯
4	58.778	转动
5	59.434	竖弯
6	66.383	扭转
7	78.440	竖弯
8	80.363	扭转
9	104.880	竖弯
10	105.70	扭转

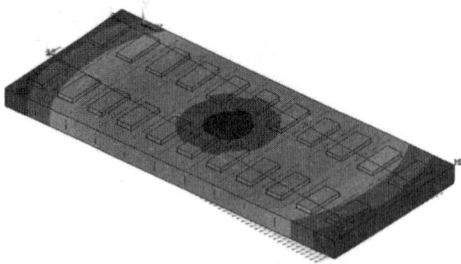

（a）第一阶振型图

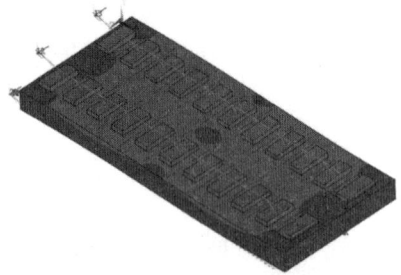

（b）第二阶振型图

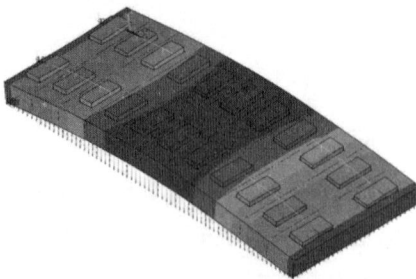

（c）第三阶振型图

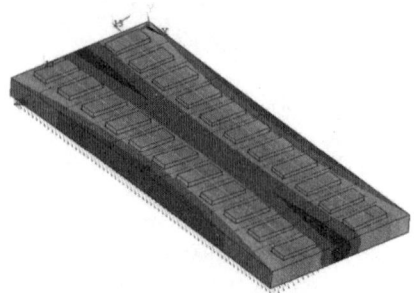

（d）第四阶振型图

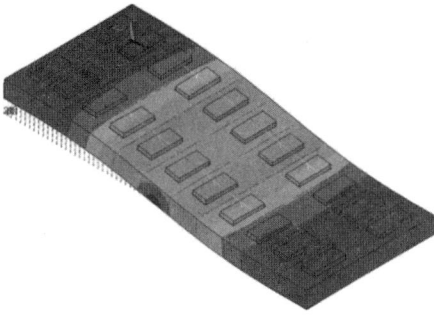

（e）第五阶振型图

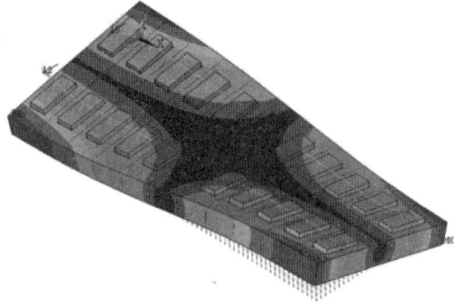

（f）第六阶振型图

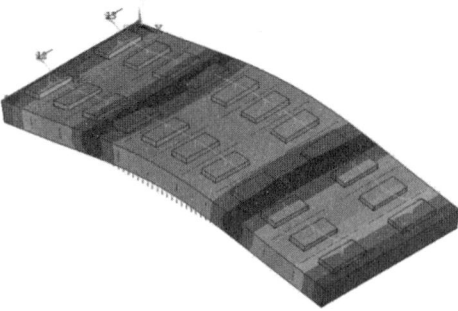

（g）第七阶振型图

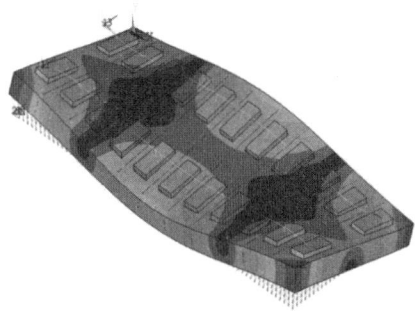

（h）第八阶振型图

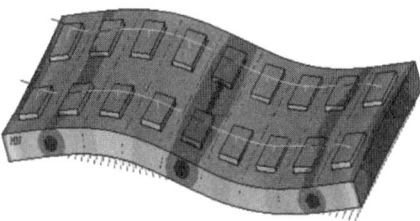

（i）第九阶振型图

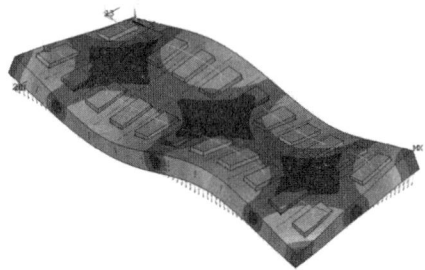

（j）第十阶振型图

图 8-2　无砟轨道结构的对应于频率的前十阶振型

由图 8-2 可以看出，系统的振型变化比较明显，前四阶振型变化较小，主要表现为平动与转动，前十阶振型中主要以竖弯和扭转为主，当轨道结构参数发生变化时，轨道固有频率随之变化。由于本节研究的是使轨道固有频率远远小于激振频率，而固有频率与振型是一一对应关系，故不再将振型作为研究对象进行描述。

三、轨道参数对轨道固有动力特性的影响

自振频率是轨道结构本身的振动频率，又称为固有频率，弹性系统的固有属性仅与系统内部的因素有关。当轨道结构自身参数改变时，轨道结构自振发生变化。斜坡型弹性支承块式无砟轨道作为一种减震性能良好的无砟轨道，起主要减震作用的是"支承块－弹性套靴＋块下垫板－道床板"结构，而道床板－弹簧－支承块的隔振效果主要取决于道床板和支承块的质量、弹簧的刚度以及它们之间的相互作用，因此研究道床板厚度、支承块尺寸以及块下刚度对轨道固有频率的影响，可以使得轨道结构的前几阶垂向固有频率尽量远小于激振频率的 $1/\sqrt{2}$。本节选取对轨道结构垂向动力响应起关键作用的前十阶振动频率来分析斜坡型弹性支承块式无砟轨道的自振特性。

（一）道床板厚度对轨道固有频率的影响

轨道固有频率与轨道自身的质量及其分布有关，由于道床板的厚度影响轨道结构的质量，因此选取道床板厚度为 0.3 m、0.4 m、0.5 m 三种工况进行计算，研究道床板厚度对轨道固有频率的影响。不同厚度道床板工况下轨道结构的固有频率见表 8-3，趋势图如图 8-3 所示。

表 8-3　不同厚度道床板工况下轨道结构的固有频率

模态振动阶数	厚度 /m	固有频率 /Hz
	0.3	17.905
1	0.4	15.562
	0.5	13.954
	0.3	44.689
2	0.4	38.520
	0.5	34.306

模态振动阶数	厚度 /m	固有频率 /Hz
	0.3	62.364
3	0.4	55.528
	0.5	49.867
	0.3	63.601
4	0.4	55.672
	0.5	50.459
	0.3	70.628
5	0.4	62.420
	0.5	56.329
	0.3	79.166
6	0.4	78.164
	0.5	77.728
	0.3	83.076
7	0.4	78.533
	0.5	80.633
	0.3	95.940
8	0.4	96.137
	0.5	96.185
	0.3	96.600
9	0.4	96.722
	0.5	96.752
	0.3	96.645
10	0.4	96.798
	0.5	96.823

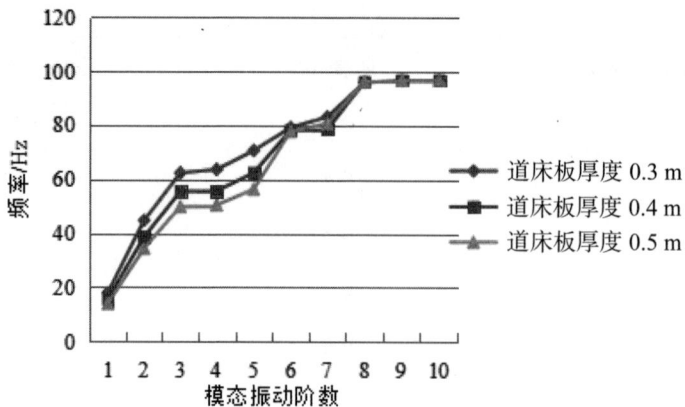

（a）不同厚度对轨道固有频率的影响

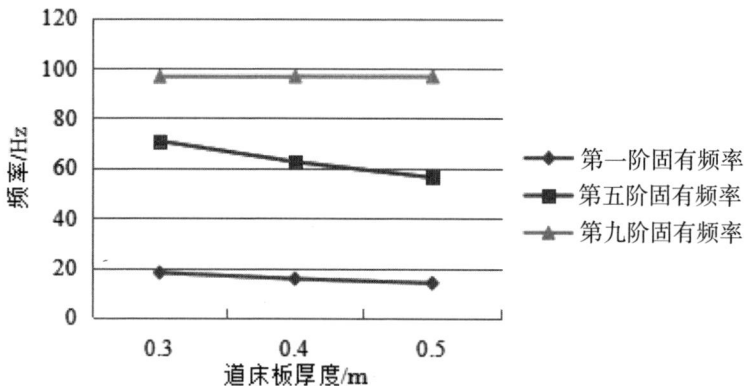

（b）轨道各阶固有频率的变化

图 8-3　道床板厚度对轨道固有频率的影响

　　由表 8-3 可得，随着道床板厚度的增加，轨道结构的固有频率逐渐减小。从取第一阶固有频率、第五阶固有频率、第九阶固有频率进行具体分析，由表中数据计算可得，板的厚度从 0.3 m 增加到 0.4 m，第一阶固有频率减少了 2.343 Hz，第五阶固有频率减少了 8.208 Hz，而第九阶固有频率增加了 0.122 Hz；板的厚度从 0.4 m 增加到 0.5 m，第一阶固有频率减少了 1.608 Hz，第五阶固有频率减少了 6.091 Hz，第九阶固有频率增加了 0.03 Hz。由此可得，道床板的厚度对低阶模态的影响要大于对高阶模态的影响，且随着厚度的增加，轨道的固有频率变化的幅度减小，即道床板厚度较小时，增大厚度值对减小固有频率有明显作用，但当厚度达到一定值后，其对轨道固有频率的影响减小。从节约成本的角度考虑，在合理的范围内增加道床板厚度对轨道结构的稳定性可起到较好的作用。

（二）支承块尺寸对轨道固有频率的影响

弹性支承块式无砟轨道结构中，由于支承块的相对独立性，其在荷载作用下会存在稳定性的缺陷，且支承块的尺寸直接影响其质量，因此需要研究支承块尺寸对轨道结构固有频率的影响。

1. 支承块长度对轨道固有频率的影响

取支承块顶面长度为 500 ～ 750 mm，间隔 50 mm，宽度为 290 mm，计算不同长度下各阶频率，分析不同长度下各阶频率的变化规律，计算结果见表 8-4，变化趋势如图 8-4 所示。

表 8-4 不同支承块长度工况下轨道结构的固有频率

单位：Hz

模态振动阶数	支承块长度 /mm	固有频率 /Hz
1	500	15.686
	550	16.027
	600	16.325
	650	16.609
	700	16.853
	750	17.069
2	500	38.834
	550	39.721
	600	40.497
	650	41.245
	700	41.897
	750	42.481

模态振动阶数	支承块长度 /mm	固有频率 /Hz
3	500	59.059
	550	58.976
	600	58.892
	650	58.778
	700	58.684
	750	58.578
4	500	59.592
	550	59.549
	600	59.496
	650	59.434
	700	59.359
	750	59.273
5	500	66.203
	550	66.281
	600	66.343
	650	66.383
	700	66.409
	750	66.417
6	500	80.079
	550	79.567
	600	79.098
	650	78.440
	700	77.873
	750	77.319

模态振动阶数	支承块长度 /mm	固有频率 /Hz
7	500	80.722
	550	80.664
	600	80.635
	650	80.363
	700	80.293
	750	80.138
8	500	110.440
	550	111.370
	600	110.440
	650	104.880
	700	99.517
	750	95.548
9	500	114.320
	550	112.230
	600	110.900
	650	105.700
	700	100.270
	750	96.297
10	500	122.660
	550	120.890
	600	112.250
	650	105.750
	700	100.310
	750	96.319

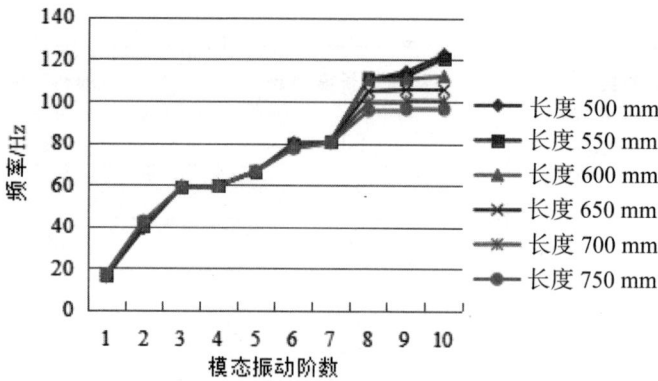

（a）不同长度对轨道固有频率的影响

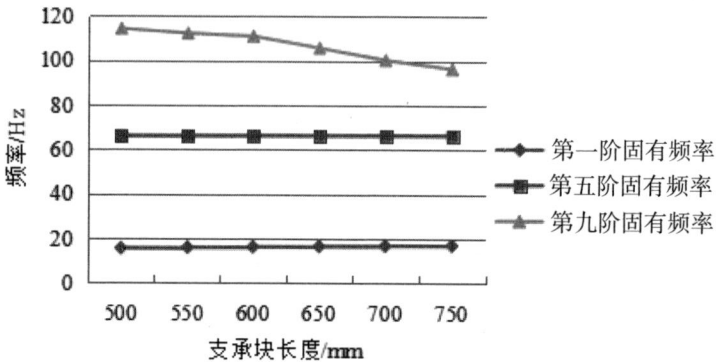

（b）轨道各阶固有频率的变化

图 8-4　支承块长度对轨道固有频率的影响

由表 8-4 中数据可以看出，轨道固有频率随着支承块长度的变化而有明显变化，前五阶低阶固有频率随着长度的增加整体呈增加趋势，后五阶高阶固有频率随着长度的增加而减小。从图 8-4 可以看出，长度的增加对高阶固有频率影响较大。以第一阶固有频率、第五阶固有频率、第九阶固有频率为例进行具体分析，由数据计算可得，第一阶和第五阶固有频率的最大增幅发生在支承块长度由 500 mm 增加到 550 mm 时，且最大增幅分别为 0.341 Hz、0.078 Hz；第九阶固有频率的最大减增发生在支承块长度由 650 mm 增加到 700 mm 时，其值为 5.43 Hz，且轨道固有频率在支承块长度为 600 ～ 700 mm 区间内较为敏感。因此从稳定性的角度考虑，应适当增加支承块的长度，其合理取值范围为 650 ～ 750 mm。

2. 支承块宽度对轨道固有频率的影响

取支承块顶面宽度为 200 ～ 320 mm，间隔 30 mm，长度为 650 mm，计算不同宽度下各阶频率，分析不同宽度下各阶频率的变化规律，计算结果见表 8-5，变化趋势如图 8-5 所示。

表 8-5　不同支承块宽度工况下轨道结构的固有频率

模态振动阶数	支承块宽度 /mm	固有频率 /Hz
1	200	15.360
	230	15.726
	260	16.137
	290	16.609
	320	17.037
2	200	37.999
	230	38.956
	260	40.025
	290	41.245
	320	42.357
3	200	58.951
	230	58.902
	260	58.842
	290	58.778
	320	58.728
4	200	59.419
	230	59.435
	260	59.442
	290	59.434
	320	59.396

模态振动阶数	支承块宽度 /mm	固有频率 /Hz
	200	65.654
	230	65.924
5	260	66.174
	290	66.383
	320	66.513
	200	79.448
	230	79.274
6	260	78.843
	290	78.440
	320	78.212
	200	79.627
	230	79.817
7	260	80.103
	290	80.363
	320	80.725
	200	105.250
	230	105.130
8	260	105.000
	290	104.880
	320	104.780
	200	105.810
	230	105.770
9	260	105.730
	290	105.700
	320	105.670

模态振动阶数	支承块宽度 /mm	固有频率 /Hz
	200	105.840
	230	105.810
10	260	105.770
	290	105.750
	320	105.730

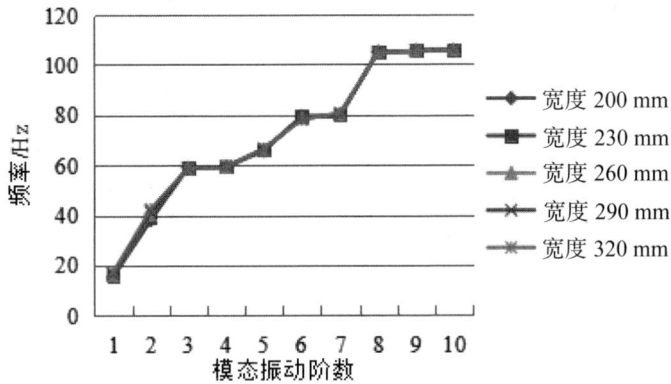

（a）不同宽度对轨道固有频率的影响

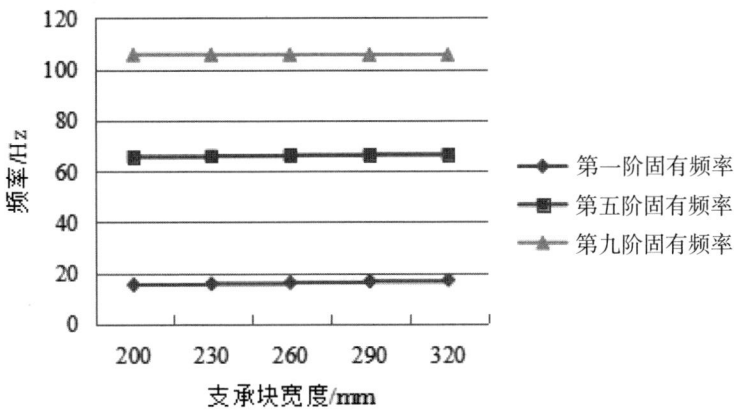

（b）轨道各阶固有频率的变化

图 8-5　支承块宽度对轨道固有频率的影响

由表 8-5 可知，随着支承块宽度的变化，轨道的固有频率虽有一定的波动，但是变化不明显。第二阶固有频率变化最为明显，随着宽度的增加轨道第二阶固有频率增大，最大增幅出现在支承块宽度从 260 mm 增加到 290 mm 时。以第一阶固有频率、第五阶固有频率、第九阶固有频率为例进行具体分析，由图 8-5 可以看出，其变化趋势不明显。由数据计算可得，支承块宽度从 200 mm 增加到 320 mm，第一阶和第五阶固有频率的增幅分别为 1.677 Hz、0.859 Hz，且同第二阶固有频率变化趋势一致。第九阶固有频率整体减少 0.14 Hz，变化不明显。由上述分析可得，支承块宽度的变化对轨道固有频率基本无影响，相对而言，轨道结构的低阶固有频率比高阶固有频率敏感。

（三）块下刚度对轨道固有频率的影响

在其他参数不变，轨下刚度取 140 kN/mm 的条件下，研究块下刚度对轨道固有频率的影响，取块下刚度为 40 kN/mm、80 kN/mm、120 kN/mm、160 kN/mm、200 kN/mm 五种工况进行计算分析，计算结果见表 8-6，变化趋势如图 8-6 所示。

表 8-6　不同块下刚度工况下轨道结构的固有频率

模态振动阶数	块下刚度 /（kN/mm）	固有频率 /Hz
1	40	16.399
	80	16.613
	120	16.766
	160	16.879
	200	16.968
2	40	40.743
	80	41.281
	120	41.663
	160	41.949
	200	42.17

模态振动阶数	块下刚度 /（kN/mm）	固有频率 /Hz
3	40	58.503
	80	58.65
	120	58.736
	160	58.793
	200	58.833
4	40	59.113
	80	59.291
	120	59.397
	160	59.468
	200	59.519
5	40	65.845
	80	66.199
	120	66.421
	160	66.573
	200	66.684
6	40	77.525
	80	77.896
	120	78.094
	160	78.222
	200	78.312
7	40	79.681
	80	80.122
	120	80.397
	160	80.585
	200	80.723

续表

模态振动阶数	块下刚度 /（kN/mm）	固有频率 /Hz
8	40	87.41
	80	96.092
	120	102.03
	160	106.36
	200	109.65
9	40	87.819
	80	96.7
	120	102.83
	160	107.33
	200	110.79
10	40	87.855
	80	96.74
	120	102.87
	160	107.37
	200	110.83

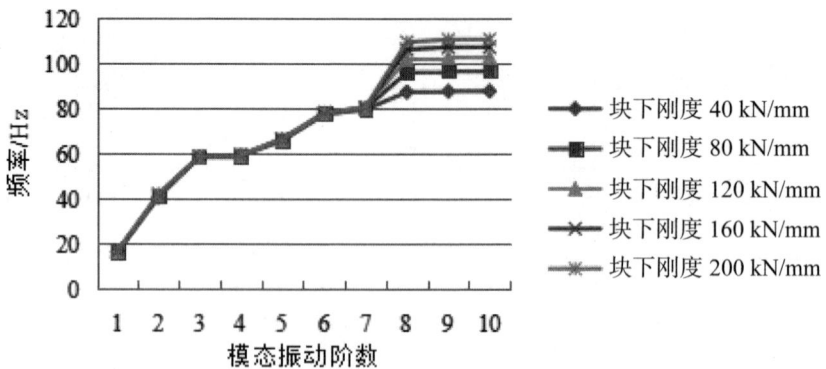

（a）不同块下刚度对轨道固有频率的影响

152

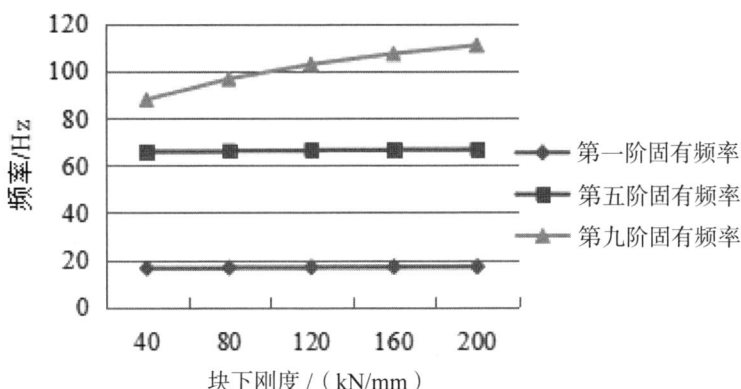

（b）轨道各阶固有频率的变化

图 8-6　块下刚度对轨道固有频率的影响

由表 8-6 及图 8-6 可知，轨道的固有频率随着块下刚度的增大而增大，且随着模态振动阶数的增加，其固有频率增加的幅度也越来越大。取第一阶固有频率、第五阶固有频率、第九阶固有频率进行具体分析，由数据计算可得，块下刚度从 40 kN/mm 增加到 200 kN/mm，第一阶固有频率、第五阶固有频率、第九阶固有频率的最大增幅分别为 0.214 Hz、0.354 Hz、8.881 Hz，且随着块下刚度的增加，其增幅呈减小趋势。由此可得，一方面块下刚度对高阶固有频率影响较大，原因是高阶振动会引起轨道自身变形情况加剧，其受到抗弯抗扭刚度的影响加大，可能会引起轨道结构之间的共振，从而轨道整体的固有频率增大；另一方面，块下刚度较大时，块下刚度的变化对轨道固有频率的影响较小。

第二节　冲击荷载作用下斜坡型弹性支承块式无砟轨道动力性能研究

轨道结构刚度会影响轨道的几何变形、轮轨的作用力，以及列车的平稳性与安全性，因此确定合理的刚度值对轨道结构非常重要。

落轴冲击试验是评估轨道动力特性的有效手段。本节利用落轴冲击试验原理从刚度匹配的角度出发，建立落轴冲击试验仿真模型，模拟轮对从下落到与钢轨发生碰撞的完整冲击过程，研究不同刚度组合对轨道落轴冲击动力性能的影响，通过分析不同工况下轨道结构各部件的动力响应（轮轨冲击力，钢轨、支承块以及道床板的位移、加速度等）变化规律，确定轨道结构合理的刚度取值范围及匹配关系，为轨道结构的动力性能的优化提供依据。

一、仿真落轴冲击试验参数的选取及模型的建立

（一）仿真落轴冲击试验参数

所用模型，相关参数如下：钢轨采用 60 kg/m 的 U75V 新轨，截面积 77.45 cm²；惯性矩 I_z=524 cm⁴，I_y=3 217 cm⁴；弹性模量 2.1×10^5 MPa。支承块尺寸取 650 mm×290 mm×230 mm（长 × 宽 × 高），支承块间距取 600 mm。道床板尺寸取 7 200 mm×2 800 mm×350 mm（长 × 宽 × 高），轨道基础的尺寸取 7 400 mm×3 200 mm×500 mm（长 × 宽 × 高）。轨道结构参数见表 8-7。

设定轮轨碰撞发生在相邻两扣件间钢轨中心线位置，根据轮轨动力学理论，为模拟 30 t 轴重的重载列车在 80 km/h 的运营速度下轮轨碰撞接触，落轴轮对质量取 1 150 kg，落轴高度为 65 mm。

表 8-7　仿真落轴冲击试验轨道结构参数取值表

轨道结构参数	数值	轨道结构参数	数值
钢轨弹性模量 /MPa	2.1×10^5	支承块宽度 /mm	290
钢轨泊松比	0.3	支承块高度 /mm	230
钢轨密度 /（kg/m³）	7 800	支承块间距 /mm	600
轨下刚度 /（kN/mm）	40～200	基础弹性模量 /MPa	0.06×10^4
块下刚度 /（kN/mm）	40～200	基础泊松比	0.2

（二）仿真落轴冲击试验模型的建立

在利用有限元软件 ANSYS 建立的弹性支承块式无砟轨道仿真落轴冲击试验模型中，冲击荷载采用 MASS21 质量块单元模拟，钢轨视为离散点支承 Euler 梁，采用 BEAM4 梁单元进行模拟，钢轨起始端、终端采用全约束方式。用来改变轨道结构刚度的扣件系统、块下垫板及弹性套靴均采用 COMBIN14 弹簧 - 阻尼单元模拟。支承块以及道床板采用 SOLID65 实体单元模拟。道床板下的基础采用 SOLID65 实体单元模拟，基础与地基采用全约束方式。冲击力的施加过程以点面接触单元来进行处理。由于计算过程中模型太大，故将模型进行简化处理，分析不同工况下轨道结构的瞬态响应，模型如图 8-7 所示。

（a）侧面图

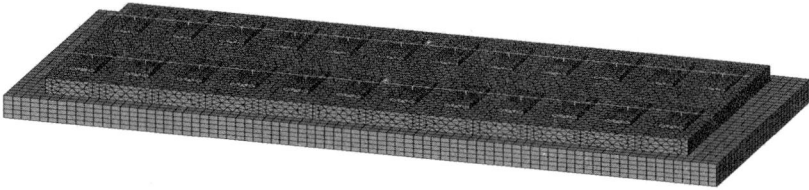

（b）立体图

图 8-7 弹性支承块式无砟轨道落轴冲击试验仿真模型

二、不同轨下刚度与块下刚度对轨道落轴冲击动力性能的影响

弹性支承块式无砟轨道的减震特点是在刚度组成中，两个独立支承块的周围设弹性套靴，支承块底部与套靴间设块下垫板，支承块周围的弹性套靴能够提供水平方向的刚度，用来减缓横向冲击，块下垫板与弹性套靴提供垂向刚度。因此我们利用落轴冲击试验原理，从轨道结构的动力特性及减震性能角度出发，来分析轨下刚度与块下刚度的合理取值。

由于轨道结构的刚度越小，结构的减震性能越好，但是刚度减小轨道结构的稳定性会降低，因此确定合理的轨下刚度与块下刚度对优化轨道结构的动力性能具有重要作用。

（一）轨下刚度对轨道落轴冲击动力性能的影响

在其他参数不变的条件下，改变模型的轨下刚度，研究其对轨道结构振动响应的影响，分析轨道结构的动力学指标的变化，为轨下刚度的合理取值提供依据。块下静刚度取 80 kN/mm，轨下刚度取 40 ~ 200 kN/mm，取值间隔为 20 kN/mm。支承块、道床板和钢轨的动力响应提取点，以及轮轨冲击力提取点如图 8-8 所示。

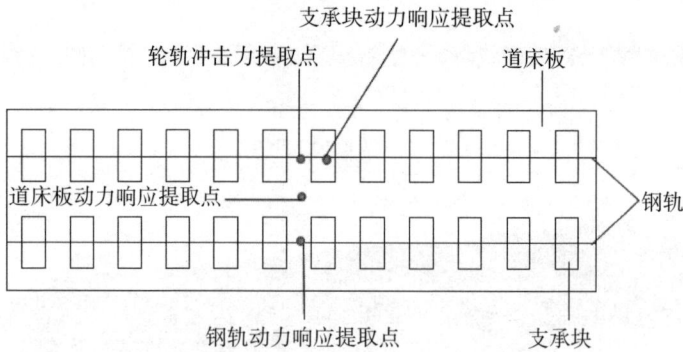

图 8-8　斜坡型弹性支承块式无砟轨道各提取点示意图

1. 仿真计算结果与分析

这里选取轨道结构各部分的动力响应时程曲线中的幅值进行分析。仿真计算结果见表 8-8，动力学指标变化曲线如图 8-9 所示。

表 8-8　不同轨下刚度对轨道结构冲击动力性能的影响

轨下刚度 /（kN/ mm）	钢轨		支承块		道床板		轮轨冲击力 /kN
	位移 / mm	加速度 /g	位移 / mm	加速度 /g	位移 / mm	加速度 /g	
40	2.956	17.928	1.078	4.823	0.141	0.914	95.46
60	2.618	32.551	1.255	6.280	0.157	1.064	92.26
80	2.472	37.775	1.385	8.013	0.168	1.162	114.4
100	2.403	72.132	1.464	8.634	0.174	1.206	127.4
120	2.358	84.653	1.511	9.151	0.178	1.238	134.8
140	2.304	107.755	1.538	9.623	0.180	1.262	143.3
160	2.242	106.224	1.581	10.147	0.182	1.283	141.4
180	2.191	101.836	1.616	10.469	0.183	1.302	139.1
200	2.148	94.928	1.642	10.612	0.183	1.315	175.5

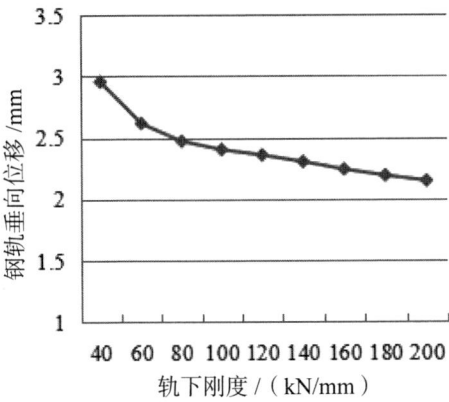

（a）钢轨垂向位移变化曲线　　　　　（b）钢轨垂向加速度变化曲线

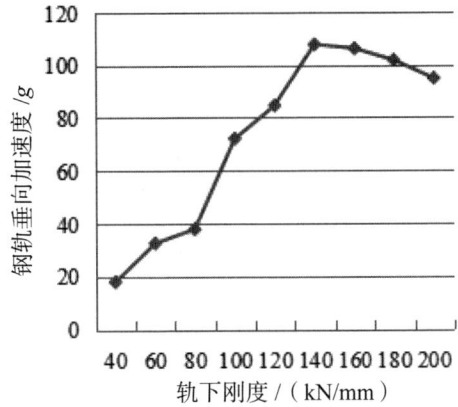

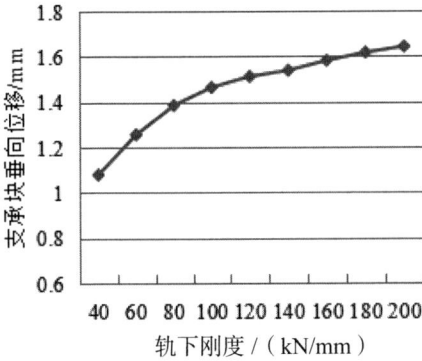

（c）支承块垂向位移变化曲线　　　　（d）支承块垂向加速度变化曲线

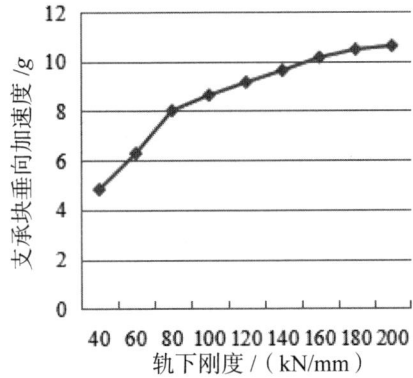

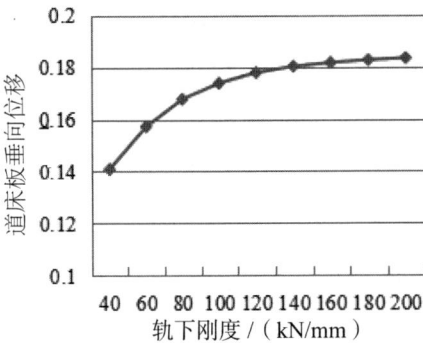

（e）道床板垂向位移变化曲线　　　　（f）道床板垂向加速度变化曲线

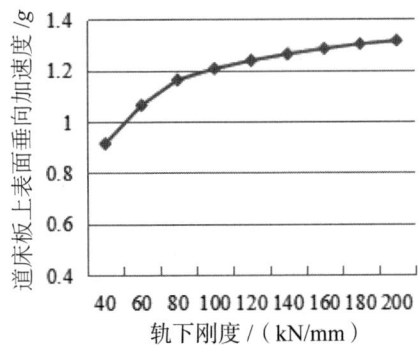

157

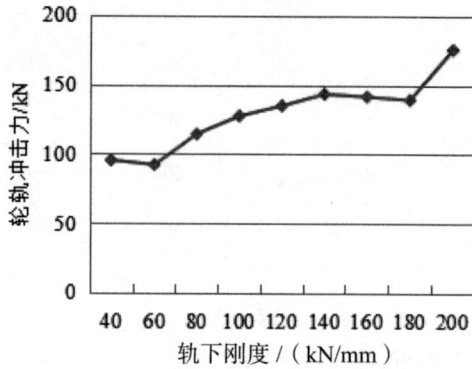

（g）轮轨冲击力变化曲线

图 8-9   不同轨下刚度条件下轨道结构的动力学指标变化曲线

从表 8-8 和图 8-9 可以看出，随着轨下刚度的变化，轨道结构的各项指标有明显的变化。对钢轨而言，钢轨的垂向位移随着轨下刚度的增大而减小并且从图 8-9（a）中可以看出，轨下刚度较小时，其对位移的影响较大，随着轨下刚度的增大位移减小的趋势变缓。由表中数据计算可得，钢轨位移减小的最大幅值为 0.338 mm，发生在轨下刚度从 40 kN/mm 增大到 60 kN/mm 时。钢轨的垂向加速度随着轨下刚度的增大先增大后略有减小，从图 8-9（b）中可以看出，钢轨加速度对于轨下刚度的变化更加敏感，由表中数据计算可得最大减幅为 34.357 g 且发生在刚度从 80 kN/mm 增大到 100 kN/mm 时，刚度增大到 140 kN/mm 钢轨垂向加速度达到最大值，后增大刚度其变化较小且呈下降趋势。产生的原因是轨下刚度的增大减弱了钢轨的垂向变形，但使得轨下弹性结构向下传递冲击力的能力减弱，因此钢轨本身振动幅度较大。

对于支承块而言，其加速度与位移的变化趋势一致，皆随着刚度的增大而增大且增大的斜率逐渐减小，在低刚度的区间变化较大；位移的最大增幅发生在刚度从 40 kN/mm 增大到 60 kN/mm 时且其值为 0.177 mm，加速度的最大增幅发生在刚度从 60 kN/mm 增大到 80 kN/mm 时且其值为 1.733 g，可见增大轨下刚度会增大下部结构的几何变形和垂向加速度。

对于道床板而言，道床板的位移与加速度的变化趋势一致，都随着刚度的增大而增大，刚度较小时对其影响较大，轨下刚度从 40 kN/mm 增大到 60 kN/mm 时，位移和加速度的变化最大且最大增幅分别为 0.016 mm 和 0.150 g。从图 8-9（g）可以看出轮轨冲击力随着轨下刚度的增大虽有波动，但整体趋势是增大的。

由上述变化可得，增大轨下刚度可减小钢轨的垂向位移但会增大轨下结构的几何变形和垂向加速度，减弱轨下结构的稳定性。因此，合理减小轨下刚度有利于提高轨道系统的稳定性。由于作用在钢轨上的冲击力通过轨下弹性垫层传递给支承块，进而传递给道床板，因此轨下弹性垫层决定着冲击荷载向支承块传递的效果。在钢轨和轨下弹性垫层组成的隔振系统中，钢轨和支承块的位移及加速度是衡量轨下刚度合理性的主要指标，我们可根据位移与加速度的传递率分析轨下刚度对轨道结构的影响进而确定刚度的合理范围。

2. 振动传递效果分析

对不同轨下刚度条件下钢轨和支承块位移及加速度的最大值（绝对值）进行分析，研究振动从钢轨传递到支承块的效果。由钢轨到支承块的传递率如下，

$$K_{y1} = \frac{\text{支承块位移}}{\text{钢轨位移}} \tag{8-7}$$

$$K_{a1} = \frac{\text{支承块加速度}}{\text{钢轨加速度}} \tag{8-8}$$

式中：K_{y1} 为位移传递率；K_{a1} 为加速度传递率。

位移及加速度的传递率详见表 8-9，传递率趋势图如图 8-10 所示。

表 8-9　钢轨到支承块的位移及加速度传递率

轨下刚度 /（kN/mm）	位移传递率	加速度传递率
40	0.364 682	0.148 182
60	0.479 374	0.350 313
80	0.560 275	0.111 091
100	0.609 238	0.228 579
120	0.640 797	0.108 100
140	0.667 535	0.089 309
160	0.705 174	0.095 524
180	0.737 563	0.102 806
200	0.764 432	0.111 792

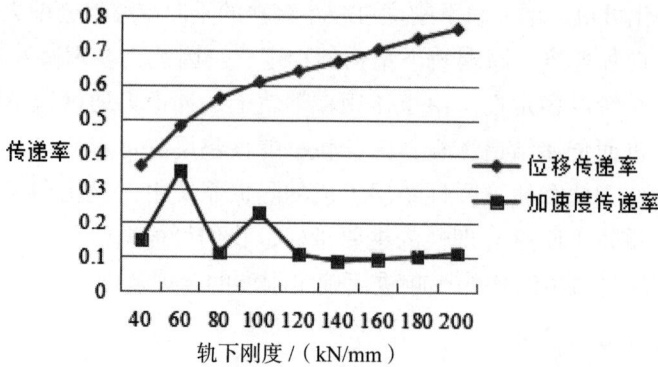

图 8-10　钢轨到支承块的位移及加速度传递率

传递率的大小意味着能量的亏损大小，传递率越大说明能量亏损越少，即能量衰减小，减震能力弱。由表 8-9 及图 8-10 可得，权衡位移及加速度两个指标，考虑减震性能与几何形变，在块下静刚度为 80 kN/mm 条件下，轨下刚度的合理范围为 80 ～ 120 kN/mm。

（二）块下刚度对轨道落轴冲击动力性能的影响

在其他参数不变的条件下，改变模型的块下刚度研究其对轨道结构振动响应的影响，分析轨道结构的动力学指标的变化，为块下刚度的合理取值提供依据。轨下静刚度取 140 kN/mm，研究块下刚度为 40 kN/mm、80 kN/mm、120 kN/mm、160 kN/mm、200 kN/mm 五种工况下，钢轨、支承块、道床板的位移、加速度以及轮轨冲击力的变化。

1. 仿真计算结果与分析

仿真计算结果见表 8-10，动力学指标变化曲线如图 8-11 所示。

表 8-10　不同块下刚度对轨道结构冲击动力性能的影响

块下刚度 / （ kN/mm ）	钢轨		支承块		道床板		轮轨冲击力 /kN
	位移 / mm	加速度 /g	位移 / mm	加速度 /g	位移 / mm	加速度 /g	
40	2.507	107.755	2.263	12.806	0.144	0.839	125.9
80	2.304	98.796	1.538	9.623	0.180	0.943	143.3
120	2.1	41.510	1.219	8.127	0.195	1.517	137.1

160

块下刚度 / （kN/mm）	钢轨		支承块		道床板		轮轨冲击力 /kN
	位移 / mm	加速度 /g	位移 / mm	加速度 /g	位移 / mm	加速度 /g	
160	1.976	41.449	1.01	6.499	0.201	1.640	136.3
200	1.898	50.653	0.864	8.399	0.205	1.682	171.9

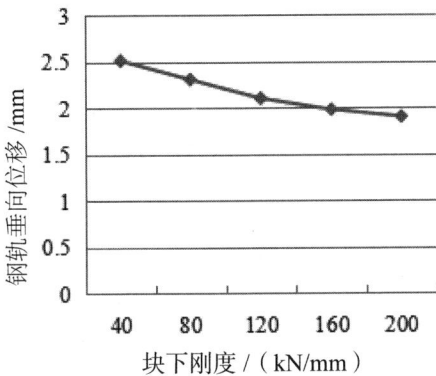

（a）钢轨垂向位移变化曲线

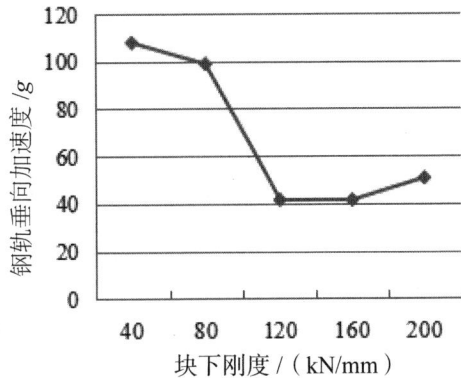

（b）钢轨垂向加速度变化曲线

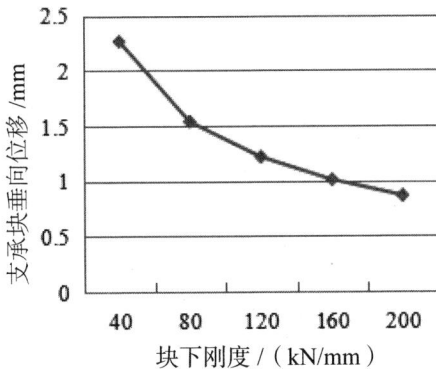

（c）支承块垂向位移变化曲线

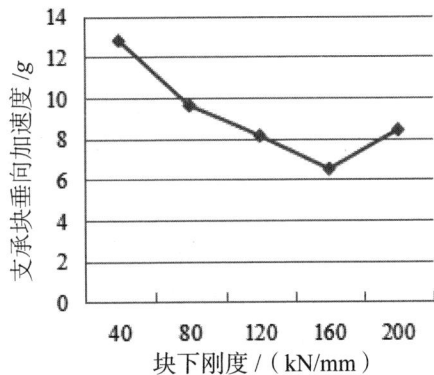

（d）支承块垂向加速度变化曲线

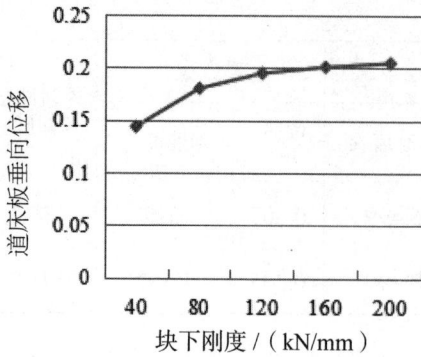

（e）道床板垂向位移变化曲线

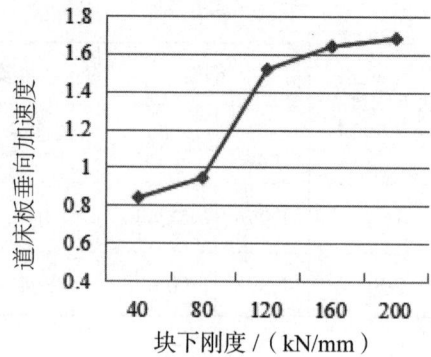

（f）道床板垂向加速度变化曲线

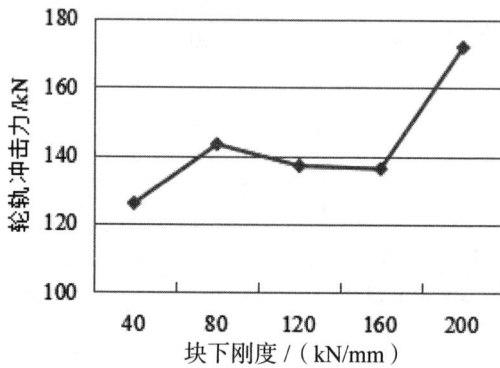

（g）轮轨冲击力变化曲线

图 8-11　不同块下刚度条件下轨道结构的动力学指标变化曲线

由表 8-10 和图 8-11 可知，轨道结构的各项动力学指标随着块下刚度的变化而变化。从位移的角度分析，钢轨垂向位移随着块下刚度的增大呈下降趋势且基本没有明显波动，变化较为规律。支承块的垂向位移随着块下刚度的增大而减小，刚度越小对其影响越大，从图 8-11（c）可以看出，块下刚度从 40 kN/mm 增大到 80 kN/mm 时，位移减小的幅度最大，根据表中数据计算可得，位移的最大减幅为 0.725 mm。道床板的垂向位移随着块下刚度的增大而增大且增大的斜率呈下降趋势。块下刚度直接影响支承块位移的传递，当块下弹性结构的刚度增大时，钢轨及支承块的变形减小，而道床板作为块下结构，支承块传递过来的能量由道床板自身结构扩散，其刚度越大，能量亏损越小，其传递的能量就越多，位移就越大。

162

从加速度的角度分析，钢轨的垂向加速度随着块下刚度的增大波动较大，先迅速减小后缓慢增大，刚度从 80 kN/mm 增大到 120 kN/mm 时，加速度减小的幅度最大，由计算可得，最大减幅为 57.286 g，当刚度达到 120 kN/mm 后，加速度略有上升。支承块的垂向加速度变化趋势同钢轨的垂向加速度变化趋势基本一致，但支承块的垂向加速度在块下刚度达到 160 kN/mm 之前呈线性递减趋势，在 160 kN/mm 之后又呈上升趋势。道床板的垂向加速度变化趋势同其垂向位移的一致，呈现上升的趋势，从图 8-11（f）可看出，块下刚度从 80 kN/mm 增大到 120 kN/mm，加速度增幅最大，且最大增幅为 0.574 g。

轮轨冲击力随着块下刚度的增大整体增大，刚度较小时，增大刚度轮轨冲击力变化不大，但当刚度增大到 200 kN/mm 时，轮轨冲击力出现突变达到幅值。

总体而言，增大块下刚度可减小钢轨和支承块的垂向位移，但会加大块下结构的几何变形和垂向加速度，减弱下部基础的稳定性。因此，合理减小块下刚度有利于轨道整体系统的稳定性。

由于作用在钢轨上的冲击力通过轨下弹性垫层和块下弹性结构二次减震后传递给道床板，因此在支承块与块下弹性垫层组成的隔振系统中，将支承块和道床板的位移及加速度作为衡量块下刚度合理性的主要指标，可根据位移与加速度的传递率分析块下刚度对轨道结构的影响进而确定块下刚度的合理范围。

2. 振动传递效果分析

对不同块下刚度条件下支承块和道床板位移及加速度最大值（绝对值）进行分析，研究振动从支承块传递到道床板的效果。由支承块到道床板的传递率如下：

$$K_{y2} = \frac{\text{道床板位移}}{\text{支承块位移}} \qquad (8\text{-}9)$$

$$K_{a2} = \frac{\text{道床板加速度}}{\text{支承块加速度}} \qquad (8\text{-}10)$$

式中：K_{y2} 为位移传递率；K_{a2} 为加速度传递率。

位移及加速度的传递率详见表 8-11，传递率趋势图如图 8-12 所示。

表 8-11　支承块到道床板的位移及加速度传递率

块下刚度 /（kN/mm）	位移传递率	加速度传递率
40	0.063 46	0.065 5
80	0.117 17	0.098

块下刚度 / (kN/mm)	位移传递率	加速度传递率
120	0.159 89	0.186 7
160	0.198 91	0.252 3
200	0.236 92	0.200 2

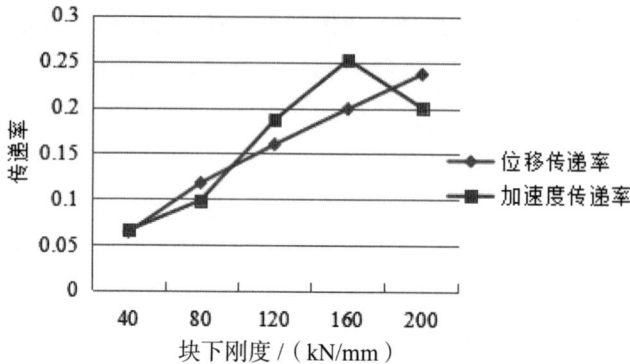

图 8-12　支承块到道床板的位移及加速度传递率

从图 8-12 可看出块下刚度不易过大，刚度越大，传递率越大，轨道结构的减震性能越弱。考虑支承块和钢轨在较低的刚度下位移较大，因此在轨下静刚度为 140 kN/mm 条件下，块下刚度宜设置为 80 ～ 120 kN/mm。

三、不同刚度组合对轨道落轴冲击动力性能的影响

在轨下刚度和块下刚度对轨道结构影响规律研究的基础上，应考虑两者匹配对轨道整体的影响，因此在其他参数不变的条件下，我们设计了不同刚度组合的几种工况，通过分析轨道结构的动力响应来研究弹性支承块式无砟轨道轨下弹性垫层和支承块下弹性垫层的合理刚度及其匹配关系。轨下刚度取 60 kN/mm、100 kN/mm、140 kN/mm、180 kN/mm、220 kN/mm、260 kN/mm，块下刚度取 60 kN/mm、100 kN/mm、140 kN/mm、180 kN/mm、220 kN/mm，对其进行组合，研究钢轨、支承块、道床板的垂向位移、垂向加速度以及轮轨冲击力的变化规律。

（一）仿真计算结果与分析

仿真计算结果汇总见表 8-12～表 8-18，动力学指标变化曲线如图 8-13 所示。

表 8-12　钢轨垂向位移

轨下刚度 /（kN/mm）	块下刚度 /（kN/mm）	钢轨垂向位移 /mm
60	60	3.027
	100	2.871
	140	2.618
	180	2.572
	220	2.515
100	60	2.793
	100	2.602
	140	2.403
	180	2.362
	220	2.244
140	60	2.726
	100	2.505
	140	2.304
	180	2.188
	220	2.03
180	60	2.639
	100	2.424
	140	2.191
	180	2.065
	220	1.929

轨下刚度 /（kN/mm）	块下刚度 /（kN/mm）	钢轨垂向位移 /mm
220	60	2.599
	100	2.380
	140	2.100
	180	1.997
	220	1.847
260	60	2.572
	100	2.352
	140	2.012
	180	1.941
	220	1.787

表 8-13　钢轨垂向加速度

轨下刚度 /（kN/mm）	块下刚度 /（kN/mm）	钢轨垂向加速度 /g
60	60	18.479
	100	18.255
	140	17.929
	180	21.888
	220	27.724
100	60	35.245
	100	39.235
	140	37.775
	180	53.102
	220	36.449

轨下刚度 /（kN/mm）	块下刚度 /（kN/mm）	钢轨垂向加速度 /g
140	60	96.429
	100	50.592
	140	107.755
	180	70.847
	220	32.775
180	60	51.520
	100	46.061
	140	101.837
	180	61.786
	220	39.031
220	60	41.388
	100	21.357
	140	75.459
	180	75.357
	220	36.653
260	60	31.480
	100	22.929
	140	59.745
	180	75.132
	220	38.000

表 8-14 支承块垂向位移

轨下刚度 /（kN/mm）	块下刚度 /（kN/mm）	支承块垂向位移 /mm
60	60	2.371
	100	2.041
	140	1.255
	180	1.035
	220	0.778
100	60	2.503
	100	2.209
	140	1.464
	180	1.241
	220	0.976
140	60	2.542
	100	2.260
	140	1.538
	180	1.359
	220	1.102
180	60	2.513
	100	2.246
	140	1.616
	180	1.439
	220	1.157
220	60	2.459
	100	2.249
	140	1.664
	180	1.452
	220	1.213

轨下刚度 /（kN/mm）	块下刚度 /（kN/mm）	支承块垂向位移 /mm
260	60	2.489
	100	2.283
	140	1.658
	180	1.488
	220	1.251

表 8-15 支承块垂向加速度

轨下刚度 /（kN/mm）	块下刚度 /（kN/mm）	支承块垂向加速度 /g
60	60	9.148
	100	8.263
	140	6.281
	180	5.507
	220	4.610
100	60	11.265
	100	10.377
	140	8.635
	180	7.470
	220	5.870
140	60	13.439
	100	12.796
	140	8.931
	180	8.931
	220	7.519

轨下刚度 /（kN/mm）	块下刚度 /（kN/mm）	支承块垂向加速度 /g
180	60	16.816
	100	15.031
	140	10.469
	180	9.725
	220	12.510
220	60	18.255
	100	17.653
	140	11.704
	180	12.031
	220	14.255
260	60	19.867
	100	18.908
	140	14.541
	180	13.327
	220	13.929

表 8-16　道床板垂向位移

轨下刚度 /（kN/mm）	块下刚度 /（kN/mm）	道床板垂向位移 /mm
60	60	0.125
	100	0.137
	140	0.157
	180	0.160
	220	0.161

续表

轨下刚度 /（kN/mm）	块下刚度 /（kN/mm）	道床板垂向位移 /mm
100	60	0.128
	100	0.144
	140	0.174
	180	0.18
	220	0.186
140	60	0.127
	100	0.144
	140	0.180
	180	0.189
	220	0.198
180	60	0.124
	100	0.143
	140	0.183
	180	0.193
	220	0.208
220	60	0.122
	100	0.141
	140	0.184
	180	0.197
	220	0.212
260	60	0.121
	100	0.140
	140	0.185
	180	0.198
	220	0.215

表 8-17 道床板垂向加速度

轨下刚度 /（kN/mm）	块下刚度 /（kN/mm）	道床板垂向加速度 /g
60	60	0.658
	100	0.787
	140	1.064
	180	1.112
	220	1.132
100	60	0.692
	100	0.787
	140	1.206
	180	1.291
	220	1.401
140	60	0.677
	100	0.841
	140	1.291
	180	1.412
	220	1.594
180	60	0.665
	100	0.832
	140	1.302
	180	1.487
	220	1.691
220	60	0.648
	100	0.824
	140	1.317
	180	1.476
	220	1.755

续表

轨下刚度 /（kN/mm）	块下刚度 /（kN/mm）	道床板垂向加速度 /g
260	60	0.643
	100	0.819
	140	1.317
	180	1.755
	220	1.795

表 8-18　轮轨冲击力

轨下刚度 /（kN/mm）	块下刚度 /（kN/mm）	轮轨冲击力 /kN
60	60	81.02
	100	80.19
	140	92.26
	180	96.54
	220	103.1
100	60	103.2
	100	109.3
	140	127.4
	180	134
	220	135.9
140	60	161.4
	100	125.5
	140	143.3
	180	137.7
	220	136.7

续表

轨下刚度 /（kN/mm）	块下刚度 /（kN/mm）	轮轨冲击力 /kN
180	60	125.2
	100	114.7
	140	139.1
	180	138.1
	220	142.2
220	60	136.5
	100	109.8
	140	137.9
	180	144.4
	220	143.3
260	60	94.27
	100	103.7
	140	137.6
	180	145.5
	220	144.2

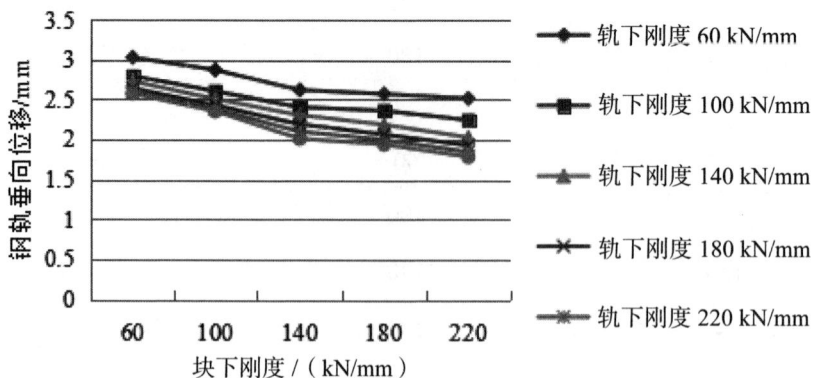

（a）钢轨垂向位移变化曲线

174

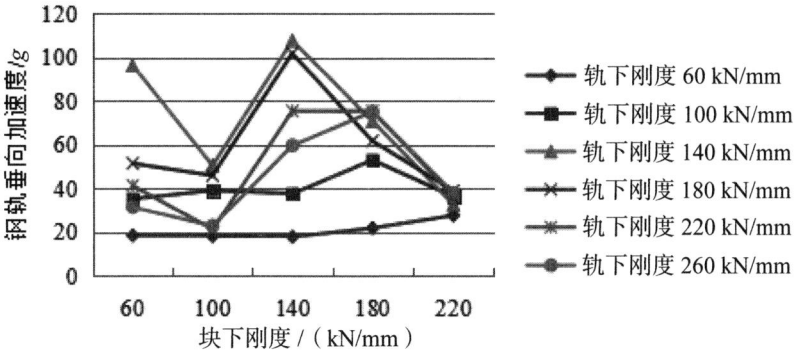

（b）钢轨垂向加速度变化曲线

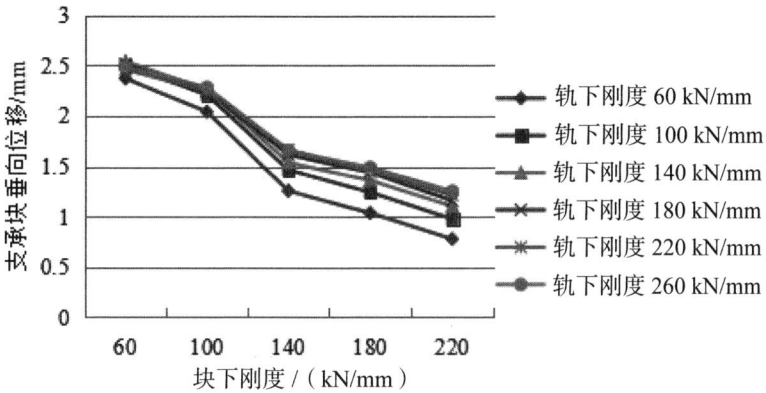

（c）支承块垂向位移变化曲线

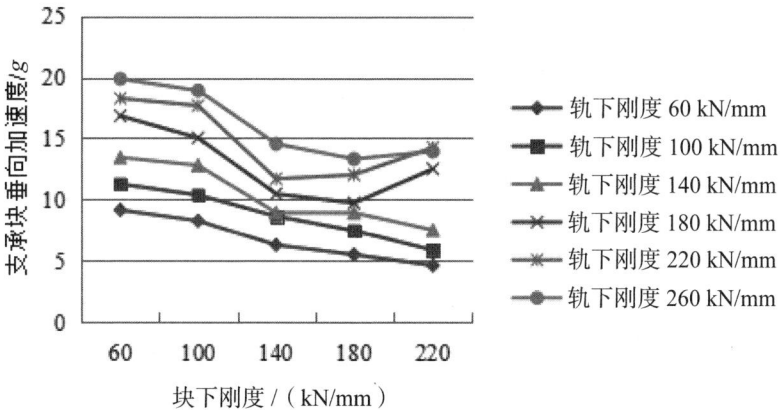

（d）支承块垂向加速度变化曲线

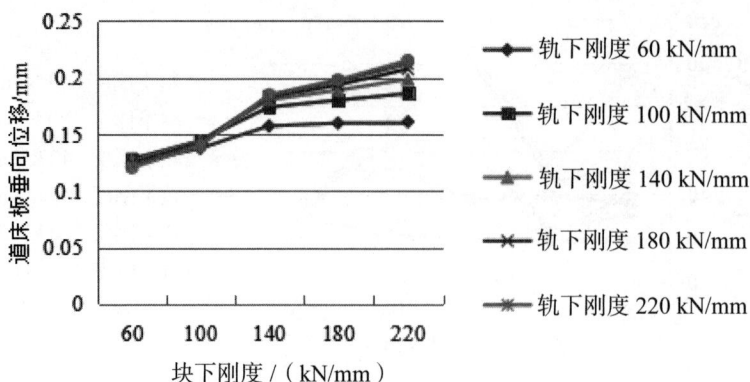

（e）道床板垂向位移变化曲线

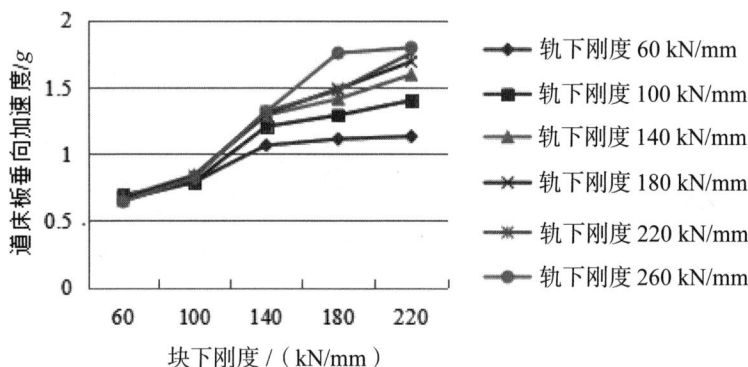

（f）道床板垂向加速度变化曲线

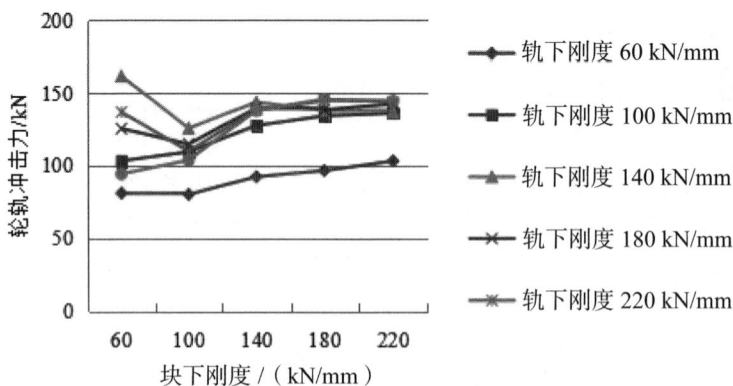

（g）轮轨冲击力变化曲线

图 8-13　不同刚度组合条件下轨道结构的动力学指标变化曲线

由表 8-12～表 8-18 和图 8-13 可知，轨道结构的各项动力指标随着不同刚度的组合而呈现较为明显的变化。

①对钢轨而言，钢轨垂向位移随着块下刚度和轨下刚度的增大而减少且呈现较为规律的递减趋势，减小的幅度较小；钢轨垂向加速度的变化较为复杂，轨下刚度较低时，钢轨垂向加速度随着块下刚度的增大略有波动但整体呈增大趋势。而较低块下刚度时，钢轨垂向加速度的变化幅度较大，块下刚度和轨下刚度同时取 140 kN/mm 时，钢轨垂向加速度最大。

②对支承块而言，支承块的垂向位移随着轨下刚度和块下刚度的变化而变化，不同的是，支承块的垂向位移随着块下刚度的增大而减小。相比于轨下刚度，增大相同幅度的刚度，块下刚度对于支承块的影响较大。支承块的垂向加速度随着块下刚度的增大而减少，随着轨下刚度的增大而增大，通过表 8-15 数据可计算，轨下刚度与块下刚度同时取 60 kN/mm 时，增大相同幅度的刚度，块下刚度影响下支承块垂向加速度的最大减幅为 4.538 g，轨下刚度影响下的最大增幅为 9.107 g，可见支承块的垂向加速度对轨下刚度的改变更为敏感。

③对道床板而言，当轨下刚度一定时，道床板的垂向位移随着块下刚度的增大而增大；当块下刚度较小时，位移随着轨下刚度的变化略有波动，但变化不大；当块下刚度大于 140 kN/mm 后，位移随着轨下刚度的增大而有明显增大。道床板的垂向加速度变化趋势同垂向位移的基本一致，不同之处是，当块下刚度大于 140 kN/mm 后，加速度变化波动较大，整体呈上升趋势。故从此方面考虑，应选用较小的块下刚度。

④对于轮轨冲击力而言，轨下刚度一定时，块下刚度大于 140 kN/mm 后，轮轨冲击力随着块下刚度的增大而增大。

综上所述，支承块垂向位移、道床板垂向位移及垂向加速度主要受块下刚度的影响，钢轨加速度以及支承块垂向加速度主要受轨下刚度影响。轮轨冲击力及钢轨垂向位移同时受二者刚度变化的影响且差别不大。因此我们将支承块与道床板的位移传递率作为块下刚度取值的主要指标，将钢轨与支承块的加速度传递率作为轨下刚度取值的主要指标。

（二）振动传递效果分析

斜坡型弹性支承块式无砟轨道的垂向刚度由轨下刚度和块下刚度组成，在钢轨、扣件、弹性支承块组成的隔振系统中，由于刚度匹配影响的是系统整体的稳定性，因此将钢轨与道床板的垂向位移和垂向加速度的传递率作为衡量刚度匹配合理性的指标。由于钢轨垂向位移受轨下刚度与块下刚度变化影响的差别较小，故不再考虑钢轨垂向位移，且支承块垂向位移、道床板垂向位移主要受块下刚度影响，所以仅将支承块与道床板的位移传递率作为块下刚度合理取值的主要指标。

由钢轨到道床板的加速度传递率如下：

$$K_{a3} = \frac{\text{道床板加速度}}{\text{钢轨加速度}} \quad (8\text{-}11)$$

式中：K_{a3} 为加速度传递率。

支承块道床板的位移传递率变化趋势如图 8-14 所示。

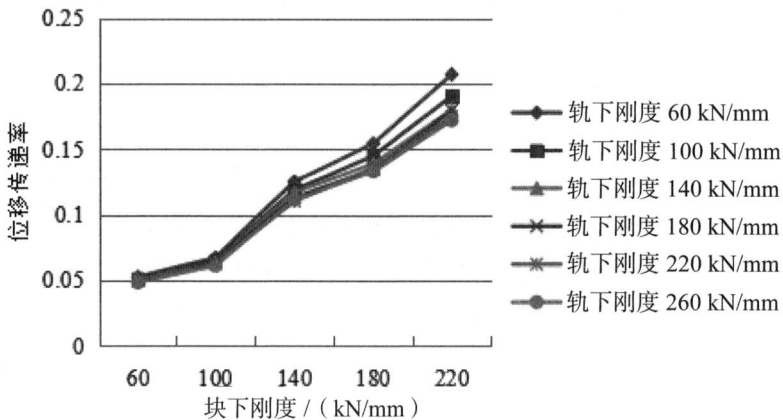

图 8-14　支承块与道床板的位移传递率

由图 8-14 可知，位移传递率随着块下刚度的增大而增大，考虑块下刚度的建议取值范围为 80 ~ 120 kN/mm，因此选取块下刚度为 60 ~ 120 kN/mm，并在此范围内匹配相应的轨下刚度。

钢轨与支承块的加速度传递率、道床板与钢轨的加速度传递率的变化趋势分别如图 8-15、图 8-16 所示。

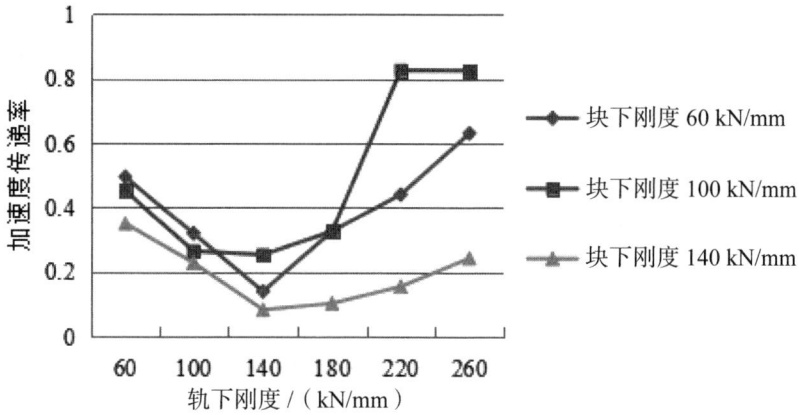

图 8-15　钢轨与支承块的加速度传递率

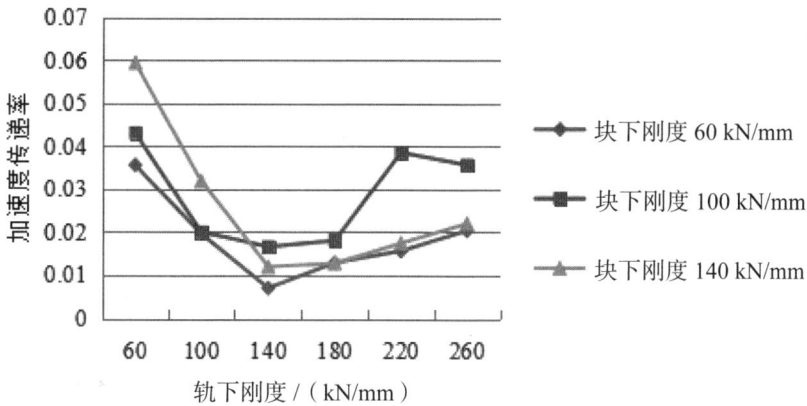

图 8-16　道床板与钢轨的加速度传递率

由图 8-15、图 8-16 可知，加速度传递率随着块下刚度的增大先减小后增大，因此宜选取轨下刚度为 100 ～ 180 kN/mm。

（三）轨下刚度与块下刚度建议值

从表 8-12 ～表 8-18 可以看出，轨下刚度和块下刚度的不同组合对轨道结构的各项动力指标有明显的影响。选取轨下刚度 100 ～ 180 kN/mm，对应的块下刚度 60～120 kN/mm，从位移的角度看，钢轨垂向位移随着轨下刚度和块下刚度的增大而减小；支承块的垂向位移随着块下刚度的增大而减小，但随着轨下刚度的增大先增大后减小，在轨下刚度为 140 kN/mm 时达到最大值；轨下刚度的增大对道床板的位移基本没有影响，但是道床板的垂向位移随着块下刚度的增大而增大。

从加速度的角度看，钢轨和道床板的垂向加速度在此区间的变化趋势一致，随着块下刚度的增大而增大，随着轨下刚度的增大先增大后减小，且都是在轨下刚度 140 kN/mm 时达到最大值。支承块的垂向加速度随着块下刚度的增大而减小，随着轨下刚度的增大而增大。

从轮轨冲击力的角度看，轮轨冲击力随着块下刚度的增大而增大，随着轨下刚度的增大先增大后减小，当轨下刚度为 140 kN/mm 时，达到最大值。

因此，考虑轨道结构变形及减震性能，30 t 轴重条件下隧道内弹性支承块式无砟轨道轨下刚度宜取 100 kN/mm 左右，对应的块下刚度为 100 kN/mm 左右最为合理。

第三节　行车荷载作用下斜坡型弹性支承块式无砟轨道动力性能研究

重载车辆通过无砟轨道时，轮轨之间的作用力会引起轨道结构变形，而轨道结构的变形会激起机车车辆的振动。在车轨耦合系统中，机车车辆的振动又会引起轨道结构振动加剧，从而使轨道的变形加重，因此研究轨道动力性能必须考虑行车荷载对轨道动力响应的影响。本节从行车动力性能的角度出发，研究了行车荷载作用下轨道的动力性能。

一、车辆–轨道耦合模型的建立

（一）道床板有限元模型的建立

利用 ANSYS 软件建立道床板模型，道床板的有限元模型采用的是实体单元 Solid185，网格划分采用的是扫掠方式。联合仿真时考虑此模型较为简单，为便于 ANSYS 软件中建立的模型与 UM 软件中的 base0 连接，故输入界面内在道床板底面均布衬套力元。

利用固定界面综合模态法需在所定义的交互节点上使用约束方程连接自由度，交互节点使绕三维坐标轴平动与旋转的自由度相连接，致使约束方程无效。因而，六自由度的质量单元被赋予在该类节点上。选取道床板底面的 10 个节点作为界面节点，在 ANSYS 软件中运行 um.mac 宏文件，建立 ANSYS 与 UM 之间的联系，生成 input.fem 文件，在 UM 中读取 .fem 文件（如图 8-17 所示），进行刚度剔除进而转换成 input.fss 文件。

图 8-17　导入 UM 的 FEM 体

（二）重载货车与无砟轨道空间耦合模型的建立

1. 重载货车模型

车辆系统是一个复杂的系统，包括许多非线性的元素。利用 UM 软件建立车辆模型时采用的是多体系统动力学的方法，通过反应复杂特性的力元和铰，实现程式化建模，这样就可以自动形成多体动力方程。采用多体系统动力学方法建立的车辆模型更加精确，其能精确地反映车辆的全部的结构运动关系和弹性连接关系，能更精确地反映车辆系统的振动性能。机车整车系统的多体动力学建模和仿真过程可以通过刚体、铰接、约束、力元以及轮轨接触模型等定义来确定机车各部分组件的特性及其连接关系，从而形成一系列的动力学控制方程。

模型中所使用的重载货车有 25 t、27 t、30 t、33 t、40 t。货车模型主要包括车体、转向架、轮对等部分，其中转向架由一个摇枕和两个侧架组成。它是通过各类悬挂和减震装置将车体、转向架、轮对连接起来的简化模型。

2. 柔性轨道模型

UM 的柔性轨道模型包含了钢轨（铁木辛柯梁）、轨枕（刚体）和扣件系统（衬套力元），桥梁或轨道下部结构与柔性轨道系统之间通过两排（左右轨）有间隔（轨枕间距）的衬套力元（指定坐标和参数，自动生成）相连。

在 UM 中，将 ANSYS 所建道床板导入后，在处理道床板与 UM 中地基连接时，需要根据道床板的实际结构进行，考虑计算机的处理能力，并未将道床板的底面全部施加约束而是均匀选取了 25×151 的节点添加衬套力元，力元的参数按照道床板的标准参数等效化。UM 的柔性模块中扣件、支承块、钢轨等的相关参数见表 8-19。

表 8-19 轨道部件几何参数

部件	参数	单位	取值
钢轨	类型	kg/m	60
	弹性模量	Pa	$2.1×10^{11}$
	泊松比	—	0.3
	密度	kg/m³	7 800
扣件	竖向刚度	N/m	$5×10^7$
	横向刚度	N/m	$10×10^8$
	竖向阻尼	N·s/m	$5×10^4$
	横向阻尼	N·s/m	$6×10^4$
支承块	间距	mm	600
	质量	kg	110
块下橡胶垫板及套靴	竖向刚度	N/m	$8×10^7$
	横向刚度	N/m	$20×10^8$
道床板	弹性模量	Pa	$3.45×10^{10}$
	泊松比	—	0.2
	长度	mm	30 000
	宽度	mm	2 880
	厚度	mm	350
	密度	kg/m³	2 500

车轮踏面采用 LM 磨耗型踏面，钢轨采用标准 60 kg/m 轨。

（三）轨道不平顺激励模型的建立

轮轨接触关系是车辆子系统和轨道子系统的联系纽带，而轨道不平顺又是引起轮轨动力作用的主要因素，因此，轨道不平顺对车轨耦合的振动有着极其重要的影响。重载车辆－轨道耦合系统在轨道不平顺和其他外在激励下产生振动，对车轨耦合振动分析产生直接影响，系统的动态响应不但影响重载货车各部件结构的动力学性能，也影响重载货车的行车安全性，甚至还可能引起线路几何形位发生改变以及轨道结构伤损，缩短轨道使用寿命。因此确定合理的轨道不平顺对重载车辆－轨道动力学性能分析有着重要意义。

轨道不平顺是指两根钢轨在高低和左右方向与钢轨理想位置几何尺寸的偏差，主要分为高低不平顺、水平不平顺、轨向不平顺、轨距不平顺。

高低不平顺，指轨道沿钢轨长度方向在垂向的凹凸不平。由于在短距离内左右轨的变化存在差异，故分为左轨高低不平顺和右轨高低不平顺。

$$\eta_z = \frac{1}{2}\left(z_1 + z_2\right) \tag{8-12}$$

式中：z_1，z_2 分别是左右轨的高低不平顺值，单位为 mm。

水平不平顺，指轨道同一横截面上左右两轨顶面的高差。水平不平顺用倾角表示其值。

$$\eta_h = \frac{1}{2s}\left(z_1 - z_2\right) \tag{8-13}$$

轨向不平顺，指轨头内侧面沿长度方向的横向凹凸不平顺。左右轨方向的不平顺存在差异，尤其在扣件薄弱的区段差异更大，因此需要区分左右轨，并将左右轨方向偏差的平均值作为轨道的中心线方向偏差，其值为：

$$\eta_y = \frac{1}{2s}\left(y_1 + y_2\right) \tag{8-14}$$

轨向不平顺用变化率表示，即：

$$\eta_\phi = \frac{d\eta_y}{dx} \tag{8-15}$$

轨距不平顺，轨距偏差即在轨顶面以下 16 mm 处量得的左右两轨内侧距离相对于标准轨距的偏差，通常由扣件不良、轨枕挡肩失效、轨头侧面磨耗等造成，其值为

$$\eta_g = \left(y_1 - y_2\right) \tag{8-16}$$

美国轨道不平顺谱是对大量实测数据进行数学拟合得到的功率谱密度函数，共分为六个等级，其适用波长为 1.524 ～ 304.8 m，功率谱密度表达式如下：

轨道高低不平顺：

$$s_v(\omega) = \frac{kA_v\omega_c^2}{\left(\omega^2 + \omega_c^2\right)\omega^2} \qquad (8\text{-}17)$$

轨向不平顺：

$$s_a(\omega) = \frac{kA_a\omega_c^2}{\left(\omega^2 + \omega_c^2\right)\omega^2} \qquad (8\text{-}18)$$

轨道水平及轨距不平顺表达式：

$$s_c(\omega) = \frac{4kA_v\omega_c^2}{\left(\omega^2 + \omega_s^2\right)\left(\omega^2 + \omega_c^2\right)} \qquad (8\text{-}19)$$

式中：k 一般取 0.25；ω 为空间频率，单位是 rad/m；ω_c、ω_s 为截断频率；A_v、A_a 是与线路等级有关的粗糙系数。由于本文书重载车辆无砟轨道运行中将美国轨道不平顺谱作为轨道不平顺激励的依据，因此相应的不平顺参数见表 8-20。

表 8-20　美国轨道不平顺谱不平顺参数

轨道参数	A_v/（cm^2·m/rad）	A_a/（cm^2·m/rad）	ω_s/（rad/m）	ω_c/（rad/m）
参数值	0.209 5	0.076 2	0.820 9	0.824 5

具体时域样本如图 8-18 所示。

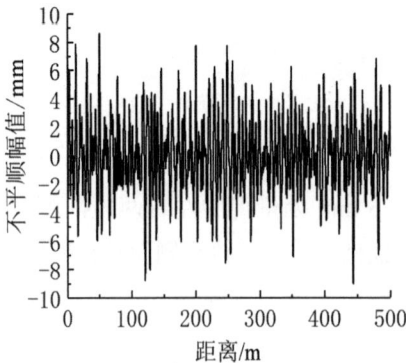

（a）左轨垂向不平顺　　　　　　　（b）右轨垂向不平顺

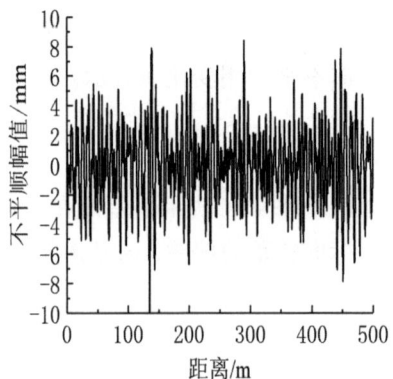

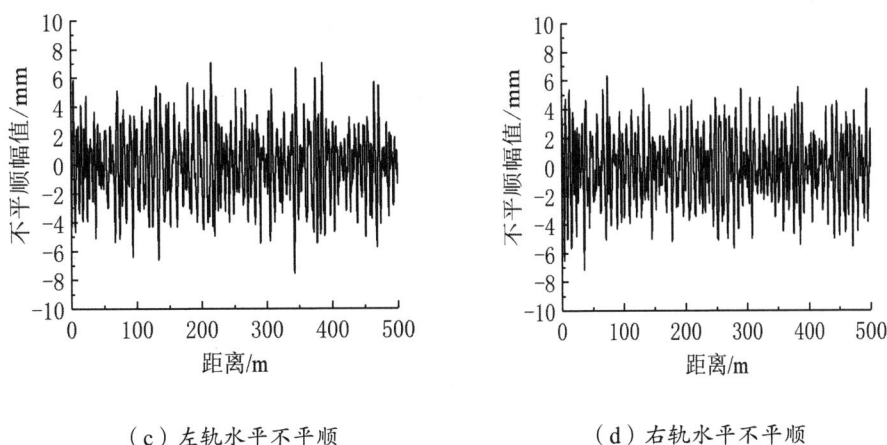

（c）左轨水平不平顺　　　　　　　　　　　（d）右轨水平不平顺

图 8-18　美国轨道不平顺谱不平顺时域样本

二、参数变化对轨道行车动力性能的影响

这里利用车辆–轨道耦合模型，通过分析参数变化对轨道行车动力性能的影响的规律，对轨道参数进行优化设置。主要研究的轨道参数为轨下刚度、块下刚度、支承块尺寸等。重载货车以 30 t 轴重为例，车辆的运行速度取 80 km/h，动力响应主要从轨道结构的位移、加速度及应力等指标进行对比分析。

（一）轨下刚度的变化对轨道行车动力性能的影响

轨道结构是一个振动的系统，为了提高重载列车运行过程中行车的平稳性、安全性、舒适性就需要对系统进行减震设置。斜坡型弹性支承块式无砟轨道作为一种具有较高减震效果的轨道结构，往往采用三种措施进行减震，即对钢轨、轨下系统（主要作用为扣件）和轨道进行减振设置。轮轨作用力通过轨下系统传递给道床板，因此合理的轨下刚度对系统的减震有重要的意义。

在 UM 中，扣件刚度即为轨下刚度。在其他参数不变块下静刚度取 80 kN/mm 的情况下，依次取轨下刚度为 30 kN/mm、50 kN/mm、70 kN/mm、90 kN/mm、110 kN/mm、130 kN/mm、150 kN/mm、170 kN/mm，车辆运行速度为 80 km/h 的不同工况下，我们研究轨下刚度对轨道结构动力性能的影响，计算结果见表 8-21 ～表 8-23，变化趋势如图 8-19 所示。

表 8-21　不同轨下刚度对轨道结构位移的影响

轨下刚度 / (kN/mm)	钢轨位移 /mm		支承块垂向位移 /mm	道床板位移 /mm	
	垂向	横向		板端	板中
30	2.696	0.252	0.780	0.177	0.136
50	2.013	0.197	0.795	0.178	0.136
70	1.709	0.180	0.816	0.179	0.136
90	1.544	0.166	0.834	0.179	0.135
110	1.432	0.158	0.850	0.180	0.134
130	1.355	0.156	0.857	0.181	0.133
150	1.298	0.151	0.870	0.182	0.134
170	1.254	0.144	0.878	0.182	0.134

表 8-22　不同轨下刚度对轨道结构加速度的影响

轨下刚度 / (kN/mm)	钢轨加速度 /g		支承块垂向加速度 /g	道床板加速度 /g	
	垂向	横向		板端	板中
30	15.534	2.452	1.386	0.576	0.453
50	15.779	2.145	1.934	0.671	0.457
70	16.142	2.023	2.322	0.934	0.462
90	18.778	1.794	2.852	1.128	0.506
110	18.926	1.892	3.230	1.353	0.585
130	19.019	1.847	3.195	1.571	0.777
150	18.666	5.550	3.785	1.738	0.779
170	20.674	2.687	3.908	1.841	0.841

表 8-23　不同轨下刚度对道床板板中压应力的影响

轨下刚度 / (kN/mm)	道床板板中压应力 /kPa	轨下刚度 / (kN/mm)	道床板板中压应力 / kPa
30	193.326	110	195.352

轨下刚度 /（kN/mm）	道床板板中压应力 /kPa	轨下刚度 /（kN/mm）	道床板板中压应力/ kPa
50	194.347	130	195.089
70	194.908	150	195.497
90	195.544	170	195.762

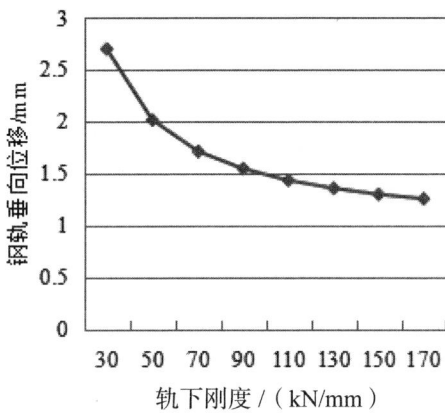

（a）钢轨垂向位移变化曲线

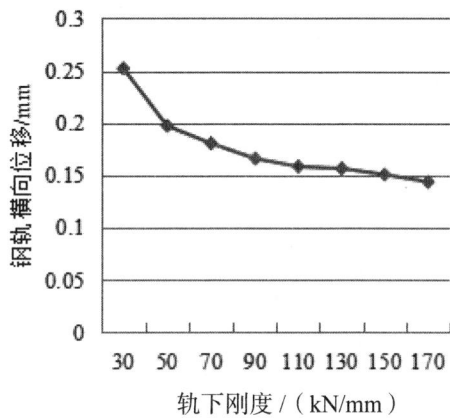

（b）钢轨横向位移变化曲线

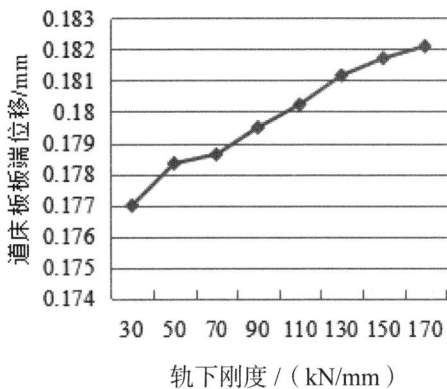

（c）道床板板端位移变化曲线

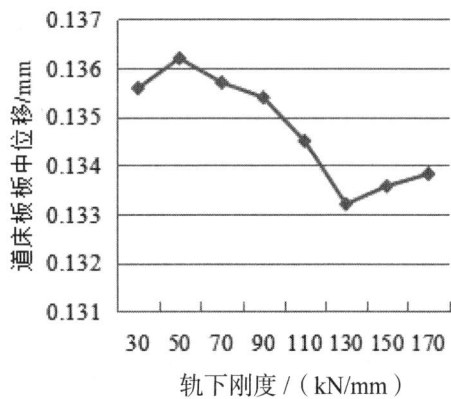

（d）道床板板中位移变化曲线

187

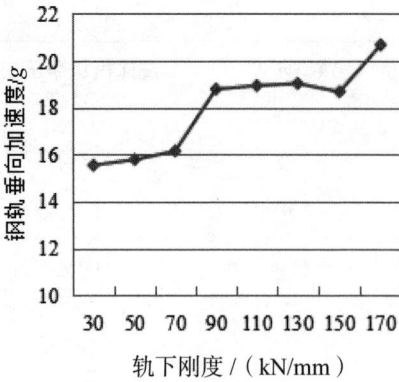

（e）钢轨垂向加速度变化曲线

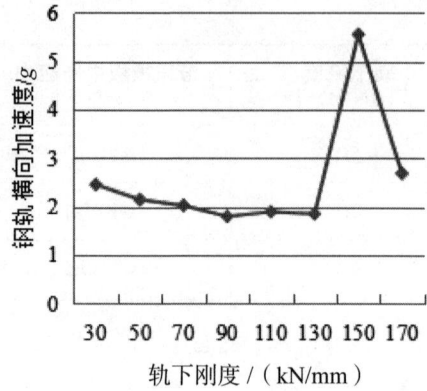

（f）钢轨横向加速度变化曲线

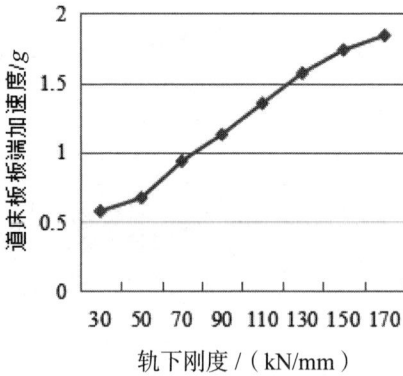

（g）道床板板端加速度变化曲线

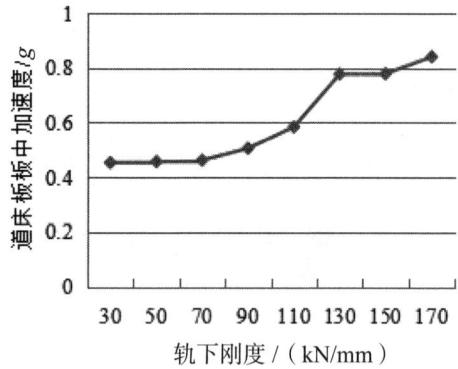

（h）道床板板中加速度变化曲线

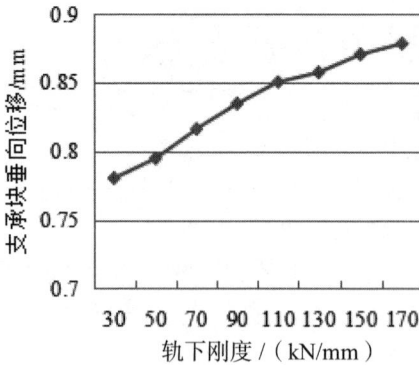

（i）支承块垂向位移变化曲线

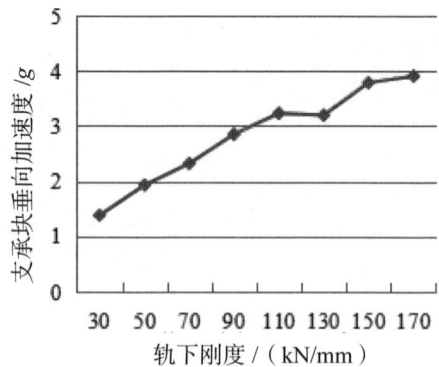

（j）支承块垂向加速度变化曲线

188

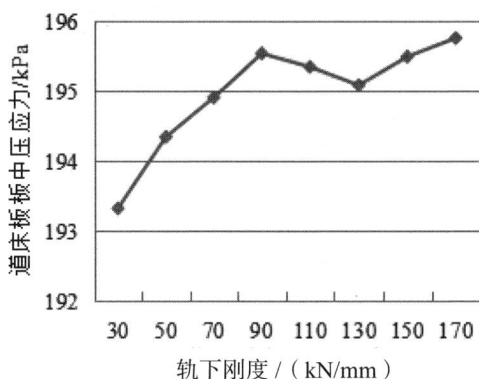

（k）道床板板中压应力变化曲线

图 8-19　轨下刚度对轨道结构动力性能的影响

从表 8-21～表 8-23 和图 8-19 可以看出，随着轨下刚度的增大，各项指标均有波动，变化趋势也较为明显。对钢轨而言，钢轨的垂向和横向位移都呈现减小的趋势，即随着轨下刚度的增大钢轨的振动位移减小，增大轨下刚度起到了一定的减震效果。从趋势上看，轨下刚度较低时它的变化对位移影响较大，后随着轨下刚度的增大位移减小的幅度变小，轨下刚度从 30 kN/mm 增大到 50 kN/mm 的过程中，钢轨垂向位移和横向位移减小的幅度最大；钢轨的垂向加速度呈增大趋势而横向加速度的变化不大，当刚度增大到 130 kN/mm 时，垂向加速度出现突变，这表明增大轨下刚度虽然可以减小钢轨的振动幅度，但过大的刚度可能会影响车轨之间作用力的传递。

对道床板而言，板端的位移和加速度变化较为明显，随着轨下刚度的增大两者都逐渐增大；板中的位移呈现先减小后增大的趋势，产生的原因为钢轨的加速度增大引起道床板的位移增大，板中的数据采集点跟扣件重合。道床板的板中压应力随轨下刚度的增大整体增大，轨下刚度较小时增幅较为明显；轨下刚度超过 90 kN/mm 时出现波动，但变化不太明显。对支承块而言，垂向加速度和垂向位移都随着轨下刚度的增大而增大且变化较平稳。

总体来说，增大轨下刚度可以降低钢轨的位移，起到一定减震作用，但道床板、支承块的动力响应指标均增大，即容易造成轨下基础的沉降及变形。故将轨下刚度控制在 90～130 kN/mm，有利于轨道整体系统稳定性的提高。

（二）块下刚度的变化对轨道行车动力性能的影响

斜坡型弹性支承块式无砟轨道的垂向刚度由轨下刚度和块下刚度提供，在此讨论块下刚度对轨道结构动力性能的影响。

其他参数不变，轨下静刚度取 50 kN/mm，块下刚度依次取 40 kN/mm、80 kN/mm、120 kN/mm、160 kN/mm、200 kN/mm，车辆运行速度为 80 km/h 的不同工况下，我们研究块下刚度对轨道结构动力性能的影响，计算结果见表 8-24～表 8-26，变化趋势如图 8-20 所示。

表 8-24　不同块下刚度对轨道结构位移的影响

块下刚度 / （ kN/mm ）	钢轨位移 /mm		支承块垂向位移 /mm	道床板位移	
	垂向	横向		板端	板中
40	2.951	0.340	1.468	0.184	0.140
80	2.235	0.319	0.817	0.187	0.140
120	2.012	0.310	0.612	0.189	0.141
160	1.885	0.306	0.501	0.190	0.141
200	1.841	0.296	0.429	0.190	0.141

表 8-25　不同块下刚度对轨道结构加速度的影响

块下刚度 / （ kN/mm ）	钢轨加速度 /g		支承块垂向加速度 /g	道床板加速度 /g	
	垂向	横向		板端	板中
40	20.437	4.773	5.236	1.172	0.918
80	22.034	4.785	4.825	1.186	0.922
120	23.027	4.854	4.804	1.237	0.926
160	23.790	4.998	4.654	1.317	0.930
200	24.182	5.144	4.646	1.218	0.934

表 8-26　不同块下刚度对道床板上表面压应力的影响

块下刚度 / （ kN/mm ）	道床板上表面压应力 /kPa
40	179.587

块下刚度 /（kN/mm）	道床板上表面压应力 /kPa
80	184.747
120	185.960
160	186.321
200	186.390

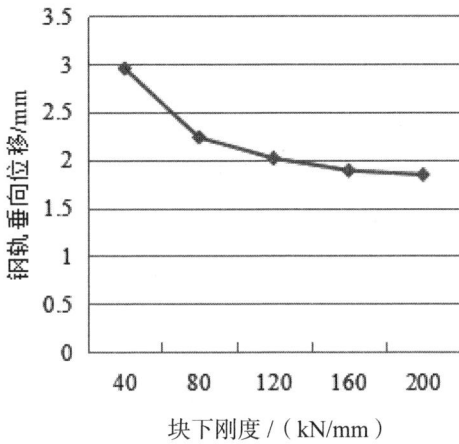

（a）钢轨垂向位移变化曲线

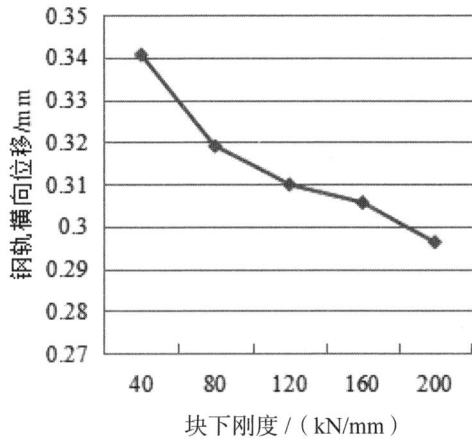

（b）钢轨横向位移变化曲线

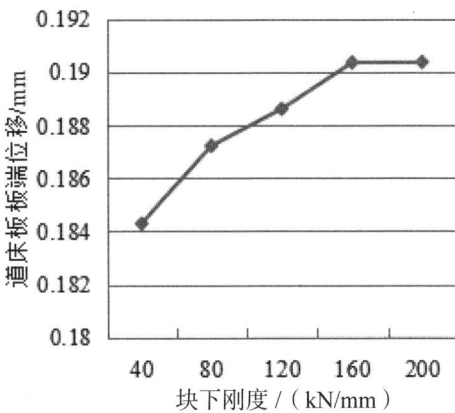

（c）道床板板端位移变化曲线

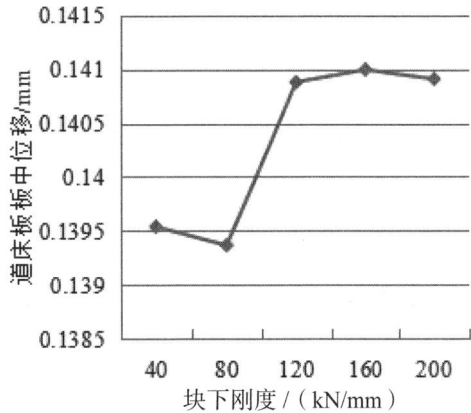

（d）道床板板中位移变化曲线

191

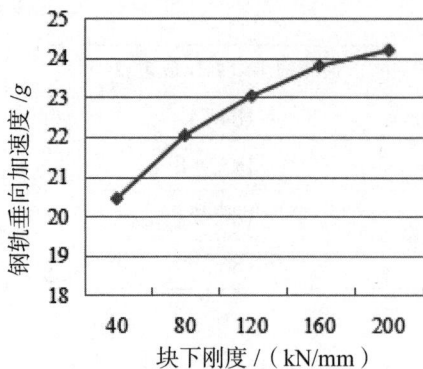

（e）钢轨垂向加速度变化曲线

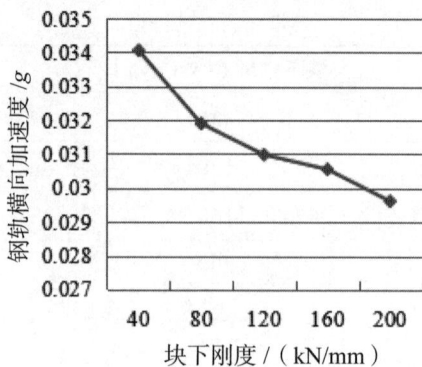

（f）钢轨横向加速度变化曲线

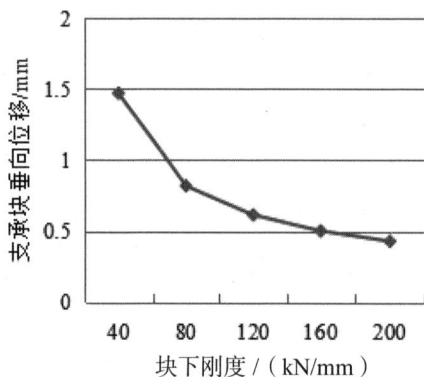

（g）支承块垂向位移变化曲线

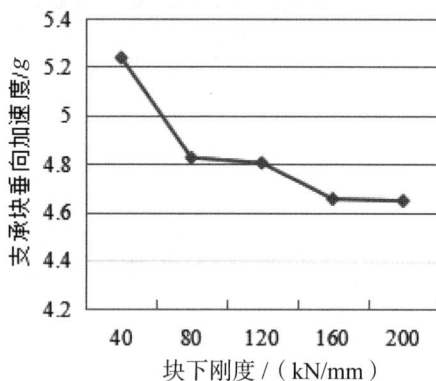

（h）支承块垂向加速度变化曲线

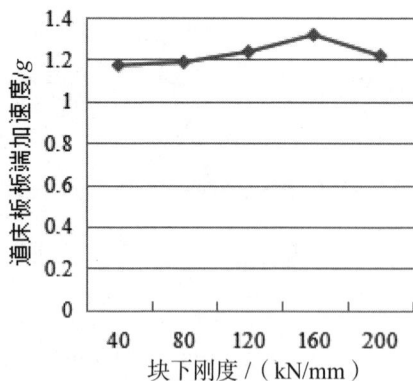

（i）道床板板端加速度变化曲线

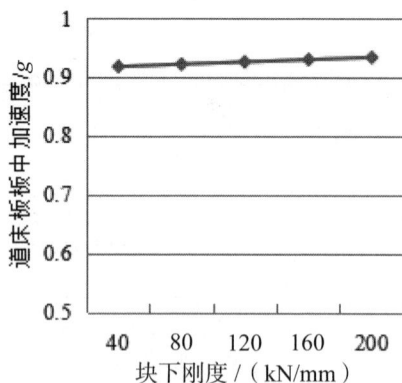

（j）道床板板中加速度变化曲线

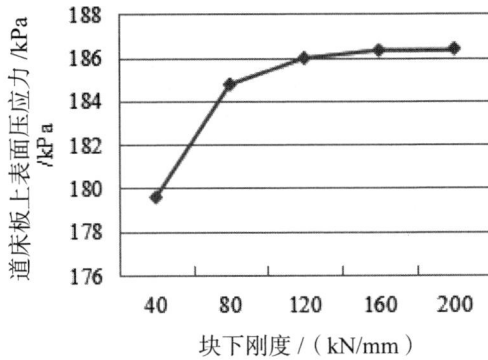

（k）道床板上表面压应力变化曲线

图 8-20　块下刚度对轨道结构动力性能的影响

从图 8-20 中可以看出，随着块下刚度的变化，轨道结构的动力响应指标变化较为明显。从位移的角度来看，钢轨的位移随着块下刚度的增大呈减小趋势，不同的是钢轨的垂向位移在块下刚度较低时减小明显，后随着刚度的增大，减小的幅度减小，横向位移变化较为稳定且变化明显。由表 8-24 中的数据可计算出，块下刚度从 40 kN/mm 增大到 80 kN/mm 时，钢轨垂向位移减小了 24.3%，横向位移减小了 6.2%。支承块的垂向位移随着块下刚度的增大而减小且变化较为明显，其变化规律与钢轨垂向位移的基本一致，刚度从 40 kN/mm 增大到 80 kN/mm 时，其减小了 44.3%。对于道床板，板端的变化比板中的明显且板端位移值大于板中位移值。随着块下刚度的增大，道床板位移呈上升趋势，块下刚度从 40 kN/mm 增大到 160 kN/mm 的过程中，板端位移变化斜率基本不变。

从加速度的角度分析，钢轨、支承块、道床板的加速度都随着块下刚度的增大而有波动，钢轨的垂向加速度呈增大趋势，而横向加速度呈减小趋势。支承块的垂向加速度随块下刚度的增大逐渐减小，这与其垂向位移的变化规律一致。对于道床板，其加速度的变化虽然有所波动，但大体趋势是随着块下刚度的增大而增大的。板端加速度在刚度为 160 kN/mm 时达到最大值，随后下降；板中加速度随块下刚度的增大而增大且变化不明显。道床板上表面的压应力随着块下刚度的增大而增大且变化斜率是逐渐减小的，刚度从 40 kN/mm 增大到 80 kN/mm 时变化最明显。

综上所述，设置较大的块下刚度虽然可减小钢轨及支承块的位移和支承块的垂向加速度，但会增大道床板的动力响应指标。合理的块下刚度对于轨道稳定性的提高有重要的意义，鉴于上述分析，块下刚度可取 80 ～ 140 kN/mm。

（三）支承块尺寸的变化对轨道行车动力性能的影响

弹性支承块式无砟轨道因支承块的独立性，其几何尺寸对轨道结构的稳定性有一定的影响，这就涉及支承块的长度、宽度、高度、埋深以及坡度的设置问题。在 UM 中进行仿真计算分析，由于软件的局限性，因此仅将其考虑为垂直的矩形块，且转换为支承块的质量进行分析。支承块的尺寸及质量对应如表 8-27。

表 8-27　支承块不同尺寸对应的质量

参数	工况 1	工况 2	工况 3	工况 4	工况 5	工况 6
长度 /mm	500	550	600	650	700	750
宽度 /mm	230	250	270	290	310	330
高度 /mm	230	230	230	230	230	230
支承块质量 /kg	66.125	79.063	93.150	108.388	124.775	142.313

模型其他参数不变，下面在扣件（轨下）垂向静刚度取 50 kN/mm，块下静刚度取 80 kN/mm，车辆运行速度为 80 km/h 的不同工况下，研究支承块质量对轨道结构动力性能的影响，计算结果见表 8-28 ～表 8-30，变化趋势如图 8-21 所示。

表 8-28　不同支承块质量对轨道结构位移的影响

支承块质量 /kg	钢轨位移 /mm		支承块垂向位移 /mm	道床板位移 /mm	
	垂向	横向		板中	板端
66.125	2.231	0.310	0.809	0.139	0.186
79.063	2.246	0.320	0.814	0.139	0.186
93.150	2.264	0.304	0.814	0.139	0.186
108.388	2.240	0.292	0.818	0.140	0.187
124.775	2.225	0.304	0.817	0.140	0.187
142.313	2.237	0.313	0.822	0.141	0.189

表 8-29　不同支承块质量对轨道结构加速度的影响

支承块质量 /kg	钢轨加速度 /g		支承块垂向加速度 /g	道床板加速度 /g	
	垂向	横向		板中	板端
66.125	35.188	4.042	6.392	0.557	1.257
79.063	42.830	3.958	5.388	0.666	1.256
93.150	46.487	4.480	4.230	0.784	1.174
108.388	34.626	4.408	4.801	0.909	1.162
124.775	32.111	8.967	4.797	1.040	1.196
142.313	45.005	7.238	3.988	1.174	1.237

表 8-30　不同支承块质量对道床板板中压应力的影响

支承块质量 /kg	道床板板中压应力 /kPa	支承块质量 /kg	道床板板中压应力 /kPa
66.125	185.747	108.388	184.775
79.063	186.002	124.775	184.300
93.150	185.169	142.313	185.692

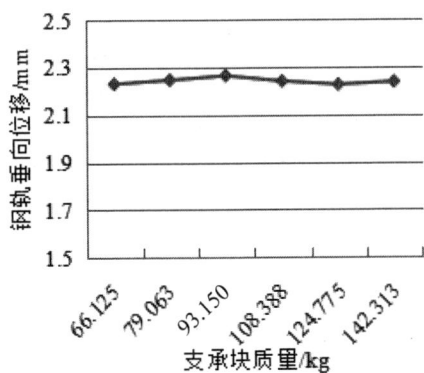

（a）钢轨垂向位移变化曲线　　　　　（b）钢轨横向位移变化曲线

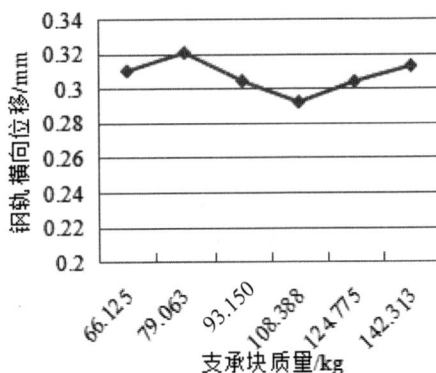

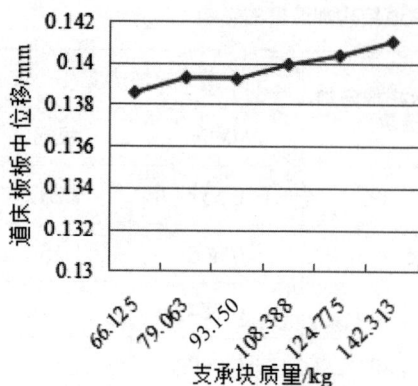

（c）道床板板中位移变化曲线

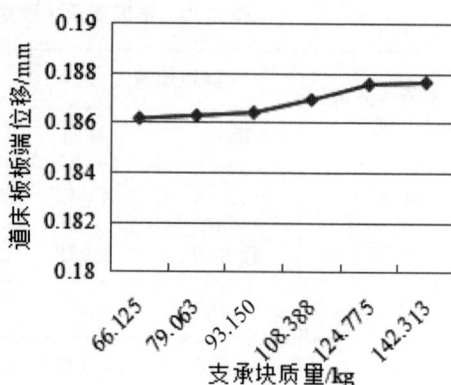

（d）道床板板端位移变化曲线

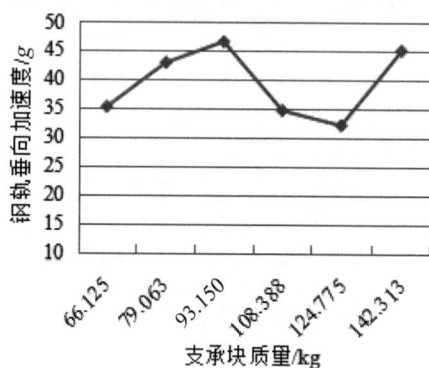

（e）钢轨垂向加速度变化曲线

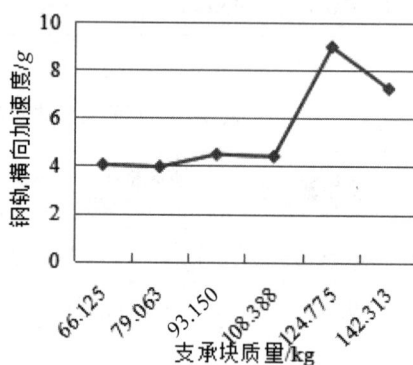

（f）钢轨横向加速度变化曲线

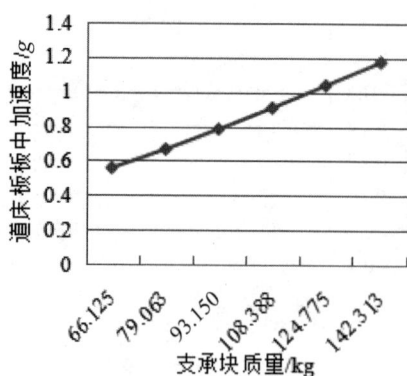

（g）道床板板中加速度变化曲线

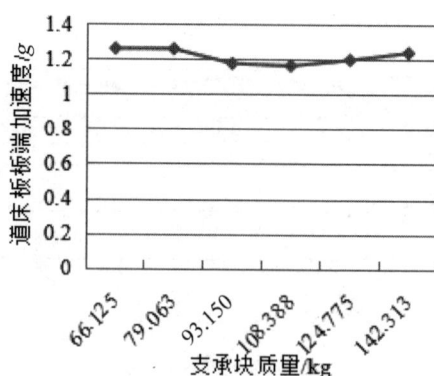

（h）道床板板端加速度变化曲线

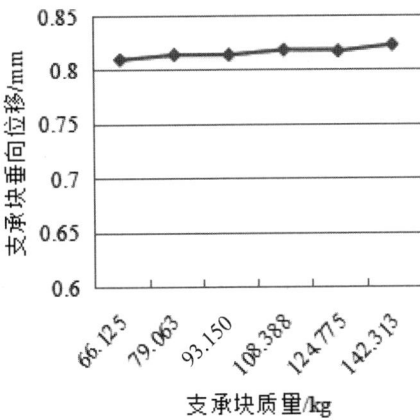

（i）支承块垂向位移变化曲线　　　　（j）支承块垂向加速度变化曲线

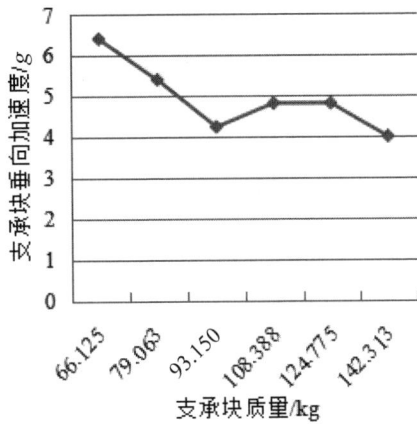

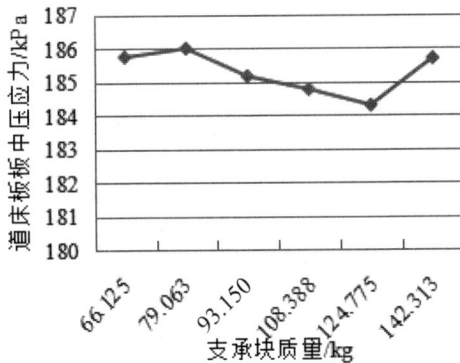

（k）道床板板中压应力变化曲线

图 8-21　支承块质量对轨道结构动力性能的影响

从图 8-21 中可以看出，随着支承块质量的增大，轨道结构的各项参数均有波动且变化规律较为复杂。对钢轨而言，钢轨垂向位移略有波动但变化较小，横向位移呈现先增大后减小再增大的趋势，但波动幅度不大；钢轨的垂向加速度呈现先增大后减小再增大的趋势，而横向加速度则在支承块质量较小时基本不变，当支承块质量达到 120 kg 时出现突变后随着支承块质量的增大先增大后减小，产生这种现象的原因是较小的支承块长度对钢轨的稳定性影响较小，而支承块的宽度对钢轨的稳定性影响较大，支承块宽度的增加使前后相邻支承块的距离缩短了，道床板与上部结构的接触面积减小了，从而支承块刚度减小、位移增大。较大的支承块长度对于钢轨稳定性的影响大于支承块宽度的，长度增加的同时支承块与块下结构的接触面积增加了，支承块周向和底向的支承刚度增大了，轨道结构的稳定性提高了。

对于支承块而言，支承块的垂向位移整体呈增大趋势而垂向加速度整体呈减小趋势。产生的原因是，支承块的宽度对于支承块的影响较大，可使其下部刚度减小、位移增大。对于道床板而言，其位移呈上升趋势，板中加速度呈现斜率基本不变的增大趋势，板端加速度的变化较小，由表 8-29 中的数据可以看出，在支承块质量为 108.388 kg 时板端加速度达到最小值而后又逐渐增大。道床板的板中压应力同其板端加速度的变化趋势基本一致，质量增大到 124 kg 后呈增大趋势。

综合上述结果分析，支承块质量对轨道结构的位移影响较小。在加速度中，钢轨垂向加速度变化最大；相对于钢轨垂向位移，支承块质量较大时钢轨横向加速度受其影响更大。因此，支承块的质量对横向稳定性影响较大。考虑轨道结构的整体稳定性，适宜采用质量为 93 ～ 124 kg 的支承块。从尺寸上来看，支承块长度宜选取 600 ～ 700 mm，宽度宜选取 270 ～ 310 mm。

三、不同行车条件下车辆 – 轨道系统的动力响应分析

提速与大轴重已成为重载货车的发展方向，当重载列车通过弹性支承块式无砟轨道时，轮轨作用力会增大，从而造成轨道结构的损伤，因此需要从速度和轴重两个角度出发研究轨道的动力性能。在此基于车辆 – 轨道耦合动力学原理，综合考虑行车平稳性及安全性、耦合系统轮轨作用力、轨道结构力学性能等三方面的指标，综合固有特性、冲击荷载以及行车荷载三个方面合理参数的取值范围，对参数进行合理设置（见表 8-31），分析不同速度和不同轴重条件下车辆 – 轨道系统的动力响应指标的变化，验证轨道结构参数的合理性。

表 8-31　轨道结构参数的合理取值

轨道结构参数	数值	轨道结构参数	数值
道床板厚度 /mm	0.38	支承块质量 /kg	110
支承块长度 /mm	660	轨下刚度 /（kN/mm）	100
支承块宽度 /mm	290	块下刚度 /（kN/mm）	80

（一）车辆－轨道系统动力学性能评价指标

1. 轮轨作用力指标

随着当今社会对效率的追求，一方面要求高速，另一方面要求平稳安全，列车的轴重和速度会相应增大，这必然会引起车轨之间的动力响应指标变大。轮轨动态作用力过大，将导致轨道部件发生一些病害，进而影响轨道的维修养护工作，甚至会危及行车安全。对于重载车辆－轨道模型，在车辆运行过程中要尽量满足车轨系统中各部分之间的低动力要求。在此将轮轨垂向力、轮轨横向力、轮轴横向力作为评价指标，相关的限值要求简述如下。

（1）轮轨垂向力

我国铁路相关规范没有明确规定轮轨垂向力 P 的允许范围。在此依据国外铁路规范确定轮轨垂向力的限值，具体见式（8-20）：

$$P_d = aP_j \qquad (8\text{-}20)$$

式中：P_d 为动荷载；a 为动载系数，25 t 轴重取 2.5，其余取 3.0；P_j 为静荷载。

这里计算所用的 25 t、27 t、30 t、33 t、40 t 轴重货车的轮轨垂向力限值分别为 312.5 kN、405 kN、450 kN、495 kN、600 kN。

（2）轮轨横向力

由于轮踏面和钢轨顶面之间的蠕滑、摩擦或车轮轮缘和轨头侧面的接触等因素所引起的车轮在轨道横向、垂直于钢轨断面对称轴作用到钢轨上的力是轮轨横向力，因此轮轨横向力会影响轨道的几何形位，过大的轮轨横向力可能会引起钢轨变形、侧磨及扣件破损，影响行车的安全性。

对于采用弹性扣件的轨道，轮轨横向力应小于扣件的横向设计荷载。在此将 0.4 倍轴重作为轮轨横向力的限值。

$$Q \leq 0.4P_w \qquad (8\text{-}21)$$

式中：P_w 为静轴重，单位为 kN。

由计算可得 25 t、27 t、30 t、33 t、40 t 轴重货车的轮轨横向力的限值分别为 100 kN、108 kN、120 kN、132 kN、160 kN。

（3）轮轴横向力

对于轮轴横向力的限值，日本采用式（8-22）的计算公式：

$$\begin{cases} Q_z \leq 10 + 0.35P & \text{（第一限度）} \\ Q_z \leq 0.85(10 + 0.35P) & \text{（第二限度）} \end{cases} \qquad (8\text{-}22)$$

式中：Q_2 为轮轴横向力，单位为 kN；P 为车轮轴重，单位为 kN；第一限度是合格标准，即危险限度；第二限度是增大了安全裕度的标准，即容许限度。

我国对轮对轴向力的限度做出规定，见公式（8-23）：

$$Q \leqslant 0.85 \times \left(10 + \frac{P_0}{3}\right) \tag{8-23}$$

式中：P_0 为静轴重，单位为 kN。

由计算可得 25 t、27 t、30 t、33 t、40 t 轴重货车的轮轴横向力的限值分别为 79.3 kN、85 kN、93.5 kN、102 kN、121.9 kN。

2. 车辆运行安全性及平稳性指标

重载车辆运行过程中，机车车辆与轨道之间依靠轮轨关系共同作用于车轨系统，因此除了轮轨作用力之外，车体的各项指标也会反映系统的稳定性。在此选用脱轨系数、轮重减载率、车体振动加速度等指标来评判列车运行的安全性及平稳性

（1）脱轨系数

为了评定防止车轮脱轨的稳定性采用了脱轨系数这个指标，定义为运行的某一时刻作用在车轮上的垂向力 P 与横向力 Q 的比值 Q/P。我国相关规范规定脱轨系数应符合公式（8-24）要求：

$$
\begin{aligned}
Q/P &\leqslant 1.2 (\text{第一限度}) \\
Q/P &\leqslant 1.0 (\text{第二限度})
\end{aligned}
\tag{8-24}
$$

（2）轮重减载率

轮重减载率是对脱轨系数的补充和修正，其值由某一运行时刻车辆同一轮对两侧车轮轮轨垂向力之差与平均静轮载的比值确定，用 $\Delta P/P$ 表示。

我国相关规范规定准静态轮重减载率应满足以下要求：

$$
\begin{aligned}
\Delta P/P &\leqslant 0.5 (\text{第一限度}) \\
\Delta P/P &\leqslant 0.6 (\text{第二限度})
\end{aligned}
\tag{8-25}
$$

考虑机车车辆在运行中可能会产生较大轮重减载率，因此采用轴重减载率的动态评定标准，参照国内外规定，动态轮重减载率取 $\Delta P/P \leqslant 0.9$。

（3）车体振动加速度

最直接体现车体平稳性的是车体的振动加速度，根据相关规范，我国重载货车车体的振动加速度取值应满足（8-26）。

$$a_V \leqslant 0.7g(垂向)$$
$$a_H \leqslant 0.5g(横向)$$

（8-26）

3. 轨道结构动力性能指标

在动力学分析中，除了需要对轮轨作用力、车体的振动平稳性指标进行分析外，还需要对轨道结构的相关参数进行分析。斜坡型弹性支承块式无砟轨道由于支承块相互独立，整体性差，在列车荷载作用下钢轨的位移较大。随着列车速度和轴重的增大，行车条件下轨道动态几何偏差可能超限，行车的安全性和平稳性受到影响，故将钢轨、支承块的垂向位移和轨道结构振动加速度等作为确定轨道结构设计参数的重要衡量指标。

（1）钢轨垂向位移

重载列车行驶过程中，轨道结构会产生下沉变形。综合国内外研究成果，可知轨道结构的垂向位移 $d \leqslant 3.0$ mm，结合实际铁路运营条件，考虑轮轨之间的相互作用，建议钢轨垂向位移控制在 2 mm 以内。

（2）支承块垂向位移

支承块由于其独立性，列车通过轨道时其所受轮轨作用力的影响较大，可能会存在支承块上下浮动的现象，因此支承块的垂向位移也是衡量轨道稳定性的一个重要指标。这里建议弹性支承块的垂向位移最好控制在 1 mm 之内，从而保证橡胶包套和块下胶垫的使用寿命。

（3）轨道结构振动加速度

轨道结构的振动加速度是反映结构部件动力特性的重要指标，也是轨道结构刚度对其动力特性的综合反映。对车辆 - 轨道耦合系统进行动力特性评价时，钢轨垂向加速度限值为 150 g，支承块垂向加速度限值为 50 g，道床板的垂向加速度限值为 10 g。

（二）不同速度条件下车辆 - 轨道系统的动力响应分析

下面选用 30 t 轴重的重载货车，使其在运行速度为 60 km/h、80 km/h、100 km/h、120 km/h、140 km/h 五种工况下通过弹性支承块式无砟轨道，对轨道结构的动力性能做出评价。

1. 轮轨作用力响应结果及分析

表 8-32　不同速度下轮轨作用力的最大值

车辆速度 / （km/h）	轮轨垂向力 /kN	轮轨横向力 /kN	轮轴横向力 /kN
60	203.971	8.334	20.021
80	205.641	8.557	20.409
100	212.890	8.939	23.437
120	231.796	9.670	23.899
140	243.694	11.233	27.393

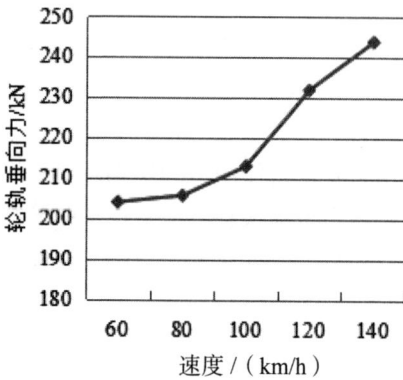

（a）轮轨垂向力与速度的关系　　　　（b）轮轨横向力与速度的关系

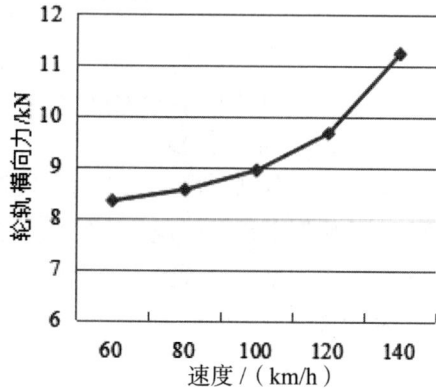

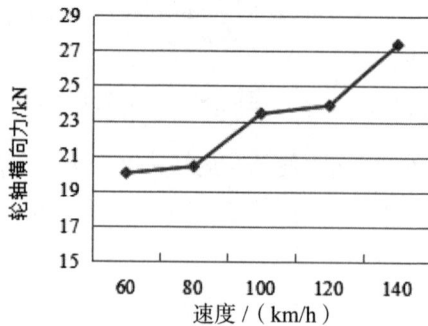

（c）轮轴横向力与速度的关系

图 8-22　轮轨作用力与速度的关系

由表 8-32 及图 8-22 可以看出，随着车辆速度的增大，轮轨作用力呈现增大趋势。轮轨垂向力的最大值为 243.694 kN，小于其限值 450 kN；轮轨横向力的最大值是 11.233 kN，小于其限值 120 kN；轮轴横向力的最大值为 27.393 kN，小于其限值 93.5 kN，皆在限制范围内。轮轨垂向力在速度为 60～80 km/h 范围内增大趋势较平稳，速度为 100～140 km/h 时轮轨垂向力和横向力增长相对较明显，轮轴横向力在速度为 120～140 km/h 范围内增长较明显。由表中的最值数据计算得到，车辆的速度从 60 km/h 增大到 100 km/h，轮轨垂向力增大了 4.373%，轮轨横向力增大了 7.259%，轮轴横向力增大了 17.062%；车辆速度从 100 km/h 增大到 140 km/h，轮轨垂向力增大了 14.469%，轮轨横向力增大了 25.663%，轮轴横向力增大了 16.879%。因此，车辆速度对轮轨作用力有着一定的影响，应该适当降低车辆速度。

2. 车辆动力响应结果及分析

表 8-33　不同速度下车辆动力响应最大值

车辆速度 / (km/h)	脱轨系数	轮重减载率	车体振动加速度 / (m/s²)	
			垂向	横向
60	0.101	0.373	0.965	0.389
80	0.103	0.384	1.306	0.477
100	0.112	0.433	1.513	0.501
120	0.124	0.560	1.538	0.706
140	0.150	0.640	1.573	0.855

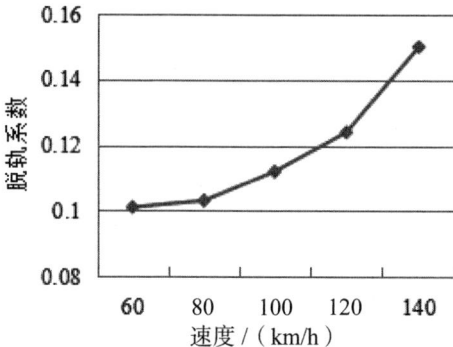

（a）脱轨系数与速度的关系　　　　　（b）轮重减载率与速度的关系

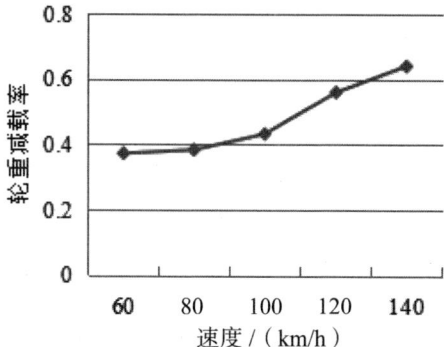

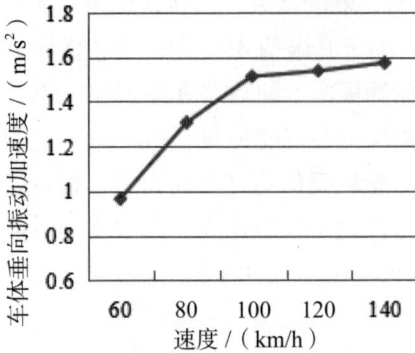

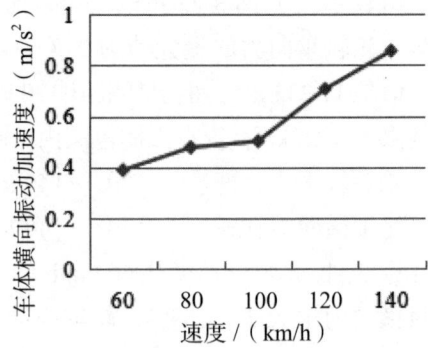

（c）车体垂向振动加速度与速度的关系　　（d）车体横向振动加速度与速度的关系

图 8-23　车辆动力响应与速度的关系

由表 8-33 及图 8-23 可以看出，重载货车在运行过程中，随着速度的增大，列车平稳性及安全性指标均有增大，脱轨系数的最大值为 0.150，小于 1.0，轮重减载率的最大值为 0.640，小于 0.9，车体的垂向及横向振动加速度分别为 1.573 m/s²、0.855 m/s²，分别小于 0.7 g 和 0.5 g，满足限值要求。重载货车从速度 60 km/h 增大到 100 km/h 的过程中，脱轨系数增大了 10.891%，轮重减载率增大了 16.086%，车体的垂向振动加速度增大了 56.788%，车体的横向振动加速度增大了 28.792%，增幅较大。从速度 100 km/h 增大到 140 km/h 的过程中，脱轨系数增大了 33.929%，轮重减载率增大了 47.806%，车体垂向振动加速度增大了 3.966%，车体横向振动加速度增大了 70.659%。由数据可以得到，速度的增大对车体的稳定性有着一定的影响，车体垂向振动加速度呈现增幅较大到增幅较小的变化趋势。速度超过 100 km/h 后，随着速度的增大，车体的横向振动加速度有着明显突增的趋势。由此可得，速度对列车平稳性有着较大的影响，但是满足轨道对平稳性要求。

3. 轨道结构动力响应结果及分析

表 8-34　轨道结构位移最大值

车辆速度 /（km/h）	钢轨位移 /mm		支承块垂向位移 /mm	道床板垂向位移 /mm	
	垂向	横向		板端	板中
60	1.788	0.115	0.736	0.176	0.135
80	1.834	0.111	0.795	0.178	0.139

204

续表

车辆速度 /（km/h）	钢轨位移 /mm		支承块垂向位移 /mm	道床板垂向位移 /mm	
	垂向	横向		板端	板中
100	1.881	0.113	0.853	0.176	0.149
120	1.907	0.135	0.886	0.180	0.151
140	1.986	0.146	0.916	0.190	0.156

表 8-35　轨道结构加速度最大值

车辆速度 /（km/h）	钢轨加速度 /g		支承块垂向加速度 /g	道床板加速度 /g	
	垂向	横向		板端	板中
60	17.162	1.845	1.140	0.377	0.458
80	23.136	2.145	1.934	0.554	0.458
100	29.012	3.146	2.391	0.936	0.701
120	49.587	4.798	2.701	0.996	0.733
140	61.735	3.685	4.242	1.237	1.269

表 8-36　道床板压应力最大值

速度 /（km/h）	道床板压应力 /kPa
60	200.521
80	205.347
100	215.687
120	210.847
140	213.208

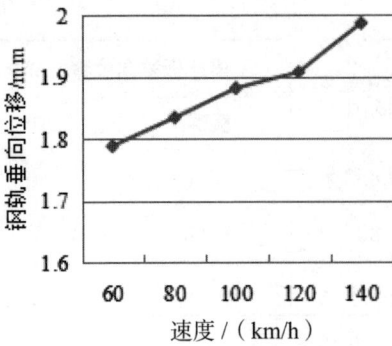

（a）钢轨垂向位移与速度的关系

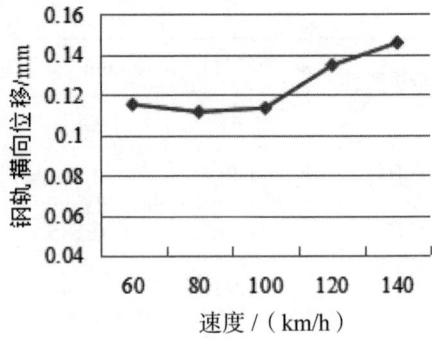

（b）钢轨横向位移与速度的关系

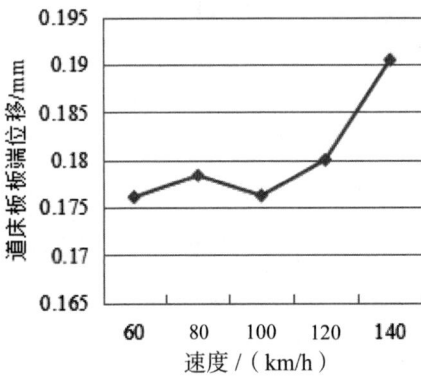

（c）道床板板端位移与速度的关系

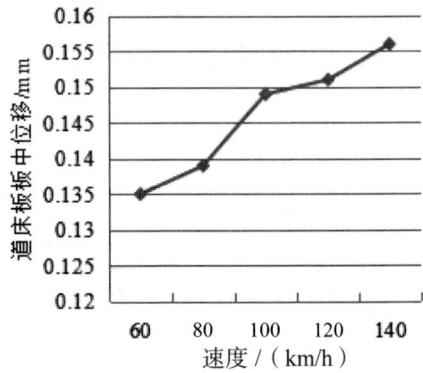

（d）道床板板中位移与速度的关系

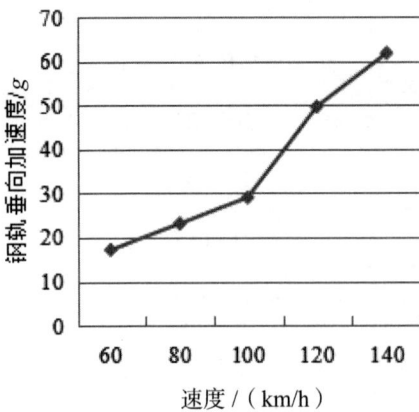

（e）钢轨垂向加速度与速度的关系

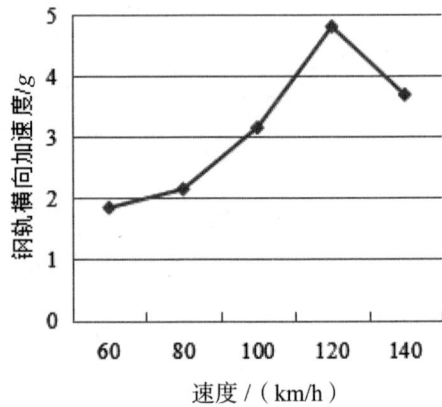

（f）钢轨横向加速度与速度的关系

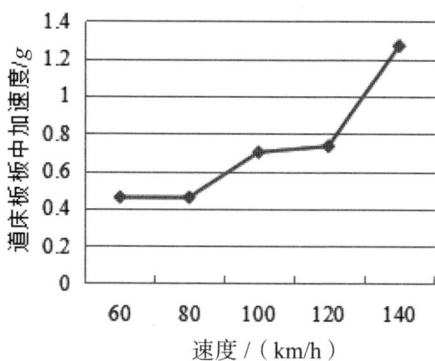

（g）道床板板端加速度与速度的关系

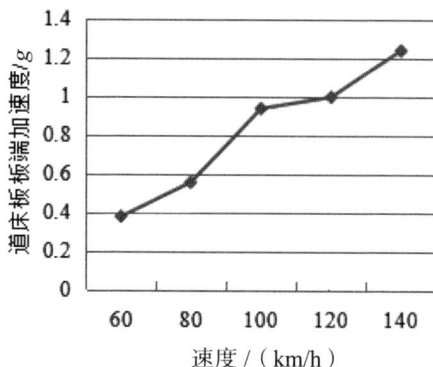

（h）道床板板中加速度与速度的关系

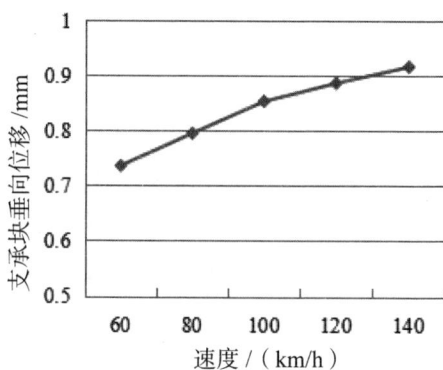

（i）支承块垂向位移与速度的关系

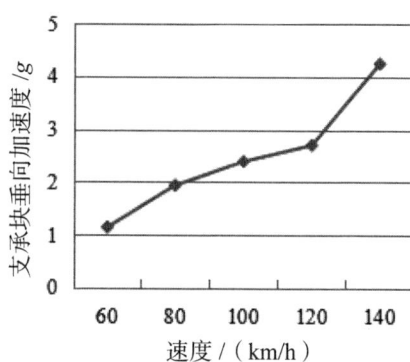

（j）支承块垂向加速度与速度的关系

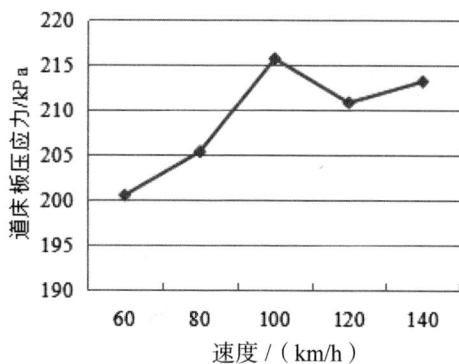

（k）道床板压应力与速度的关系

图 8-24　轨道结构动力响应指标与速度的关系

分析表 8-34～表 8-36 及图 8-24 可以得出以下结论。

①轨道结构的位移。随着速度的增大，整体都有增长，但变化幅度有所不同。整体垂向位移的增幅要大于横向位移的增幅；对于钢轨而言，速度从 80 km/h 增长到 140 km/h，垂向位移增长较为平缓稳定，而横向位移从速度 60 km/h 增长到 100 km/h 基本没有变化，速度从 100 km/h 增加到 140 km/h 变化稍微明显；对于道床板而言，位移最大值发生在板端且速度为 140 km/h 时，最大值为 0.190 mm，板端位移整体大于板中位移，板中位移增幅较为稳定，板端位移在速度超过 120 km/h 后，出现较为明显的增长趋势，增幅为 5.556%；支承块的垂向位移随着速度的增大增长较为平稳，速度从 60 km/h 增加到 140 km/h，位移的增幅为 24.457%。

②轨道结构的加速度。随着速度的增大，加速度的增长趋势稍有波动，但整体呈上升趋势。对钢轨而言，钢轨的垂向加速度增长较为明显，速度越大其增长幅度也越大，速度从 60 km/h 增长到 100 km/h，垂向加速度增幅为 69.048%，速度从 100 km/h 增加到 140 km/h，垂向加速度增幅为 112.791%；钢轨的横向加速度随速度的增大呈现先增大后减小的趋势，最大值出现在速度为 120 km/h 时，且其值为 4.798 g。对道床板而言，板中和板端的加速度增长幅度都较稳定且二者差别较小，最大值为 1.269 g，出现在板中且速度为 140 km/h 时。对于支承块，加速度随着速度的增大变化明显且增幅较大但比较稳定，速度超过 120 km/h 后增长斜率变大。

③道床板的压应力。随着速度的增长，道床板压应力的变化有所波动，在速度范围内，道床板的压应力为 200.521～215.687 kPa，最大值出现在速度为 100 km/h 时，但其整体呈现上升趋势。

综上所述，重载货车在通过无砟轨道过程中，随着速度的增大，车体及轨道结构的各项指标均有波动，整体呈现增大的趋势，但是车辆的安全性、舒适性均能得到保证且轨道结构的动力响应指标满足要求，这表明无砟轨道的平顺性较好。但是系统各组成部分的振动响应值变化较大，尤其是速度超过 120 km/h 后，道床板的位移和支承块的加速度增长幅度较大，因此重载货车在运行中应尽量控制速度，最好将速度控制在 120 km/h 以下。

（三）不同轴重条件下车辆‐轨道系统的动力响应分析

不同轴重的重载货车在运行速度为 80 km/h 的条件下通过无砟轨道，其动力响应分析如下。

1.轮轨作用力响应结果及分析

表 8-37　不同轴重下轮轨作用力的最大值

轴重 /t	轮轨垂向力 /kN	轮轨横向力 /kN	轮轴横向力 /kN
25	235.274	14.236	23.425
27	278.781	16.524	20.725
30	281.974	17.501	28.031
33	334.439	18.681	29.720
40	370.721	27.392	36.684

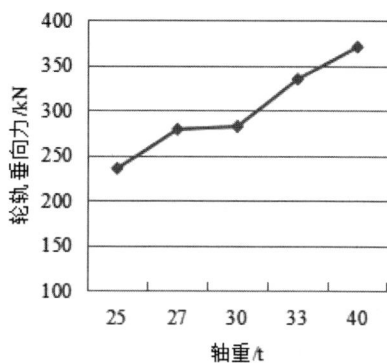

（a）轮轨垂向力与轴重的关系　　　（b）轮轨横向力与轴重的关系

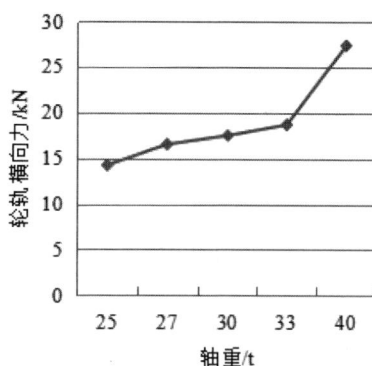

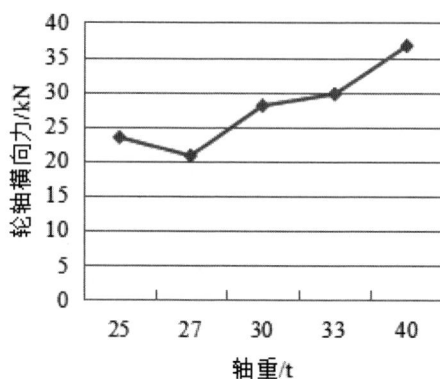

（c）轮轴横向力与轴重的关系

图 8-25　轮轨作用力与轴重的关系

由表 8-37 及图 8-25 可以看出，轮轨作用力随着轴重的增大而增大，25 t、27 t、30 t、33 t、40 t 轴重的轮轨垂向力的最大值分别为 235.274 kN、278.781 kN、281.974 kN、334.439 kN、370.721 kN，都小于限值 312.5 kN、405 kN、450 kN、495 kN、600 kN；轮轨横向力和轮轴横向力皆满足限值要求。从图 8-25 可以看出，轮轨作用力随着轴重的增加，其整体增长比较平稳，其中轮轨垂向力在轴重超过 30 t 后增长幅度增大，由计算可得，轴重从 25 t 增加到 30 t，轮轨垂向力增加了 46.7 kN，轴重从 30 t 增加到 40 t，其增加了 88.747 kN。轮轨横向力在轴重为 40 t 时其值最大。轮轴横向力在 27 t 轴重时，其值最小，后呈较为平稳的增长趋势。由此可得，轴重对于轮轨作用力的影响较为明显，尤其是轴重超过 33 t 后，影响最为明显。

2. 车辆动力响应结果及分析

表 8-38　不同轴重下车辆动力响应最大值

轴重 /t	脱轨系数	轮重减载率	车体振动加速度 / (m/s²)	
			垂向	横向
25	0.073	0.354	1.001	0.301
27	0.093	0.363	1.330	0.477
30	0.102	0.370	1.491	0.458
33	0.098	0.446	1.652	0.616
40	0.123	0.446	5.025	1.466

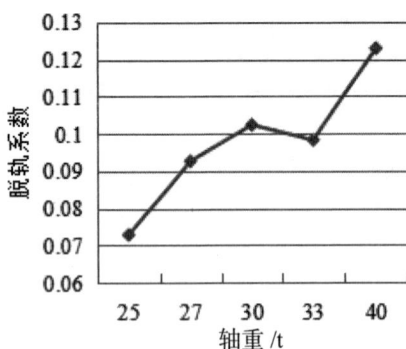

（a）脱轨系数与轴重的关系　　　　　（b）轮重减载率与轴重的关系

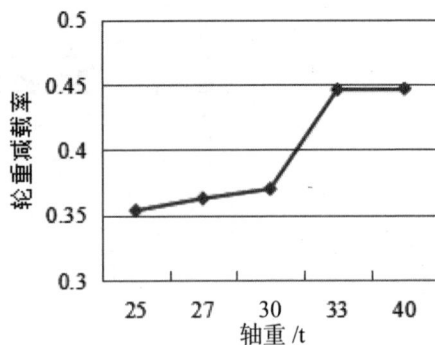

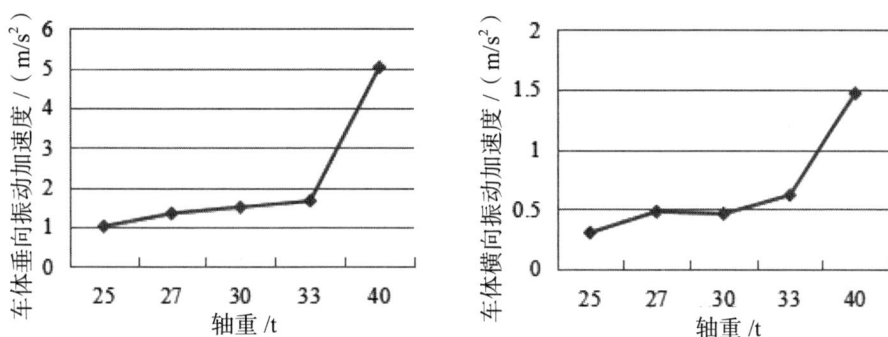

（c）车体垂向振动加速度与轴重的关系　　（d）车体横向振动加速度与轴重的关系

图 8-26　车辆动力响应与轴重的关系

由表 8-38 及图 8-26 可以看出，随着轴重的增大，车辆的动力响应指标整体呈上升趋势，脱轨系数的最大值为 0.123，小于其限值 1.0，轮重减载率的最大值为 0.446，小于其限值 0.9，车体的垂向和横向振动加速度最大值分别为 5.025 m/s²、1.466 m/s² 分别小于其限值 0.7 g 和 0.5 g，均满足限值要求。轮重超过 30 t 后，轮重减载率发生突变，轮重达到 33 t 后车体加速度发生突变。由表中数据计算得，以突变点的轴重为基准，轴重从 25 t 增加到 30 t 时，轮重减载率增长了 4.52%，而轴重从 30 t 增加到 40 t 时，其增长了 20.54%；轴重从 25 t 增加到 33 t，车体的垂向振动加速度增长了 65.03%，车体的横向振动加速度增长了 104.65%；轴重从 33 t 增加到 40 t 时，车体的垂向和横向振动加速度分别增长了 204.18%、137.99%。由此可得，轴重的增大对车辆动力响应影响较大，尤其是轴重超过 33 t 后，其各项指标均有明显增加，从平稳性上考虑应将轴重控制在 33 t 以下。

3. 轨道结构动力响应结果及分析

表 8-39　轨道结构位移最大值

轴重 /t	钢轨位移 /mm		支承块垂向位移 /mm	道床板位移 /mm	
	垂向	横向		板端	板中
25	1.691	0.188	0.681	0.146	0.115
27	1.942	0.202	0.783	0.169	0.132

211

轴重 /t	钢轨位移 /mm		支承块垂向位移 /mm	道床板位移 /mm	
	垂向	横向		板端	板中
30	2.013	0.197	0.795	0.178	0.137
33	2.317	0.202	1.050	0.202	0.174
40	2.558	0.250	1.089	0.225	0.164

表 8-40　轨道结构加速度最大值

轴重 /t	钢轨加速度 /g		支承块垂向加速度 /g	道床板加速度 /g	
	垂向	横向		板端	板中
25	15.251	2.145	1.415	0.462	0.315
27	15.779	2.902	1.801	0.591	0.387
30	18.098	3.849	1.934	0.743	0.443
33	20.546	5.036	1.943	0.822	0.425
40	23.782	7.956	2.127	1.298	0.442

表 8-41　道床板板中压应力最大值

轴重 /t	道床板板中压应力 /kPa
25	164.937
27	191.946
30	194.347
33	257.662
40	240.610

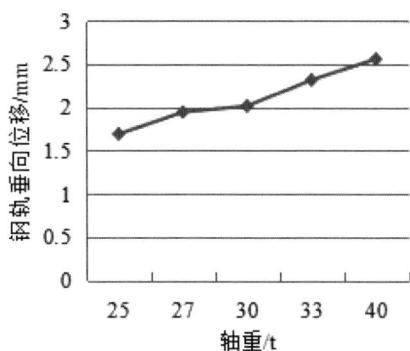

（a）钢轨垂向位移与轴重的关系

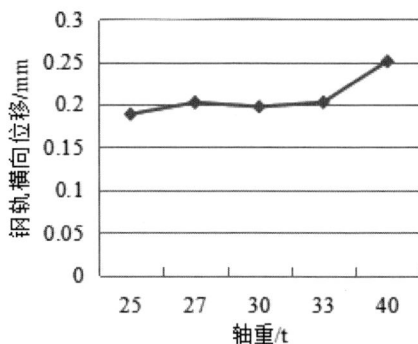

（b）钢轨横向位移与轴重的关系

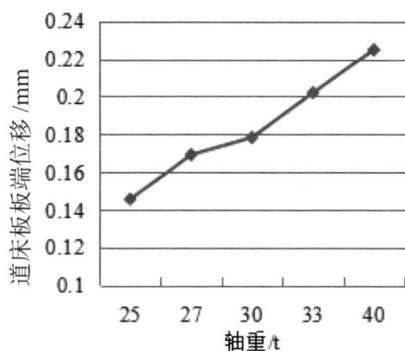

（c）道床板板端位移与轴重的关系

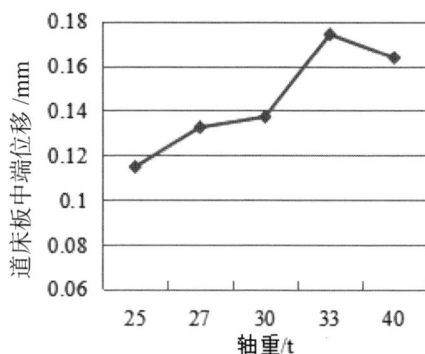

（d）道床板板中位移与轴重的关系

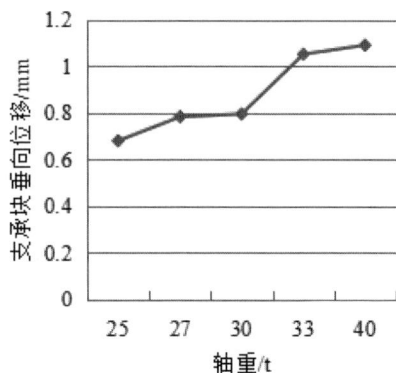

（e）支承块垂向位移与轴重的关系

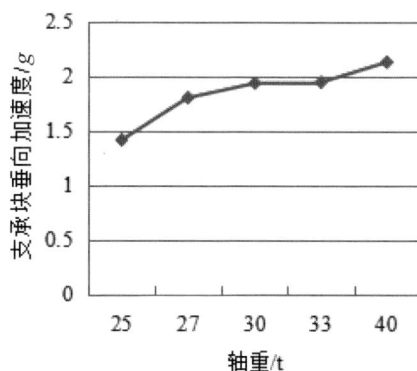

（f）支承块垂向加速度与轴重的关系

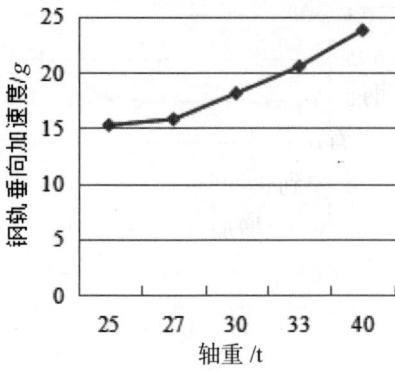

（g）钢轨垂向加速度与轴重的关系

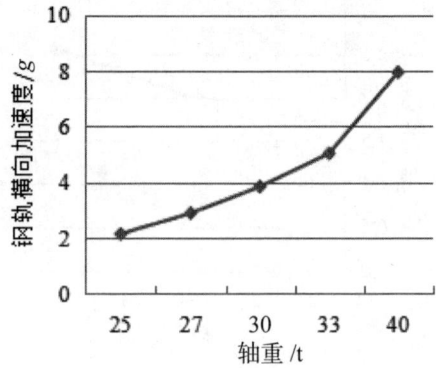

（h）钢轨横向加速度与轴重的关系

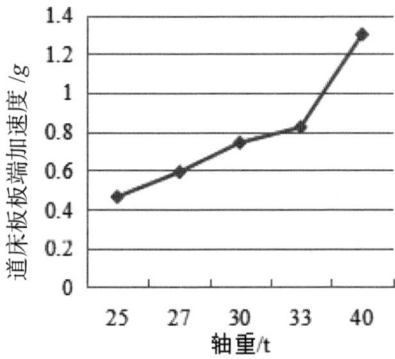

（i）道床板板端加速度与轴重的关系

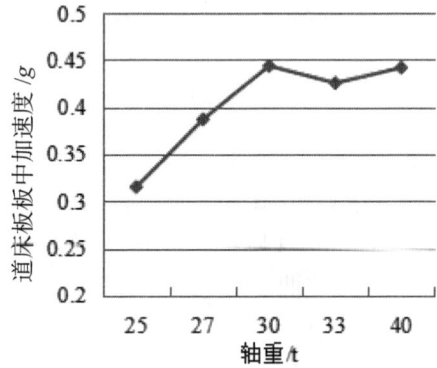

（j）道床板板中加速度与轴重的关系

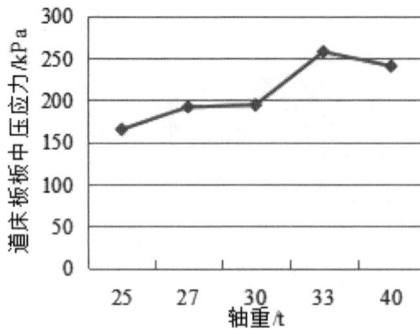

（k）道床板板中压应力与轴重的关系

图 8-27　轨道结构动力响应指标与轴重的关系

分析表 8-39～表 8-41 及图 8-27 可以得出以下结论。

①轨道结构的动位移。由表中数据和关系图可以看出，随着轴重的增加，轨道结构的位移呈增长趋势。对钢轨而言，钢轨垂向位移变化曲线的斜率大于横向位移变化曲线的斜率，由图 8-27（b）可以看出，轴重从 25 t 增加到 33 t，钢轨的横向位移基本没有变化，当轴重从 30 t 增加到 33 t 时，横向位移增长了 0.005 mm；钢轨的垂向位移变化较为明显，轴重从 25 t 增加到 40 t，其基本呈现线性增长趋势，且当轴重超过 30 t 后，钢轨垂向位移虽小于 3 mm 的限值，但已超过 2 mm 的建议值。对于道床板而言，板端位移基本呈现线性增长趋势，板中位移在轴重增长到 33 t 时有突变，而后有所下降，且板端位移值大于板中位移值，原因是道床板板端的约束较少，其变形量要大。对支承块而言，当轴重达到 33 t 后，其垂向位移值大于 1 mm，超过建议值。由数据计算可得，以 25 t 轴重为基准，轴重增加过程中钢轨垂向位移的增幅分别为 14.87%、19.05%、37.01%、51.27%；道床板板中位移的增幅分别为 15.46%、19.55%、51.77%、42.6%；支承块垂向位移的增幅分别为 10.22%、11.42%、36.99%、40.85%。

②轨道结构的加速度。随着轴重的增加，钢轨、支承块以及道床板板端的加速度均增大，而道床板板中加速度先增大后略有减小。对钢轨而言，从图中看出，当轴重达到 27 t 后，垂向加速度变化曲线的斜率增大，而横向加速度在轴重达到 33 t 后其变化曲线的斜率明显增大。支承块垂向加速度随着轴重的增大而增大。对道床板而言，板端加速度在轴重达到 33 t 后，其增长斜率明显增大；而板中加速度在轴重达到 30 t 后，其略有下降且变化幅度较小。由数据计算可得，以 25 t 轴重为基准，轴重增加过程中钢轨垂向加速度的增幅分别为 27.26%、36.66%、37.30%、50.31%；横向加速度的增幅分别为 35.28%、79.43%、134.73%、270.89%；道床板板中加速度的增幅分别为 22.85%、40.78%、35.04%、40.19%；支承块的垂向加速度的增幅分别为 27.26%、36.66%、37.30%、50.31%。

③道床板的压应力，随着轴重的增加，其整体呈现增长趋势，当轴重超过 30 t 后，其增长斜率增大，但未超过限值 0.5 MPa。由数据计算可得，以 25 t 轴重为基准，轴重增加过程中其增幅分别为 16.37%、17.83%、56.22%、145.88%。

综上所述，轴重的增加会使得轨道结构的各项指标明显变化，轨道结构垂向位移和垂向加速度的增长幅度基本一致，而钢轨横向加速度的增幅在 30 t 后超过了 100%，即钢轨的横向振动对轴重的变化更加敏感，这对轨道的稳定性极为不利。轴重超过 33 t 后，钢轨垂向位移以及支承块的垂向位移均超过建议值，因此最好将轴重控制在 33 t 以内。

第四节　结论

本章以斜坡型弹性支承块式无砟轨道为研究对象，从轨道固有动力特性、落轴冲击动力性能以及行车动力性能三个方面对其动力学性能进行了研究。主要研究内容及相应结论如下：

①从轨道固有动力特性角度出发，可知斜坡型弹性支承块式无砟轨道的固有频率随着道床板厚度和支承块长度的增大而减少，随着块下刚度的增大而增大，其中支承块宽度对轨道的固有频率基本没有影响。

②从落轴冲击动力性能的角度出发，可知斜坡型弹性支承块式无砟轨道轨下刚度和块下刚度合理的取值范围：轨下刚度 100 ～ 180 kN/mm，对应的块下刚度 80 ～ 120 kN/mm，最合理的刚度取值组合是轨下刚度取 100 kN/mm 左右，对应的块下刚度取 100 kN/mm 左右。

③从行车动力性能的角度出发，可知轨下刚度的合理取值范围为 90 ～ 130 kN/mm，块下刚度的合理取值范围为 80 ～ 140 kN/mm，支承块的质量合理取值范围为 93 ～ 124 kg，其对应尺寸为支承块长度宜选取 600 ～ 700 mm，宽度宜选取 270 ～ 310 mm。

参考文献

［1］ 翟婉明. 车辆－轨道耦合动力学［M］.4 版.北京：科学出版社，2014.

［2］ 夏禾. 车辆与结构动力相互作用［M］. 北京：科学出版社，2002.

［3］ 向俊，郭高杰，赫丹，等. 弹性支承块式无砟轨道振动分析新模型［J］. 铁道科学与工程学报，2008（1）：41-45.

［4］ 李定清，赵方民.铁路轨道接头区轮轨动力效应的研究［J］.铁道工程学报，1985（4）：70-81.

［5］ 罗克奇，王远清，赵方民.铁路道床振动计算和试验[J].长沙铁道学院学报，1986（2）：1-12.

［6］ 罗雁云，耿传智. 不同轨道状态对轮轨附加动荷载影响［J］.铁道学报，1999（2）：51-54.

［7］ 陈道兴.非线性轮轨系统竖向动力效应分析[J].中国铁道科学，1990（2）：62-72.

［8］ 王澜，姚明初. 轨道结构随机振动理论及其在轨道结构减振研究中的应用［J］.中国铁道科学，1989（2）：41-59.

［9］ 李军世，李克钏. 高速铁路路基动力反应的有限元分析［J］.铁道学报，1995（1）：66-75.

［10］范佳，林之珉，赵曦，等.高速铁路减振型无砟轨道减振技术的研究［J］.中国铁道科学，1998（4）：58-64.

［11］郭高杰，向俊，赫丹. 套靴刚度和阻尼对高速列车－弹性支承块式无砟轨道系统竖向振动的影响［J］.石家庄铁道学院学报（自然科学版），2008（1）：31-33.

［12］朱剑月，练松良. 弹性支承块轨道结构落轴冲击动力性能分析［J］.中国铁道科学，2006（3）：22-26.

［13］陈小平，王平，陈嵘. 弹性支承块式无砟轨道的减振机理［J］.铁道学报，2007（5）：69-72.

［14］蔡成标，徐鹏. 弹性支承块式无砟轨道结构参数动力学优化设计［J］.铁道学报，2011，33（1）：69-75.

［15］陈小平，王平，陈嵘．一种确定弹性支承块式无砟轨道刚度的新方法［J］．铁道标准设计，2008（2）：1-4.

［16］雷晓燕．高速列车对道碴的动力响应［J］．铁道学报，1997（1）：116-123.

［17］赵东．重载铁路隧道内弹性支承块式无砟轨道结构参数研究［D］．石家庄：石家庄铁道大学，2016.

［18］杨旭．弹性支承块式无砟轨道轴重及速度适用性研究［D］．石家庄：石家庄铁道大学，2017.

［19］王淑迎．斜坡型弹性支承块式无砟轨道动力性能研究［D］．石家庄：石家庄铁道大学，2019.

［20］苑志强．弹性支承块式无砟轨道纵向分块及限位措施研究［D］．石家庄：石家庄铁道大学，2017.

［21］翟婉明．车辆－轨道垂向耦合动力学［D］．成都：西南交通大学，1991.

［22］李成辉．轨道结构振动理论及应用研究［D］．成都：西南交通大学，1996.

［23］任尊松．车辆－道岔系统动力学研究［D］．成都：西南交通大学，2000.

［24］张格明．中高速条件下车线桥动力分析模型与轨道不平顺影响［D］．北京：铁道部科学研究院，2001.

［25］高芒芒．高速铁路列车－线路－桥梁耦合振动及列车走行性研究［D］．北京：铁道部科学研究院，2001.

［26］蔡成标．高速铁路列车－线路－桥梁耦合振动理论及应用研究［D］．成都：西南交通大学，2004.

［27］赵坪锐．板式无砟轨道动力学性能分析与参数研究［D］．成都：西南交通大学，2003.

［28］徐志胜．轨道交通轮轨噪声预测与控制的研究［D］．成都：西南交通大学，2004.

［29］丁国富．机车车辆－轨道耦合动力学可视仿真研究［D］．成都：西南交通大学，2002.

［30］杨云帆．直线电机地铁车辆－轨道动态相互作用研究［D］．成都：西南交通大学，2017.

［31］常卫华．30吨轴重重载铁路轨道结构力学特性研究［D］．北京：北京交通大学，2009.

［32］张珍珍．250 km/h客运专线弹性支承块式轨道结构参数研究［D］．成都：西南交通大学，2009.